COR A AUSENTE

Wilma Baía Coelho

A COR AUSENTE

2ª edição

MAZA
edições

2ª edição – 2009

Capa e vinhetas
Túlio de Oliveira

Diagramação
Pablo Guimarães

Revisão
Ana Emília de Carvalho

C672c Coelho, Wilma de Nazaré Baía.
A cor ausente: um estudo sobre a presença do negro na formação de professores – Pará, 1970-1989 / Wilma de Nazaré Baía Coelho. – 2.ed.– Belo Horizonte : Mazza Edições, 2009.
280 p. ; 14 x 21 cm.

Originalmente apresentado como tese do autor (doutorado – Universidade do Rio Grande do Norte)
ISBN: 978-85-7160-466-7

1. Educação. I. Título.

CDD: 370
CDU: 37

Mazza Edições Ltda.
Rua Bragança, 101 – Bairro Pompéia – *Telefax:* (31) 3481-0591
30280-410 • Belo Horizonte - MG
e-mail: edmazza@uai.com.br
www.mazzaedicoes.com.br

Aos meus amores: Breno, Lucas e Mauro.

Agradeço ao meu querido amigo e orientador nos estudos de doutoramento no Programa de Pós-Graduação em Educação da Universidade Federal do Rio Grande do Norte (UFRN), um exemplo de pessoa e profissional, Prof. Dr. José Willington Germano, pela confiança, pelo acolhimento e pelo fecundo intercâmbio de idéias.

Às instituições às quais estou vinculada, DMTOE/UFPA e CCHE/UNAMA, pela concessão de liberação, a qual possibilitou a realização dos meus estudos de doutoramento, resultando na publicação deste livro.

À Universidade da Amazônia, à Coordenação de Aperfeiçoamento de Pessoal de Nível Superior/CAPES/PQI e ao Instituto para o Desenvolvimento da Amazônia/FIDESA e UNAMA, pelo apoio financeiro no Doutorado e depois dele.

Aos gestores do IEEP, referentes às últimas gestões administrativas que atravessaram este estudo – de 2001-2003 – e na gestão de 2003.

Ao Programa de Pós-Graduação em Educação da Universidade Federal do Rio Grande do Norte, pelo apoio recebido;

Às professoras, ex-professoras e aos ex-alunos do IEEP que me concederam as entrevistas.

Pela valiosa contribuição e ajuda concreta, às Professoras Doraci Soares das Dores, Maria Lenita dos Santos e Maria Ferreira da Silva, em nome de quem externo também meu agradecimento a todos os professores e ex-professores do IEEP.

Aos bolsistas Daniellen Freitas Brito – CNPq/PIBIC/UFPA (Pedagogia) –, Gerson Santos e Silva – PIBIC/UFPA (História) –, Carlos Eduardo Costa Barbosa, bolsista voluntário da UFPA (História), pelo auxílio valioso no levantamento das fichas, certidões e artigos dos jornais.

Aos estatísticos Eduardo Henrique Silveira de Araújo e Joseilce Medeiros da Silva da CONSULEST/UFRN, responsáveis pela organização inicial do banco de dados e sua coerência percentual; e ao Prof. Dr. Angelo Giuseppe Roncalli, da UFRN, responsável pela definição do Teste Estatístico e do tratamento das variáveis categóricas dos valores absolutos e percentuais referentes às Fichas de Alunos, Certidões de Nascimento e matérias de jornais.

Às amigas Juracema Ferreira da Silva e Iracema Silva, pelo apoio afetivo sempre.

Aos amigos Carlos Aldemir e Iran Abreu Mendes, pela competência e riqueza de interlocução.

A Altamira Medeiros e Albanita Lins de Oliveira, pela revisão ortográfica do texto e revisão da bibliografia da tese que originou este livro.

Às professoras: Rosa Elizabeth Acevedo Marin (UFPA); Eliane Veras Soares (UFPE); Brasília Carlos Ferreira (UFRN) e Márcia Maria Gurgel Ferreira (UFRN), pela fecunda interlocução no momento da defesa da tese.

À Mazza, pelo incentivo e apoio à ampliação dos estudos que promovam uma educação anti-racista.

À minha mãe e aos meus irmãos, pelo afeto, pela torcida e orações ao êxito deste trabalho, aos quais serei sempre grata.

Ao Mauro, pelo apoio incondicional em tudo que realizo.

Com Breno e Lucas, alimento a esperança de futuro melhor para as futuras gerações: mais abertas ao diálogo com o outro igual ou diferente de si.

SUMÁRIO

Lista de Tabelas

Prefácio

A PRESENÇA DA COR

A escravidão, desde a Antigüidade, constituiu um instrumento fundamental de inferiorização e aniquilamento de uma parte da humanidade. Essa forma de dominação e exploração desmedida de seres humanos por outros pavimentou a consolidação do postulado da superioridade branca em relação aos negros, na história das sociedades ocidentais.

Assim, embora na sociedade grega os escravos, em sua maioria, fossem brancos, não se pode negar a existência de preconceitos favoráveis aos gregos. O que importava, afinal, era ser grego. No século V a.C., por exemplo, Heródoto, em que pese a sua admiração pelo Egito, caracterizou os "trogloditas-etíopes" (africanos, portanto) como "devoradores de serpentes e lagartos, além de emissores de sons mais parecidos com os dos morcegos do que com a voz humana", conforme escreve Catherine Coquery-Vidrovicht. Do mesmo modo, no relato de suas viagens fantásticas, Marco Pólo narra a existência de seres estranhos e monstruosos nas terras exóticas por onde passou.

O racismo de origem, ou seja, aquele que considera o estrangeiro como bárbaro, vai se transformando paulatinamente em racismo de cor. Assim, alguns homens não são dotados de razão e inteligência, e são fisicamente monstruosos, sendo, portanto, conforme essa ideologia, naturalmente destinados à sujeição. Desse modo, alguns devem governar e outros devem ser governados. De acordo com esse discurso, isso é necessário e justo, uma vez que um bárbaro, sendo por natureza considerado escravo, era, por conseguinte, menos habilitado – do que outros homens – ao exercício da liberdade.

Essas relações escravocratas perpassaram o mundo grego e romano, penetraram, inclusive, na alta Idade Média e, finalmente, chegaram à Modernidade capitalista. Isso ocorreu, sobretudo do século XVI em diante, em decorrência da divisão internacional do trabalho e do processo de colonização do "Novo Mundo" sobre a hegemonia de países europeus. O incremento do comércio de longa distância, a expansão capitalista, o tipo de exploração colonial e o alto teor de lucratividade do tráfico vieram consolidar a escravidão no Brasil, na América espanhola e na de domínio inglês.

A novidade dessa escravidão, desencadeada pelo "progresso" trazido pela Modernidade, diz respeito ao fato de a África ser transformada em centro fornecedor de escravos, por excelência, para a empreitada colonial do "Novo Mundo". A especificidade dos europeus, escreve Coquery-Vidrovicht, "é a de ter estatuído de que somente os negros podiam ser sujeitados". Em conseqüência, "o negro tornava-se inferior para aqueles que os escravizavam".

Este processo de dominação, exploração e aniquilamento recebeu o beneplácito de monarcas europeus, as bênçãos da Igreja Católica e a justificação pela ciência do século XIX. Se a palavra raça havia aparecido em fins do século XIV e é aplicada à diferenciação dos grupos humanos a partir do final do século XVII, com a ciência (ou ideologia?) do século XIX, surge o conceito de raça biológica. Existiriam, assim, raças superiores e raças inferiores; povos aptos a dominar e povos aptos apenas a obedecer; povos infantis e povos adultos. Ora, a ciência se tornou a forma de conhecimento hegemônica a partir do século XIX, justamente por ter a capacidade de demonstrar empiricamente as suas hipóteses de pesquisa. Munido de tais credenciais, o discurso científico contribuiu significativamente para a disseminação do preconceito racial e da intolerância, ao firmar a superioridade da raça branca. Ao fazer isso, fortaleceu ideologias e forças políticas reacionárias/totalitárias, como o nazismo, que produziram a barbárie, catástrofes humanas e milhões de mortos no século XX.

Embora tenha negado posteriormente o conceito de raça biológica, o fato é que o legado do discurso científico, entrelaçado com interesses econômicos e políticos poderosos, de tal maneira impregnou o imaginário social, veiculando de forma dissimulada em diversos domínios do simbólico como na música, na literatura, no cinema, na televisão ou no sistema escolar, uma justificação dos lugares sociais assimétricos/desiguais, assumidos por pessoas e grupos sociais a partir da cor da pele, naturalizando relações que são estruturadas socialmente. No Brasil, intelectuais e cientistas se encarregaram logo de aplicar as "teorias" racistas européias à nossa realidade, fixando a inferioridade do negro escravo africano e criticando a miscigenação. Para eles, nessa mistura está a explicação para a origem dos nossos males e para a vida moral desregrada do povo brasileiro.

O presente livro, de Wilma de Nazaré Baía Coelho, resulta da sua brilhante tese de doutoramento defendida no Programa de Pós-Graduação em Educação da UFRN. Trata-se de um estudo erudito e de elevado alcance, em uma área em que ainda prevalece a escassez da reflexão acadêmica sobre o papel do sistema escolar, na abordagem das questões raciais e na reprodução do preconceito racial, feita freqüentemente de forma sutil e camuflada.

Para tanto, foi empreendida uma extensa e profunda pesquisa teórica e empírica. No campo teórico, a autora não somente realiza um balanço crítico das interpretações clássicas acerca das relações raciais no Brasil, a exemplo da obra de Gilberto Freyre e Florestan Fernandes, mas também dialoga com as interpretações ancestrais de viés racista e com os autores e obras recentes sobre o tema, sobretudo no tocante ao trato do preconceito racial na escola. Isto confere inequívoca atualidade a este livro. A riqueza teórica se torna ainda mais evidente, à medida que a escolha dos aportes de Pierre Bourdieu, notadamente do seu conceito de *habitus*, torna possível a análise de um campo constituído por relações de forças conflitivas que disputam a hegemonia de um espaço na luta pelo estabelecimento de uma forma de pensar e agir no mundo.

No campo empírico, a autora privilegiou o estudo de uma instituição responsável pela formação de professores, o Instituto de Educação do Estado do Pará. Afinal, formação de professores é o tema deste livro, sobretudo no que diz respeito à capacitação proporcionada para o trato das questões raciais. Entretanto, o conceito de raça aqui utilizado rompe inteiramente com a visão biologicista. Tal visão é dissonante do cogito do Movimento Negro. Assim, nas palavras da própria Wilma Coelho, "o conceito, então, deixa de indicar uma classe biológica, para definir uma atitude política, posto que a constatação da discriminação seria o primeiro passo para superá-la".

Nessa perspectiva, o conceito de raça "passou a considerar um contingente político, de pessoas afrodescendentes", que "sofre discriminação pela cor". Desse modo, tanto ele se constitui um conceito identificador de um grupo, como também uma postura política, à medida que incorporou um "componente ideológico de luta contra o racismo, ou seja, de luta contra todas as formas de segregação baseadas na cor", assinala Wilma Coelho.

Com este aporte, máscaras sociais são desveladas no presente estudo. Por trás de um discurso igualitário de "democracia racial", de não discriminação e de anti-racismo, presentes na sociedade brasileira e no ambiente escolar, a autora evidencia sobejamente a condição inferior a que o aluno negro é relegado e a discriminação de que ele é objeto. Constata, por conseguinte, uma clara omissão, presente nos processos de formação, em relação às questões raciais, contribuindo, dessa forma, para a reprodução do preconceito em sala de aula e, a partir daí, para outros espaços da sociedade, uma vez que a escola é uma instância de formação do sujeito.

Ao percorrer os capítulos deste livro, o leitor é tomado de um grande e perturbador impacto. Ele constata a permanência, em pleno século XXI, da desigualdade racial e a inferiorização de grupos de homens e mulheres, simplesmente por possuírem tatuada na pele a cor negra. É a presença da cor na hierarquização de pessoas e grupos sociais. Isto é uma barbárie.

Quem não acreditar, ou quem quiser saber, percorra as fascinantes, belas e indignadas páginas escritas por Wilma de Nazaré Baía Coelho.

José Willington Germano
Professor dos Programas de Pós-Graduação
de Ciências Sociais e Educação da UFRN

Apresentação

As mudanças sociais ocorridas no Brasil e no mundo nas últimas décadas do século XX, e no limiar deste novo milênio, têm levado os educadores, formadores e pesquisadores em educação a discutir e problematizar temas distintos para se posicionar diante de antigos males educacionais e políticos até hoje não resolvidos pela sociedade brasileira: a temática racial na escola é uma delas. Wilma de Nazaré Baía Coelho se insere neste universo de educadores ao investigar a temática étnico-racial no currículo escolar no tradicional Instituto de Educação do Estado do Pará (IEEP), uma referência importante, desde 1871, na formação de professores nesse Estado. Mesmo tendo por referência de pesquisa uma instituição na Amazônia, as reflexões construídas pela autora espelham, sem dúvida, o perverso horizonte da discriminação étnica e racial em outros Institutos de formação espalhados pelo território brasileiro.

Este livro é o resultado de uma longa e rigorosa pesquisa, empreendida pela autora, nos arquivos do IEEP, tendo como espaço temporal o período de 1970 a 1989. Mergulhada de corpo e alma no acervo documental, no referido Instituto, ela reuniu e examinou centenas de fichas de alunos, algumas dezenas de planos de disciplinas, obras de formação e artigos publicados em dois dos mais importantes jornais da cidade de Belém, capital do Pará – *O Liberal* e a *Província do Pará* –, para constatar a ausência do conteúdo e da discussão étnico-racial na formação dos docentes que cursaram o IEEP. Para além da pesquisa histórica, e tomada pela pulsão que move qualquer investigador obsessivo, partiu para entrevistar dez ex-alunos e dez ex-professores (homens e mulheres).

Após a reunião desse precioso material, e tendo como principais interlocutores teóricos clássicos e contemporâneos como Pierre Bourdieu, Roger Chartier, Antônio Sérgio Alfredo Guimarães e Munanga Kabengele, Wilma teceu delicadamente, em forma de palavras, uma narrativa corajosa e densa sobre a omissão político-pedagógica atinente à questão racial no currículo escolar da instituição e no período mencionado. Esse investimento cognitivo, apresentado hoje em forma de livro, foi originalmente sua tese doutoral defendida, de forma brilhante, no Programa de Pós-Graduação em Educação da Universidade Federal do Rio Grande do Norte, em 2005.

A cor ausente tem muito a nos propor e ensinar. Um dos principais objetivos deste livro é alimentar a reflexão de como a escola, por meio dos cursos de formação de professores, contribui para a reprodução da discriminação e do preconceito, nas formas em que eles se manifestam na sociedade. Essa lacuna contraída na nossa formação intelectual, devido à ausência de uma literatura obrigatória nos programas das disciplinas, seguida de uma reflexão sobre a importância e a valorização do segmento negro nos currículos escolares, acaba reforçando nos professores e alunos valores que, ao invés de contribuírem para um novo modelo de sociedade, reforçam o velho paradigma que não responde mais aos problemas sociais e educacionais contemporâneos.

Hoje, saber lidar com a diversidade étnica brasileira na sala de aula se tornou uma necessidade vital para qualquer docente. Conhecendo de perto o itinerário intelectual da autora, temos clareza que este livro extrapola o compromisso político e educacional assumido por ela com a questão racial. Ele expressa um sentimento de solidariedade e respeito com todos os sujeitos que sofrem qualquer tipo de discriminação. Rigoroso e cativante, erudito, mas escrito numa linguagem agradável e fluente, **A cor ausente** é uma verdadeira aula de educação, de história do Brasil, de sociologia, de política, de cultura, de cidadania e de respeito ao ser humano.

Carlos Aldemir Farias
Iran Abreu Mendes
Natal, março de 2006

Dia de Graça

Hoje é manhã de carnaval
Ah! O esplendor!
As escolas já vão desfilar
Garbosamente!
Aquela gente de cor
Com a imponência de um rei
Vai pisar na passarela
Salve a Portela!
Vamos esquecer os desenganos
Que passamos!
Viver a alegria que sonhamos
Durante o ano!
Dar do nosso coração
Alegria e amor
A todos sem distinção de cor
Mas depois da ilusão
Coitado!
Negro volta ao humilde barracão
Negro acorda, é hora de acordar
Não perde a raça
Dorme toda a manhã
Em dia de Graça!
Negro não se humilhe
Nem humilhe a ninguém
Todas as raças
Já foram escravas também
Deixa de ser rei, só na folia
Faça da tua Maria uma rainha
Todos os dias
E cante um samba na Universidade
E verás que teu filho será
Príncipe de verdade
Aí, então, jamais tu voltarás
Ao barracão

(*Candeia*)

Dorme, dorme, meu pretinho,
a lua é feita de neon.

Vá embora, vá seu guarda,
deixa o pretinho dormir,
ele está longe de casa
e não tem pra onde ir.

Vá embora, vá seu guarda,
deixa o pretinho dormir.

Dorme, dorme, meu pretinho,
Deus também é um engraxate,
ele lustra no teu peito
um coração que bate, bate.

Dorme, dorme, meu pretinho,
Deus também é um engraxate.

Dorme, dorme, meu pretinho,
numa cama de jornal,
logo vão chover estrelas
para acabar com o teu mal.

Dorme, dorme, meu pretinho,
numa cama de jornal.

Vá embora, vá seu guarda,
o pretinho é muito bom:
Ele dorme sob a lua
de um anúncio de neon.

Sérgio Caparelli. *Boi da cara preta*. Porto Alegre, L&PM Editores, 1983.

Introdução

Aquarela do Brasil
Brasil, meu Brasil brasileiro
Meu mulato inzoneiro
Vou cantar-te nos meus versos
O Brasil, samba que dá
Bamboleio que faz gingar
O Brasil do meu amor
Terra de Nosso Senhor
Brasil! Brasil!
Pra mim... Pra mim...
[...]
Brasil, terra boa e gostosa
Da morena sestrosa
De olhar indiscreto
O Brasil verde que dá
Para o mundo se admirar
O Brasil do meu amor
Terra de Nosso Senhor
Brasil! Brasil!
Pra mim... Pra mim...
[...]
Ô, oi essas fontes murmurantes
Oi onde eu mato a minha sede
E onde a lua vem brincar
Oi, esse Brasil lindo e trigueiro
É o meu Brasil brasileiro
Terra de samba e pandeiro
Brasil! Brasil!
Pra mim... Pra mim...

(*Ary Barroso*)

Aquarela do Brasil é, mais do que um samba famoso, uma espécie de hino nacional. Ele desperta em nós um sentimento de fazer parte. Ele nos remete à idéia de que somos diferentes dos outros – dos que não são brasileiros. Ele nos permite, acima de tudo, falar de nós mesmos sem a *pompa* e a *circunstância* que o

Hino Nacional impõe. *Aquarela do Brasil* é a matriz de um tipo de samba – o de exaltação – que tem pelo menos dois *filhos* diletos: *Aquele Abraço* e *País Tropical*, o primeiro, de Gilberto Gil, e o segundo, de Jorge Ben Jor. *Aquele Abraço*, composto às vésperas do exílio londrino, exaltava as maravilhas do Rio de Janeiro, que continuava lindo, a despeito das agruras da ditadura militar. *País Tropical*, composto na mesma época, afirmava a beleza que era viver num país tropical, "abençoado por Deus e bonito por natureza".

Em comum, todas essas pérolas do cancioneiro popular brasileiro trazem a idéia do idílio brasileiro – um país sem guerra, sem revolução, sem terremoto e com um povo faceiro. A cada execução, essas músicas nos remetem para aquele momento em que o tempo é suspenso e nós só pensamos no congraçamento, na maravilha que é viver neste país, porque, afinal de contas, "Deus é brasileiro"!

A despeito da contribuição que *Aquarela do Brasil* trouxe para o cancioneiro, a letra dessa música revela uma representação do Brasil que, se levada ao *pé da letra*, desfaz a imagem de união que ela evoca. O título nos sugere a idéia do gradiente, a idéia de que o Brasil constitui aquarela porque integra, como nação, um conjunto diverso de tipos, cores e culturas. Por isso, o Brasil é lindo: "Oi, esse Brasil lindo e trigueiro!". Em princípio, portanto, a música indica a idéia de que a mistura é parte do caráter brasileiro. Ela é sua distinção e sua virtude. Este Brasil, lindo e trigueiro, é, todavia, inzoneiro. Inzoneiro, como ensina o *Aurélio*, significa: *mexeriqueiro*, *intrigante*, *mentiroso*, *sonso* ou *manhoso*.

Aquarela do Brasil faz eco a uma tradição iniciada no século XIX, segundo a qual a miscigenação tem lá seus percalços. Produz frutos lindos, às vezes, mas de caráter duvidoso. Essa mensagem, esse substrato da canção, todavia, tem passado desapercebido. Este livro não trata de música; ele trata da invisibilidade de que a questão da cor é objeto no processo de formação de professores. Da mesma forma que ocorre com *Aquarela do Brasil*, a evocação dos cursos de formação de professores é distinta da formação que eles oferecem.

Os intelectuais que refletem sobre a Educação concordam que o sistema regular de ensino deve ser mais do que um *transmissor* de conteúdos. É consenso que ela deve participar do esforço do Estado e da Sociedade, no sentido de preparar crianças e adolescentes para o exercício pleno da cidadania[1]. Não há notícia de intelectual da área que discorde desta premissa.

Poucos percebem, todavia, que a idéia de cidadania cultivada nos cursos de formação de professores oblitera a cor, a questão racial e seus desdobramentos das discussões relacionadas à formação para a cidadania. Poucos percebem, ainda, que, dessa forma, os cursos de formação de professores – e os intelectuais que os balizam por meio da produção bibliográfica – contribuem para a reprodução de preconceitos.

Este livro tem como temática os cursos de formação de professores e como objeto o lugar que a questão racial ocupa na formação dos professores. Os estudos sobre a formação de professores ocupam-se com a análise de alternativas para a superação de eventuais lacunas da formação. Assim, serão divididos em duas grandes correntes: a primeira parte do princípio de que o professor representa um problema[2] e, portanto, sobre ele deve incidir a intervenção formativa – sem eximir a prática reflexiva;

---

[1] Prioriozamos aqui o conceito de cidadania definido por PINSKY, J. e PINSKY, C. (2003), para quem ser cidadão é ter direito à vida, à liberdade, à propriedade, à igualdade perante a lei: é, em resumo, para ele, ter direitos civis. Assim, portanto, é ter direito de voto e ser alvo de votação; ter direitos políticos assegurados. No entanto, o autor adverte que os direitos civis e políticos não asseguram a democracia sem os direitos sociais, aqueles que afiançam a participação do indivíduo na riqueza coletiva: o direito à educação, ao trabalho, ao salário justo, à saúde, a uma velhice tranqüila. O autor ressalta, porém, que o conceito de cidadania varia histórica, social e culturalmente, não havendo, portanto, uma universalização no seu sentido, variando da sociedade e seu tempo histórico. Consideramos, deste modo, que esta formulação se afina aos objetivos propostos neste trabalho.

[2] Antônio Flávio Barbosa Moreira (1999, p. 81-96), Antônio Joaquim Severino (2003, p. 71-89), Boaventura de Souza Santos (1996), Cipriano Carlos Luckesi (1985), Emília Freitas de Lima (2003, p. 185-199), Hamilton Werneck (1999), Ilma Passos Alencastro Veiga (1992), Iria Brzezinski (1996), Maria da Glória Pimentel (1993), Marli Eliza Dalmazo Afonso de André (1999), Pedro Demo

a outra, atribui ao Estado, responsável pela estrutura educacional, a incumbência por eventuais equívocos, cabendo-lhe a condição de paciente de um processo de transformação das estruturas de ensino[3].

No que tange aos estudos que relacionam Educação e Questão Racial, não percebemos, ainda, uma distinção que habilite a conformação de correntes. As diversas perspectivas de educação multicultural, propostas por autores em diferentes contextos socioculturais, enfatizam a permanência e a renovação das práticas discriminatórias, bem como sugerem a superação destas práticas no e do processo educacional[4].

Neste sentido, podemos citar três estudos representativos dessa produção. Nilma Lino Gomes (1995) ocupa-se com a trajetória da professora negra, classificando-a como um percurso de superação dos obstáculos impostos pelas práticas discriminatórias. Em um trabalho mais recente (2003), apropria-se das representações e concepções construídas por homens e mulheres negros em relação à experiência com o corpo negro em salões étnicos

---

(2000), Terezinha Azerêdo Rios (2001), Selma Garrido Pimenta e Maria Socorro Lucena Lima (2004), Selma Garrido Pimenta (1995). Este grupo de autores denuncia – sob os diversos focos referenciais – que os cursos de formação docente têm fragilizado a formação erudita e tendem à transmissão e à reprodução de valores culturais naturalmente cristalizados como legítimos. A despeito da assunção, o aviltamento salarial e a decorrência desse fator nas condições de trabalho do professor, denunciam, também, o parco domínio dos conteúdos científicos, políticos e culturais necessários à formação e a duvidosa forma pela qual são apropriados. Esses os têm apropriado de forma similar ao dos demais profissionais de outras áreas. Entre esses, a pouca importância no trato das questões emergentes e tidas como de grupo minoritários, mas aposta na reversão pelo aporte teórico acerca desse *corpus* no âmbito da formação de professores.

[3] Celso João Ferreti (2003, p. 319-334; 2004, p. 299-302), Helena Costa Lopes de Freitas (2002, p. 137-168), Henry Giroux (1999); Marise Nogueira Ramos (2002, p. 405-427), Mário Manacorda (1991), Moacir Gadotti (2000), Sônia Kramer (1987).

[4] Ana Canen e Antônio Flávio Barbosa Moreira (2001, p, 15-44), Boaventura de Souza Santos (2003, p. 25-68), Carlos Alfredo Hasenbalg e Nelson do Valle e Silva (1993), Eliane dos Santos Cavalleiro (2000), James Banks (1997; 1994; 1999), Kabengele Munanga (2001a), Michael W. Apple (2001, p. 147-161), Nilma

em Belo Horizonte. No tocante à experiência escolar que emerge como um momento importante, no qual se desenvolve o tenso processo de construção da identidade negra, Petronilha Beatriz Gonçalves Silva (1996) denuncia a ausência da discussão étnico-racial na escola, considerando a inclusão desta discussão como um meio para a construção de uma identidade da criança negra. Eliane Cavalleiro (2000) trata da configuração do preconceito étnico-racial no interior da escola, percebendo que, na criança, esse processo resulta na constituição de uma visão negativa de si mesma, especialmente quando os professores são os próprios agentes da discriminação.

Nosso trabalho se relaciona com essa produção bibliográfica de duas maneiras. Inicialmente, ele pretende problematizar os processos de formação, no sentido dado por Gimeno Sacristàn (1998), para quem a formação do professor não se encerra na leitura e discussão da bibliografia especializada, mas se espraia para a experiência acadêmica, dentro e fora das salas de aula e no trato com professores e companheiros de estudo. Em seguida, e

---

Lino Gomes (1995; 2001; 2002; 2003; 2004a), Nilma Lino Gomes e Kabengele Munanga (2004), Peter McLaren (1997; 2000), Petronilha Beatriz Gonçalves Silva (1998, p. 381-396; 1996, p. 168-178), Petronilha Beatriz Gonçalves Silva e Luiz Alberto Oliveira Gonçalves (1998), Regina Pahim Pinto (1999), Ricardo Henriques (2001) e Vera Candau (2002). A seguir, destacamos dois autores, entre os citados, os quais abordam a questão do multiculturalismo a partir da realidade estadunidense: Peter Mclaren e James Banks. Segundo Peter McLaren, inspirado na Pedagogia Crítica, atuando hoje na chamada perspectiva pós-moderna, situado naquilo que denominou de multiculturalismo crítico (1997) e mutlticulturalismo revolucionário (2000, p. 2), o educador assume o papel de agente revolucionário, pois, é mais do que um ato de compreender quem somos: é um ato de reinvindicação de nós mesmos a partir de nossas identificações culturais sobrepostas e de nossas práticas sociais, de forma que possamos vinculálas à materialidade da vida social e às relações de poder que as estruturam e as sustentam. Para James Banks, a educação multicultural é um movimento reformador destinado a realizar grandes mudanças no sistema educacional. Assim, a principal finalidade da educação multicultural remete à necessidade de uma educação na qual os estudantes desenvolvam habilidades, atitudes e conhecimentos necessários para atuar no contexto da sua própria cultura étnica, no da cultura dominante, assim como para interagir com outras culturas e situar-se em contextos diferentes de sua origem.

da mesma forma, ele objetiva debater o impacto que as práticas discriminatórias alcançam no quotidiano escolar. Neste sentido, este trabalho dá continuidade à reflexão existente, iniciando, porém, uma outra.

Este livro trata a questão racial e os seus desdobramentos, não como um problema em si, já que ele recusa o tratamento da questão como um problema do preconceito e, portanto, como um problema somente moral. O aporte teórico que adotamos e a pesquisa empírica que realizamos nos levaram à consideração da questão racial, como uma questão da formação de docentes. Esta, talvez, seja a sua maior singularidade. Senão vejamos.

As formulações de Pierre Bourdieu constituem a nossa referência teórica. Com efeito, nós nos apropriamos de alguns conceitos de Bourdieu: violência simbólica, cultura dominante, poder simbólico e *habitus*. Fundamentalmente, este autor afirma que a sociedade se constitui em disputas, a partir das quais emerge um grupo dominante, o qual estende para os demais grupos a sua visão de mundo, por meio de estratégias não destituídas de violência. Em maior ou menor grau, todos os agentes passam a partilhar daquela cultura, a qual se conforma como dominante.

Dominante, mas não absoluta. A sociedade, para Bourdieu, constitui-se não apenas no conflito, mas na diversidade. Esta última condição faculta a emergência de formas específicas de ver o mundo, as quais respeitam aquela dominante em vários aspectos, mas dela se distinguem em uma série de outros. Para utilizar uma categoria do próprio Pierre Bourdieu (1979, 1982, 1990, 1999, 2002), podemos afirmar que a sociedade se constitui em *campos*,[5] dentro dos quais se cultivam *habitus* distintos.

---

[5] O sentido que aqui utilizamos pode ser compreendido como espaço estruturado de posições ocupadas por agentes em competição, cuja lógica de funcionamento não depende desses. Assim, a forma, o campo se caracteriza prioritariamente como espaço simbólico, no qual transita o pessoal especializado no jogo pela conquista da hegemonia numa prerrogativa de determinar as práticas legítimas em cada campo. Conferir esse argumento em Pierre Bourdieu (1980, p. 112; 2002a, p. 261-262).

A gênese do conceito de *habitus* encontra-se nas reflexões realizadas, com vistas à compreensão das estruturas que determinam as práticas sociais. Pierre Bourdieu se viu, em dado momento de sua reflexão, insatisfeito com as proposições que analisavam as práticas sociais. Percebia duas correntes opostas: por um lado, a que buscava compreendê-las como determinadas pela subjetividade do agente, pela sua forma particular de ver o mundo; por outro lado, aquela que as assumia como resultado de determinações objetivas, como regras de ação, educação formal e relações de produção. Diante desse quadro, Bourdieu formula um cogito, segundo o qual as práticas sociais são informadas pelo lugar a partir do qual o agente se encontra no corpo social. Mais do que determinadas pela subjetividade ou pelas estruturas objetivas, as práticas sociais estão condicionadas por um processo de educação, formal ou não, ocorrido desde o âmbito familiar até as instâncias impessoais da vida civil.

Pierre Bourdieu (1987b) introduz, aqui, uma proposição importante para a análise das práticas sociais, uma vez que reformula o conceito de condições objetivas. Para ele, tanto quanto as relações de produção, as noções de belo, bom gosto, prazer, diversão, lazer, contemplação são objetivas, ou seja, são construções sociais no seio das quais os agentes sociais *moldam* suas formas de agir. Neste sentido, Bourdieu supera o impasse percebido por ele na literatura: a oposição subjetividade X objetividade. Suas considerações levaram a que ele fosse tachado de estruturalista, atributo que ele recusa, na forma como lhe é referido. Considera-se um *construtivista-estruturalista*:

> "Por estruturalista, eu diria que existe, dentro do mundo social, e não somente nos sistemas simbólicos como linguagem, mito, etc., estruturas objetivas, independentemente da consciência e da vontade dos agentes, que são capazes de orientar ou coibir suas práticas e representações. Por construtivista, entendo que há uma gênese social de uma parte dos esquemas de percepção, de pensamento e de ação constitutivos daquilo que chamo de *habitus*, de outra parte, das estruturas sociais e, em

particular, as que identifico como campos e grupos. [...]. Assim sendo, as representações dos agentes variam segundo sua posição e segundo seu *habitus*, como sistemas de percepção e apreciação, como estruturas cognitivas e valorativas adquiridas na experiência duradoura de ocupar um espaço no mundo social" (BOURDIEU, 1987b, p. 147 e p. 157).

O conceito de *habitus* é o resultado, portanto, de seus esforços de compreender as práticas sociais. Bourdieu investiu nele uma longa reflexão, de forma que ele sofreu algumas modificações. Este fato contradiz, segundo Tomaz Tadeu da Silva (1996), os críticos de sua obra, especialmente os brasileiros, surgidos após a publicação, no Brasil, de seu livro *A Reprodução* (1982), escrito em parceria com Jean Claude Passeron. De acordo Tomaz da Silva, esse livro serviu para que "uma multidão de leitores dos fabricantes de rótulos o classificasse definitivamente como um irremediável reprodutivista" (1996, p. 244). Conforme afirmamos, no entanto, o conceito de *habitus* sofre modificações, de forma a contornar a acusação dos críticos que, por trás do atributo de reprodutivista (sic), percebiam que as formulações de Bourdieu pouco explicavam a possibilidade de mudança.

> "É explicar a unidade de estilo que une as práticas e os bens de um agente singular ou de uma classe de agentes [...]. O *habitus* é o princípio gerador e unificador que retraduz as características intrínsecas e relacionais de uma posição como estilo de vida unitário, isto é, como conjunto unitário de escolhas de pessoas, de bens, de práticas. Como as posições das quais são produtos, os *habitus* são diferenciados; mas também são diferenciantes. Distintos, distinguidos, eles são também operadores de distinções: mobilizam princípios de diferenciação diferentes ou utilizam diferentemente os princípios de diferenciação comuns. Os *habitus* são princípios geradores de práticas distintas e distintivas [...]; mas são também esquemas

classificatórios, princípios de classificação, princípios de visão e divisão, gostos diferentes" (BOURDIEU, 1994, p. 23).

O autor antecipou *habitus* ser o conceito/um sistema de disposições aberto que está, constantemente, sendo transformado por experiências novas vividas pelo agente social, situando essa noção em um sistema duradouro, porém passível de mudança. Esta noção de *habitus*, adiantou, "exprime, sobretudo, a recusa a toda uma série de alternativas nas quais a ciência social se encerrou, a de consciência (ou do sujeito) e do inconsciente, a do finalismo e do mecanismo, etc" (BOURDIEU, 2000, p. 60). Para ele, *habitus* supera a inércia e evidencia a dinâmica na capacidade criativa e inovadora do agente social, o que discrepa do sentido de hábito.

Esta formulação nos permitiu analisar os dados que recolhemos. Em mais de mil e trezentas fichas de alunos, mais de sessenta planos de curso, cerca de dez obras didáticas e vinte entrevistas, percebemos que, no curso de formação de docentes que analisamos, as práticas de discriminação eram freqüentes. A pergunta a ser feita era uma só: "Como uma instituição de ensino, ocupada com a formação de professores, reproduz o preconceito, quando afirma, continuamente, ser a escola o espaço do saber, da igualdade e da transformação?"

As formulações de Pierre Bourdieu nos ajudaram a responder a esta questão. Compreendemos, tal como Bourdieu, que a sociedade é constituída por conflitos diversos; que desses conflitos emerge um grupo dominante, com sua cultura, a qual é imposta aos demais grupos, os quais a reproduzem em graus distintos. Entendemos, também, que a sociedade, assim constituída, conforma-se em campos diversos, cada qual cultivando uma forma particular de ver o mundo, que se desdobra em *habitus* – os quais podem representar risco para a cultura dominante.

Após a análise dos dados empíricos e do estudo da bibliografia apropriada, concluímos o que segue. A instituição de ensino analisada se conforma como uma instância de contribuição para a reprodução da cultura dominante, o que, em termos de questão racial, quer dizer que ela pratica o que se convencionou chamar de "racismo à brasileira":[6] uma segregação simbólica, constante, mas nunca absoluta, exercida por meio de práticas cotidianas – veladas ou não – que reduzem o negro à condição de agente inexistente do processo educacional. Essa reprodução se dá por duas razões: em primeiro lugar, porque a instituição é formada por agentes sociais que, a despeito dos *habitus* diversos, contribuem para a reprodução das estruturas da cultura dominante, no que tange à questão racial; em segundo lugar, por que a instituição se omite de cumprir a sua função de fazer emergir um novo *habitus*, profissional, no qual o preconceito, o racismo e a segregação não se manifestem, ainda que persistam na convicção de cada um dos agentes.

Em se tratando de um estudo no qual a questão racial é objeto de análise, importa esclarecer, desde já, o aporte escolhido para abordá-la. Em acordo com o que vem sendo discutido por diversos autores, os quais tratam da questão racial no Brasil (HASENBALG, 1979; ROSEMBERG, 1987; BORGES PEREIRA, 1987; BENTES, 1993; GOMES, 1995; MUNANGA, 1996; PINTO, 1999; PIZA, 2000; ARAÚJO, 2000; CAVALLEIRO, 2000; SCHWARCZ, 2001; BENTO, 2002; DOMINGUES, 2002; GUIMARÃES, 2002), optamos pela utilização do conceito de Raça. A escolha requer um esclarecimento que vai além do que a *praxis* recomenda, uma vez que alguns autores (COSTA; WERLE, 1997; GILROY, 1998; 2000; GRIN, 2001) recusam a sua utilização. A transformação do termo Raça em conceito tem uma longa e nefanda trajetória. Segundo Lilia Moritz Schwarcz, foi no século XIX que ele surgiu como um instrumento de classificação de grupos humanos. O conceito de Raça, ao longo de todo aquele século, pretendeu estabelecer e compreender as diferenças entre os grupos humanos, entendendo-se como

---

[6] Sobre esta questão, ver: Kabengele Munanga (1996, p. 79-94), Cláudio de Carvalho Silveira (1999, p. 44-59), João Baptista Borges Pereira (2002, p. 65-71), e Luiz Fernando Martins da Silva (2003).

manifestações de heranças físicas (SCHWARCZ, 1993, p. 47-66). Assim, sua emergência está associada a toda uma série de calamidades impostas a certos grupos humanos por outros, tendo por base a crença infame de que os homens se distinguem em raças, as quais podem ser dispostas em uma cadeia hierárquica que, por sua vez,justifica o poder e a crueldade de uma sobre a outra.

O desenvolvimento da ciência no século XX e especialmente o avanço dos valores democráticos colocaram por terra o conteúdo do conceito de Raça. A ciência evidenciou, e continua destacando, a inexistência de raças biológicas, quando se trata de humanos. Conforme deixou claro Claude Lévi-Strauss, em texto sobre a noção de Raça e Cultura:

> Falar da contribuição das raças humanas para a civilização mundial poderia assumir um aspecto surpreendente numa coleção de brochuras destinadas a lutar contra o preconceito racista. Resultaria num esforço vão ter consagrado tanto talento e tantos esforços para demonstrar que nada, no estado atual da ciência, permite afirmar a superioridade ou a inferioridade intelectual de uma raça em relação a outra (LÉVI-STRAUSS, 1980, p. 47).

Lévi-Strauss, um dos mais renomados antropólogos do século XX, reconhecia, então, a impropriedade de falar-se em raças biológicas, em estudo sobre as diversidades culturais nos grupos humanos.

Por sua vez, o pensamento democrático inculcou e fez florescer a crença de que todos são iguais, independentemente de suas diferenças de sexo, cor e religião. Uma e outra, no entanto, não foram suficientes para eliminar as diferenças e as diferentes formas de segregação. Foi diante da realidade da diferença e da discriminação que emergiu um novo conceito de Raça.

A emergência do Movimento Negro no Brasil, inspirada, em larga medida, nos movimentos pelos direitos civis dos negros norte-americanos, foi determinante nesse processo. Intelectuais do movimento formularam um cogito que invertia o caráter biológico do conceito, de forma a atribuir-lhe maior força política. Mesmo negando a existência de uma raça negra – biologicamente distinta das demais –, o movimento estabeleceu a idéia de uma Raça Negra como uma força política. Ela seria composta por todos aqueles que, herdeiros dos antigos escravos, sofriam, ainda que em graus distintos, os efeitos da discriminação. O conceito, então, deixa de indicar uma classe biológica, para definir uma atitude política, posto que a constatação da discriminação seria o primeiro passo para superá-la.

Assim, o conceito de Raça, agora construído pelos próprios negros, passou a considerar um contingente político, de pessoas afrodescendentes – mestiças ou não –, que sofre discriminação pela cor. Passou, também, a conter um componente ideológico de luta contra o racismo, ou seja, de luta contra todas as formas de segregação baseadas na cor. Ele se constituiu, portanto, como um conceito identificador, tanto de um grupo quanto de uma postura política.

Por isso, nós nos decidimos pela sua utilização. Não tratamos, a seguir, de diferenças étnicas, porque a etnia, no Brasil pelo menos, pode transcender a cor. Tratamos da questão racial, ou seja, das formas de discriminação e consciência da discriminação em função da cor. Quando nos referimos à Raça, reportamo-nos ao grupo de brasileiros afrodescendentes que sofrem segregação e, eventualmente, lutam contra ela.

Dito isto, é chegada a hora de situar a instituição escolhida: o Instituto de Educação do Estado do Pará. Trata-se de uma casa de *preparação* de professores por mais de um século, criada que foi em 1871, e que permanece, desde sua criação, como referência para a formação de professores em nível médio, no Estado do Pará. Nossa análise incide sobre duas décadas de sua trajetória: as décadas de 1970 e 1980.

Nossa escolha se deve à possibilidade de melhor delimitar o objeto de estudo, uma que vez que nesse período se ofereciam cursos de formação para o exercício do magistério em nível secundário, conforme previa a Lei de nº 5.692, de 11 de agosto de 1971. Além disso, diante da escassez de quadros funcionais, o Estado do Pará facultou o exercício do magistério, no segundo ciclo do antigo Primeiro Grau (quinta à oitava séries) aos professores de nível médio. Assim, uma parcela significativa dos docentes do antigo 1º Grau, nesse Estado, recebeu sua formação no Instituto de Educação do Estado do Pará e exerceu a profissão em todas as séries que compunham aquele grau.

Importa situar, em pouquíssimas linhas, o Estado do Pará, para que se tenha idéia da importância do Instituto que analisamos. O Pará surge, em nossa história, um século depois do Descobrimento. Os portugueses tomaram a foz do Rio das Amazonas, com o objetivo de proteger o território das invasões de outras nações européias. A ocupação, no entanto, não se reverteu em exploração econômica significativa, de forma que mais de um século depois, por volta de 1750, ainda não havia moeda corrente e as condições materiais de vida eram muito precárias.

Parte desse estado se deveu ao fato de toda a parte norte do território colonial português ter permanecido isolada do resto da colônia, por todo o período colonial. Enquanto as colônias do litoral e do sul constituíam o Estado do Brasil, o Maranhão e o Grão-Pará (que compunham o que hoje conhecemos como os Estados do Amapá, Amazonas, Rondônia, Roraima, Pará e parte do Mato Grosso) compunham o Estado do Grão-Pará e Maranhão. Esse isolamento foi constante ao longo de todo o período colonial e ao longo de todo o Império.

O Pará não conheceu, no período colonial, uma atividade econômica constante e que produzisse muitos dividendos, como ocorreu com a cana-de-açúcar em Pernambuco, o tabaco na Bahia ou o ouro nas Minas Gerais. Só no século XIX, com a extração da goma elástica, ocorreu um surto econômico vigoroso. Todavia, muito da riqueza produzida não se reverteu no estabelecimento de estruturas que permitissem o florescimento de outras atividades. Assim, quando a goma elástica brasileira – e paraense – foi substituída pela produção asiática, na virada do século XIX para o XX, o surto econômico foi suspenso e nada havia para substituí-lo.

Foi a partir do governo de Getúlio Vargas que uma série de políticas foram ensaiadas com o objetivo de levar desenvolvimento à região. Iniciou-se, então, uma série de projetos de intervenção, conhecidos, muito apropriadamente, de Grandes

Projetos. Estes tinham por objetivo alavancar a economia regional, por meio de atividades de grande interesse comercial, como a exploração de recursos minerais. Em função desses projetos, uma série de enclaves industriais surgiram no Estado do Pará, e também na região Norte, quase todos voltados para a exploração de recursos minerais (BRITO, 1994; CARDOSO, 1984; GONDIN, 1994; MARTINS, 1998; QUEIROZ; COELHO, 2001; SANTOS, 1980; WEINSTEIN, 1993).

O Pará do início dos anos 1970, portanto, era uma unidade da federação com uma longa tradição de isolamento e estruturas sociais e econômicas em constituição. Era o caso do sistema educacional. Havia um número enorme de analfabetos, crianças e adolescentes fora da escola e uma deficiência avassaladora de docentes. O Instituto de Educação do Estado do Pará foi, nesse contexto, uma instância fundamental para a busca de soluções que viabilizassem a reversão do quadro existente. Analisar a forma como a questão racial era percebida e vivida naquela instituição fazer a reflexão a partir de um ponto de vista privilegiado, diante do lugar que a instituição ocupava no contexto do Estado do Pará, constituiu uma questão importante a ser investigada.

Mas como nós nos aproximamos do Instituto? Foi, desde já, um empreendimento difícil. Em que pese a compreensão, ajuda e simpatia dos gestores, o Instituto, como tantas instituições brasileiras, não possui arquivos organizados, não preserva boa parte de seus documentos ou, o que é possível, preserva o que considera importante do ponto de vista administrativo e não do ponto de vista educacional.

De toda forma, foi por lá que iniciamos nossa jornada e não poderia ser de outra forma. Nos arquivos do Instituto encontramos o que foi a maior fonte de informações para a nossa pesquisa: Ficha Individual do Aluno. Trata-se de um documento estruturado anualmente, contendo as informações seguintes: nome, turma, turno, série, notas e média final de aprovação. Reunimos uma série completa, representando uma amostragem de dez por cento do total de alunos formados ao longo dos vinte anos analisados, perfazendo mais de mil e duzentas fichas. Para analisá-las apropriadamente, consultamos as Certidões de Nascimento existentes no Instituto, relativas a cada um dos alunos com fichas selecionadas. Esses dados, ficha e Certidão, permitiram-nos considerar: percentual de alunos por cor/raça, índices de freqüência de cor/raça por turno, índices de aprovação por cor/raça e índices de alunos por sexo.

A prodigalidade de fichas de alunos e Certidões de Nascimento não se repetiu em outros suportes de dados. As mudanças, os sinistros e a falta de condições de guarda e manutenção de documentos fizeram com que pouquíssimos planos de disciplinas subsistissem, mesmo tratando-se de período tão recente. Reunimos cerca de sessenta e nove planos. Com relação a eles, vale dizer que muitos se encontravam incompletos: uns sem o registro da bibliografia, outros sem a indicação de estratégias e ainda alguns sem os indicadores de avaliação. Todos, no entanto, traziam o registro do conteúdo, o que se constituiu no dado privilegiado pela pesquisa. A partir dele, pudemos considerar a incidência de temas relacionados à questão racial, no processo de formação de docentes. Ainda com relação aos planos, poucos deles traziam a indicação bibliográfica. Nós nos ativemos aos que a traziam e a consideramos para a investigação da base teórica subjacente às disciplinas e, por extensão, à formação oferecida pelo Instituto.

Fora do Instituto, trabalhamos no sentido de reunir dados que viabilizassem uma análise circunstanciada do objeto que recortamos. Assim, consultamos dados estatísticos formulados pelo Instituto Brasileiro de Geografia e Estatística (IBGE), especialmente os relativos à distribuição da população por cor/raça. Por meio deles, pudemos verificar as condições da população negra no Brasil naquele período, tanto no que concerne aos indicadores econômicos quanto educacionais.

Entendemos ser necessário, também, considerar o que pensava parte da sociedade paraense sobre a questão educacional. Sendo a noção de reprodução uma de nossas balizas teóricas, elegemos a imprensa escrita paraense como o meio a partir do qual perscrutaríamos uma parte da sociedade. Assim, reunimos duzentos e quarenta e cinco artigos do período publicados na imprensa. Neles, pudemos verificar a representação que aquela parte da sociedade construiu acerca da educação. Além disso, essas matérias nos pareceram importantes, uma vez que os professores do Instituto recorreram freqüentemente aos jornais como recurso didático.

Consideramos, por fim, ouvir professores e alunos daquele Instituto. Assim, recolhemos o depoimento de dez representantes do corpo docente e dez representantes do corpo discente. Tais depoimentos se prestaram como dados subjetivos, os quais serviram de contraponto às indicações dos dados estatísticos. Com relação aos professores, selecionamos docentes que tivessem atuado no Instituto, no período estabelecido, como recorte para pesquisa. O mesmo foi feito com relação aos alunos, sendo que, neste caso, privilegiamos aqueles alunos que atuassem como professores e se autodeclarassem negros ou pardos. A impossibilidade de encontrar o décimo aluno que atuasse no magistério obrigou-nos a coletar o depoimento de uma aluna desempregada.

Como técnica de análise dos documentos escritos e orais, a fim de satisfazer nossos objetivos propostos, inspiramo-nos nas formulações de Laurence Bardin (1993, 2000), relativas à análise de conteúdo, a qual se desdobra, neste trabalho, em dois tipos de análise: uma, própria para documentos escritos e outra, própria para documentos orais. A primeira consiste nos seguintes procedimentos: resumo dos documentos; classificação dos resumos, segundo categorias temáticas; eleição dos pontos a serem investigados e classificação da documentação, segundo os pontos elaborados; e, por fim, a análise. A segunda consiste em: transcrição da entrevista; desmembramento do depoimento, segundo dois aspectos – cronológico e temático; identificação das recorrências; e, por fim, mais uma vez, a análise.

A análise de conteúdo promove a organização sistematizada dos dados empíricos por meio de "uma pré-análise, uma exploração do material e de um tratamento dos resultados, com a inferência ou dedução lógica e a interpretação" (BARDIN, 2000, p. 153). Empregamos uma análise categorial

> que funciona por operações de desmembramento do texto em unidades, em categorias segundo reagrupamentos

> analógicos. Entre as diferentes possibilidades de categorização, a investigação dos temas, ou análise temática é rápida e eficaz na condição de se aplicar a discursos directos (significações manifestas) e simples. (BARDIN, 2000, p. 153)

Assim, pudemos propor categorizações, já que promovemos uma codificação ou uma "transformação dos dados brutos do texto" (BARDIN, 2000, p. 103). Segundo a autora, há possibilidade de composição por recorte, agregação e enumeração, permitindo atingir uma representação do conteúdo ou da sua expressão discursiva, susceptível de esclarecer o pesquisador acerca das características do texto, que podem servir de índices para as análises (BARDIN, 2000, p. 103). Em suma, dito de outro modo, a análise tenciona a busca de representações por meio das mensagens orais ou escritas.

O trabalho de análise caminhou no sentido de perceber os desdobramentos do dito nas entrevistas ou expresso nos documentos, mas também de reparar nos silêncios, nas ausências, no não dito. Assim, acreditamos ter capturado as representações sobre o lugar do negro no universo escolar, mesmo quando tais representações se encontravam encobertas por discursos que enalteciam a igualdade entre as raças e entre os alunos e professores. Neste sentido, entendemos que os discursos se compõem por meio de diferentes "disposições incorporadas" (BOURDIEU, 2002b).

A seguir, oferecemos um quadro de nossos entrevistados. No entanto, vale ressaltar que o procedimento de identificação dos entrevistados, no tocante à cor, transcorreu por via da autoidentificação. A coleta das diferentes fontes deu-se em duas etapas: primeiramente, a de material escrito; e em seguida, a realização das entrevistas; a primeira, compreendida de 2001 a 2003; e a segunda, de 2002 a 2005. Utilizamos entrevistas semiestruturadas, cujo conteúdo versou sobre as indagações pertinentes à pesquisa, especialmente à origem familiar, às bases teóricas de formação e à questão racial. Adotamos o recurso de codinomes, diante da concordância de todos os entrevistados em utilizá-los com a intenção de preservação do anonimato.

Codinome Nasc. e Cor	Disciplinas ministradas	Atuação	Formação	Função atual
Ana Carolina (1962) - Parda	Psicologia aplicada à Educação; Didática; Prática de Ensino	1983-1994	Pedagogia; Mestre em Educação	Gestão em Instituição de Ensino Superior
Célia (1940) - Parda	Português	1961-1984	Licenciada em Letras	Gestão administrativa, níveis: Educação Básica e Superior
Débora (1962) - Branca	Estrutura e Funcionamento do Ensino de 1º e 2º Graus; Didática dos Estudos Sociais	1984-1985	Pedagogia; Doutorado em Educação	Docência em Ensino Superior
Giselle Cristiane (1949) - Negra	Estrutura e Funcionamento do Ensino de 1º e 2º Graus	1981-2004	Pedagogia; Especialista em Educação	Gestão de Escola Pública
Liz (1948) - Parda	Psicologia da Educação	1974-1981	Pedagogia; Doutorado em Educação	Docência em Ensino Superior
Magrita (1959) - Branca	Educação Física	1982-em curso	Licenciada em Educação Física; Especialista em *Handball*	Docência no IEEP
Malena (1943) - Branca	Didática Geral; Didática Especial; Recursos Audiovisuais	1963-1983	Pedagogia; Especialista em Informática; Especialista em Educação	Docência em Ensino Superior
Morena (1938) – Parda	Estatística	1970	Licenciada em Ciências Sociais	Aposentada
Raiza (1943) – Negra	Psicologia aplicada à Educação	1968-1986	Pedagogia; Psicologia	Aposentada

Regina Alice (1940) – Negra	Didática Geral; Didática; Didática das Ciências; Metodologias	1960-1989	Pedagogia; Especialista em Educação	Aposentada

Quadro 1 – Professores do Instituto de Educação do Estado do Pará – 1970-89.

Codinome	**Nasc.**	**Cor**	**Período de formação**	**Formação**	**Função atual**
Alexandrina	1948	Negra	1966-1972	Pedagogia	Docência no IEEP
Beatriz	1949	Parda	1974-1976	Licenciatura em Letras	Docência no Ensino Fundamental
Betânia	1960	Negra	1975-1979	Pedagogia	Docência no Ensino Fundamental
Eduarda	1966	Negra	1983-1986	Nível Médio	Desempregada
João	1967	Negro	1986-1989	Licenciatura em C. Sociais; Mestre em Planejamento	Atuação no Conselho Municipal do Negro
Júlia	1947	Negra	1963-1970	Licenciatura em Letras	Docência no IEEP
Lúcia	1953	Parda	1974-1979	Licenciatura em História	Atuação no Comércio
Maria	1964	Parda	1980-1983	Pedagogia; Especialista em Educação	Docência no IEEP
Quitéria	1957	Negra	1976-1979	Pedagogia; Especialista em Gestão	Gestão escolar e Docência no Ensino Fundamental
Soeiro	1961	Parda	1976-1979	Pedagogia	Docência no IEEP

Quadro 2 - Alunos do Instituto de Educação do Estado do Pará formados no período 1970-89.

Este livro foi estruturado sem a inclusão de um capítulo teórico – como eventualmente se verifica. Nossa intenção foi a de que os pressupostos teóricos permeassem a análise e o texto. Assim, o livro está dividido em quatro capítulos:

No primeiro deles, SER PROFESSOR NO ESTADO DO PARÁ, ocupamo-nos com a exposição do percurso do Instituto de Educação do Estado do Pará (IEEP, ora em diante). Assim, expomos as discussões que envolveram a sua fundação e as que fundamentaram as modificações ocorridas em seu interior. Nele, tratamos, ainda, das identidades atribuídas ao docente, pelo próprio IEEP, ao longo de sua trajetória. Nossa intenção, neste primeiro capítulo, foi situar o leitor em relação ao Instituto e em relação às representações correntes no Estado do Pará sobre o magistério. Ambos os objetivos nos pareceram importantes para que se compreendesse qual a concepção de educação vigente naquela instituição.

No segundo deles, EDUCAÇÃO E RAÇA, fundamentamos três aspectos cruciais para a compreensão do objeto de investigação. Em primeiro lugar, discutimos o lugar da escola como instituição ocupada com a construção e formulação de valores. O recurso às noções conceituais de Pierre Bourdieu nos levou à questão: "Como se constitui a escola – e mesmo aquela na qual se formam professores –, uma instância de transformação ou de reprodução?" Evidentemente, como o nosso argumento já antecipa, consideramos que o universo escolar reproduz a cultura dominante. Em segundo lugar, tratamos da representação sobre a educação, formulada por parte da sociedade paraense. Aqui, nossa preocupação foi oferecer ao leitor uma análise do lugar que a educação ocupava naquele Estado e o que se entendia por Educação formal.[7] Em terceiro lugar, abordamos o modo pelo qual a questão racial tem sido vista no Brasil. O mito da *democracia racial*, as formas de discriminação e a abordagem dada pela literatura foram contemplados nesse segmento. Pretendemos, com ele, oferecer um quadro do estado atual

---

[7] Para tanto, decidimo-nos por aqueles jornais que foram utilizados em sala de aula, pelos professores do IEEP: A *Província do Pará* e O *Liberal*. Ambos os jornais representavam interesses de grupos econômicos e políticos da sociedade paraense.

da discussão bibliográfica, especialmente daquela voltada para a questão educacional.

No terceiro capítulo, SÓ DE CORPO PRESENTE, tendo por base as fichas dos alunos, as Certidões de Nascimento, os planos de disciplina e as entrevistas dos professores, analisamos o lugar que a questão racial ocupava na formação oferecida pelo IEEP. Neste capítulo, relatamos as formas de discriminação reproduzidas no Instituto, tanto as que se apresentavam como resultado de condições socioeconômicas quanto as que se constituíram a partir da visão de mundo dos professores.

No quarto capítulo, ALMAS BRANCAS, tratamos dos alunos formados por aquela instituição. Nele, aprofundamos a questão anterior e analisamos a prática pedagógica exercida por estes alunos, quando professores. Nosso objetivo é demonstrar que, mais que desconsiderar a questão racial, a escola, em certa medida, reproduz a ideologia do branqueamento, formulada no século XIX.

Aos leitores informamos que nos decidimos por três tipos gráficos, a fim de delimitar as vozes presentes no texto. Assim, o corpo do texto tem tipo gráfico distinto do das citações. Em relação a estas, destacamos aquelas que expressam as vozes da literatura acadêmica, das que apresentam as vozes dos agentes/informantes que entrevistamos.

Por fim, vale recuperar a gênese deste trabalho. A reflexão em torno da questão racial foi iniciada no curso de Mestrado. Nossa dissertação tratava da trajetória profissional de professores negros da Universidade Federal do Pará. Naquela oportunidade, pudemos perceber que as trajetórias dos professores não se viam refletidas nas suas práticas profissionais. Ali surgiu a questão da ausência, da invisibilidade do negro.

Após o Mestrado, nas reflexões que fizemos sobre o trabalho realizado, aventamos a hipótese de trabalhar a questão no âmbito da Educação Básica e nossas primeiras incursões se mostraram promissoras. Livros didáticos, manuais de psicologia infantil, jogos educacionais e roteiros de comemoração de efemérides visitados nos revelaram uma imensa lacuna: neles o

Brasil surge como um país racialmente homogêneo, no qual as populações negras representam uma parcela ínfima e subalterna. Em quase todos eles, a impressão geral é a de um país de propaganda de margarina dos anos 1970, em que a família é branca e a empregada – feliz no *seu* lugar – é negra.

A partir dessa constatação, formulamos o objeto de estudo que hoje se concretizou em tese, com dois objetivos, além do protocolar. Em primeiro lugar, ele se pretende uma contribuição modesta à reflexão sobre a forma como o negro surge no processo educacional. A modéstia não é falsa. No Brasil, o cenário da pesquisa educacional é carente em pesquisas sobre a questão. Mesmo o impulso promovido pelos estudos provenientes de cursos de pós-graduação,[8] é insuficiente para preencher a lacuna construída em anos de ausência.

É isto que aponta o estudo de Cláudia Miranda (2004), o qual afirma que os trabalhos relativos à questão racial se apresentam, ainda em maior número, na forma de artigos e não na forma de estudos circunstanciados. O mesmo afirma Elizabeth Fernandes Souza (2001), para quem o pequeno número de trabalhos é um fator alarmante, uma vez que a falta de reflexão contribui para o recrudescimento das formas de discriminação.

Assim, a modéstia é justificada e verdadeira. O estudo da questão racial relacionada à educação requer um número significativo de trabalhos para que se possa iniciar um processo de mudança. Só a constituição de uma massa crítica poderá permitir a ultrapassagem da denúncia e a constituição de um *habitus*

---

[8] Houve um aumento na produção teórica sobre a questão do negro e a educação nessa última década. É justamente no período deste estudo – décadas de 1970 e 1980 – que se iniciou, especialmente no final da década de 1970 e início dos anos de 1980, a consolidação dos cursos de pós-graduação em educação, porém incipientes em relação a essas questões. No recente mapeamento realizado por Nilma Lino Gomes (2004b, p, 8-21), há um exemplo desse impulso: a existência de curso de Pós-graduação *lato sensu* coordenado pelo Programa de Educação sobre o Negro na Sociedade Brasileira, da Faculdade de Educação da Universidade Federal Fluminense; o Programa A *Cor da Bahia*, vinculado ao Mestrado em Sociologia da Universidade Federal da Bahia e o CEAO – em Salvador; a

profissional, para utilizar um conceito muito utilizado a seguir, dentro do qual o preconceito não constitua aporte teórico.

A imagem que abre este trabalho elucida uma das formas em que isto ocorre. Inserida em uma obra didática destinada à quarta série do Ensino Fundamental (MARTOS, 2000), ela introduz uma representação da criança negra, em tudo negativa: por trás da denúncia de um problema social que atinge crianças brasileiras e do epíteto pretensamente carinhoso, *pretinho*, subjaz a supressão da individualidade e da expectativa de futuro. A criança retratada não tem nome, só tem cor. E a cor parece ser a responsável pela sua condição despossuída: ela não tem proteção, não tem conforto ou segurança.

É verdade que muitas das crianças que vivem em condições precárias e em condições de abandono são negras. Isto, todavia, só evidencia uma faceta da segregação racial existente no país, para não lembrarmos que o abandono não é infortúnio vivido exclusivamente por crianças negras. O que há de nocivo na imagem é o fato de que ela constitui uma obra didática, a qual é parte integrante do esforço pedagógico investido na formação da identidade da criança. Esta imagem encaminha a compreensão de que o abandono, o infortúnio, a condição subalterna, a inferioridade são condições da cor e não das estruturas sociais e econômicas do país em que vivemos.

Linhas atrás, afirmamos que este trabalho tinha dois objetivos, além do protocolar. O segundo deles se relaciona com a epígrafe que abre esta pesquisa. Em que pese o caráter objetivo das análises realizadas em seguida, este trabalho tem um componente

---

realização do I Congresso de Pesquisadores Negros em novembro de 2000/Recife; o II, em São Carlos, em agosto de 2002; e o III, em São Luís, em setembro de 2004; a consolidação do Grupo de estudos Educação e Afro-brasileiros aprovado na ANPED, em 2001, e transformado em Grupo de Trabalho em 2003; o Programa Políticas da Cor, do Laboratório de Políticas Públicas – UERJ, com o apoio da Fundação Ford; Programa Internacional de Bolsas de Pós-Graduação da Fundação Ford, sob a coordenação da Carlos Chagas; Concurso Negro e Educação, promovido pela ANPED; e Ação Educativa, Assessoria, Pesquisa e Informação, com o apoio da FORD.

político que não pode ser esquecido. Educação é um campo do conhecimento de estudos aplicáveis que se pretendem interventores na constituição de uma sociedade melhor. A utopia, portanto, é parte integrante do pensamento educacional e, também, deste livro, que almeja uma educação livre de preconceitos e que se cantem muitos sambas na Universidade.

Capítulo 1

Ser professor no Estado do Pará

As identidades conflitantes no Instituto de Educação

> Por um lado, estou convencido de que o Professor não deve ser instruído apenas nas matérias que tem de lecionar, precisa ainda saber ensiná-las, e também saber mais do que deve ensinar.
>
> *Camillo Henriques Salgado* (1871)[9]

Tratar da formação de professores da Educação Básica ocorrida no Pará, nas décadas de 1970 e 1980, e analisar o lugar do negro nos processos de formação significam remeter-se, inevitavelmente, para o Instituto de Educação do Estado do Pará. A importância deste Instituto para a conformação do contexto educacional desse Estado o torna objeto, por excelência, daqueles que pretendem compreender os processos educacionais realizados ali, no último século. Sua longevidade como instituição modelo – e solitária – na função de formar professores justifica a iniciativa de tomá-lo como paradigma da formação oferecida naquela parte da Amazônia, em diferentes momentos e por distintas matrizes educacionais.

Neste capítulo, é nossa intenção pontuar os caminhos trilhados por essa instituição, situando o perfil dos professores que compuseram o seu corpo docente e o ideal de professor que ela formou. Com relação a este objetivo, vale um esclarecimento: não é parte da tarefa que assumimos proceder a um histórico do IEEP, o que configuraria, pela grandeza do empreendimento, o objeto de uma obra. O percurso traçado busca identificar os perfis de professores e alunos, remetendo-os ao contexto histórico e

[9] Catedrático da Escola Normal paraense, responsável pela cadeira de *Pedagogia* – uma das bases fundamentais para a formação profissional, em sua época. Esse professor foi um defensor do ideal de "fazer bons professores" (REGO, 1972, p. 6). Fortemente influenciado pelos preceitos da sua formação européia, ele incorporou uma parte desses preceitos na estrutura de formação das normalistas daquela Instituição.

político do momento. Ressaltamos, todavia, que estaremos especialmente interessados no contexto da discussão educacional, cuja evolução, evidentemente, está relacionada com os condicionantes sociais, políticos e econômicos.

Vale ressaltar, portanto, que situaremos os perfis dos professores e alunos dessa instituição, pautados pelas reflexões de Stuart Hall (1993) e Pierre Bourdieu (2000). Assim, tendo por base as considerações destes, analisaremos a trajetória do Instituto – nas bases já destacadas –, concentrando-nos, certamente, no período delimitado pelo estudo: as décadas de 1970 e 1980. Convido-os, então, a conhecer as duas personagens principais dos processos de formação de professores no Estado do Pará: docentes e discentes do IEEP.

1.1 - Para compreender identidades

Ao refletir sobre as identidades e perfis das duas personagens centrais de nossa análise, sustentamo-nos, inicialmente, na reflexão basilar de Stuart Hall (1993). Para ele, as identidades estão sempre em processo de formação, de modo que não se pode falar em identidades fixas, inalteradas. Afirma ainda que, embora a noção de Identidade esteja relacionada com "pessoas que se parecem", "sentem a mesma coisa" ou "chamam a si mesmas pelo nome", estes são referenciais insuficientes, que não satisfazem aos pressupostos necessários à compreensão adequada do fenômeno da identidade. Como um processo, assim como uma narrativa ou bem como um discurso, "a identidade é sempre vista da perspectiva do outro" (HALL, 1993, p. 45).

Esta é uma formulação fundamental, porque nos leva à consideração de que as identidades de alunos e professores do Instituto só podem ser vislumbradas no que ambos têm a dizer: sobre si e sobre o seu outro. Agindo dessa forma, pretendemos compreender as múltiplas significações dos discursos que formam a identidade do grupo e perceber o quanto as identidades estão remetidas à visão que o *outro* elabora. Trabalhando nessa perspectiva, também pretendemos tornar evidente o fato de considerarmos que a identidade reflete um discurso multíplice e é reeditada e (re)definida pelo grupo social ao qual se vincula e aos *campos* sociais nos quais circula transversalmente por disposições produzidas e, não raras vezes, confirmadas pelos *agentes sociais*.

A contribuição de Hall, com relação ao conceito de identidade – especialmente a compreensão de que ela é construída socialmente –, leva-nos a outro autor e a seus estudos: Pierre Bourdieu e seus trabalhos sobre as formas pelas quais as relações sociais são construídas. Sua consideração de que os agentes sociais interagem, produzem e reproduzem formas de socialização, segundo algumas disposições – ou seja, ações recorrentes que são incorporadas e/ou subvertidas na prática social –, permitem-nos refletir sobre como a identidade a que nos referimos atrás se constituiu.

Acompanhemos, então, a reflexão de Bourdieu, para quem as disposições podem ser analisadas por meio de duas noções, a saber: *dominação* – "um poder de construção da realidade que tende a estabelecer uma ordem de construção da realidade, que tende a estabelecer uma ordem gnosiológica: o sentido imediato do mundo" (BOURDIEU, 2000, p. 9) – e *habitus*, "um conhecimento adquirido e também um haver, um capital de um sujeito transcendental" (BOURDIEU, 2000, p. 61).

Com relação à noção de dominação, Bourdieu (2000) ressalta que esse "sentido imediato do mundo" é, em larga medida, imposto. Os agentes sociais que se encontram em situação de poder acabam por estender a sua forma de ver e ler o mundo para os demais agentes, fazendo com que estes percebam como sendo seus os instrumentos de apropriação e tradução da realidade dos grupos dominantes. Sua reflexão sobre o que chama de cultura dominante é elucidativa, nesse sentido.

Esta cultura dominante pressupõe um trabalho de legitimação da imposição de seus valores sobre as demais culturas. Esse trabalho é tangenciado por conflitos simbólicos, pois, para Bourdieu (2000, p. 61), o móvel desses conflitos é a "injunção da definição legítima do mundo social", que permite avalizar a reprodução da ordem social, ou seja, tornar o arbítrio cultural de uma classe em cultura legítima. Destarte, a cultura dominante, relacionada ao poder, materializa-se nas normas, leis, sanções e discursos. É no seio dela, portanto, que se formam comportamentos, os quais resultam de construções e reproduções sociais, inscritos de acordo com os vários segmentos sociais aos quais estão vinculados, ao longo das trajetórias pessoais, familiares, religiosas, educacionais, etc.

Assumimos, então, em acordo com o que propõe Bourdieu (2002b, p. 33), que "tudo o que somos é produto da incorporação da totalidade". Somos "produtos" de uma aprendizagem social, da qual as representações são, em larga medida, impostas pela cultura dominante. A reflexão de Roger Chartier (1990, 1991) acerca das representações esclarece esse aspecto: elas são fruto de construções histórico-sociais, e, portanto, não são neutras. Elas estão balizadas por meio das percepções dos grupos sociais sobre a realidade que os cerca, as quais cristalizam, subvertem ou reproduzem, em função dos interesses do próprio grupo.

O fato da cultura dominante, porém, não nega ou impossibilita uma relativa autonomia dos agentes sociais diante das imposições introduzidas por aquela cultura. Alguns autores, bem a propósito, elaboraram conceitos de cultura[10] que avalizam nossa opção. É o caso de Klaus Eder (2002), para quem a cultura é uma expressão simbólica que dá sentido ao mundo e a si próprio.

[10] A noção de cultura se constitui num adequado para dirimir as explicações naturalizantes do comportamento humano. A natureza, no homem, é integralmente interpretada pela cultura (CUCHE, 1999). No vocábulo inglês *Culture*, "fruto de sintetização de Edward Burnett Tyler (1832,1917) do termo germânico *Kulture* e palavra francesa *civilization*, que evidenciam que tomado em seu amplo sentido etnográfico é este todo complexo que inclui conhecimentos, crenças, arte, moral, leis, costumes ou qualquer outra capacidade de hábitos adquiridos pelo homem como membro de uma sociedade", rompendo com as formulações simplistas e individualistas de cultura (LARAIA, 2000, p. 25; CUCHE, 1999, p. 35). Norbert Elias discute a oposição entre "cultura"- "civilização" (CUCHE, 1999, p.25). Deste modo, a cultura se inicia no ponto em que os humanos superam a herança natural (EDGAR; SEDGWICK, 2003).

Néstor García Canclini (2000) enfatiza a existência de "culturas híbridas", compostas de múltiplas *vozes*, dos vários agentes sociais. Assim, para ele, não existem culturas "puras" ou destituídas de emissões; existem nelas vestígios de todos os segmentos sociais que as conformam; variam, portanto, as intensidades das inferências, mas todas se contaminam mutuamente. Essas proposições não discrepam da assertiva de Bourdieu, no tocante à criatividade, pois ele considera a possibilidade de os agentes sociais agirem não somente como *internalizadores* (sic), por meio das novas experiências a que estão expostos, mas também como construtores de práticas sociais. Portanto, *habitus* não indica somente uma "disposição incorporada"; indica também uma ação do sujeito (BOURDIEU, 2000).

Conforme já anunciamos, além do conceito de *dominação*, utilizaremos o conceito de *habitus*, que vem a ser um princípio operador que pretende compreender a interação entre dois sistemas de relações: as estruturas subjetivas e objetivas. O conceito de *habitus* busca revelar a força da estrutura social presente nas ações individuais e a tendência de reproduzir-se por meio delas. Na assertiva de Bourdieu (1980, p. 88-89), *habitus* é um sistema de disposições variáveis, constantemente apresentados em experiências novas e permanentemente tocado por elas; é durável, mas não imutável. O *habitus*, logo, corresponde a sistemas de disposições duráveis, "estruturas estruturadas", predispostas a funcionar como "estruturas estruturantes", isto é, como princípios geradores e estruturais das práticas e das representações que podem ser objetivamente "reguladas" e "regulares", sem ser o produto da obediência a regras.

Assim, as identidades de que trataremos a seguir serão percebidas como resultado da visão que a sociedade, na sua cultura dominante, teceu sobre o ser professor e, conseqüentemente, sobre os processos necessários a sua formação. Serão percebidas, também, por meio do que docentes e discentes têm a dizer sobre si e sobre os seus outros, de forma a evidenciar o caráter relacional das identidades construídas e a remissão delas à matriz cultural do tempo em que foram gestadas.

1.2 - A fragilidade da educação elementar

Para se entender as concepções de professor gestadas no Brasil, é necessário compreender o contexto no qual elas surgiram. Procuraremos demonstrar, apoiados na bibliografia especializada, que essa concepção emergiu num contexto de conflitos, confusões, deficiências e falta de estruturas físicas e teóricas. Ainda que o ensino superior no Brasil só se tenha consolidado no século XX – e, portanto, tenha-se constituído de forma frágil, no século XIX, com poucas instituições de ensino superior – é em referência à educação elementar, relacionada com os primeiros anos de ensino, que verificamos os maiores problemas. Foi diante das deficiências e desafios referentes a essa etapa do processo educacional que as preocupações com os cursos de formação de professores surgiram. Vamos, então, entendê-las.

Desde o período colonial, a questão educacional esteve tangenciada pela divisão de classes e pelos conflitos que lhes eram inerentes. Educar-se sempre foi condição dos mais abastados. A Colônia, nesse sentido, reproduzia a metrópole: a instrução oferecida pelos jesuítas viu-se transformada em educação de classe. Esse traço – o acesso restrito à Educação – abarcou todo o Período Colonial e Imperial e abrangeu, em certa medida, o Período Republicano, sem grandes mudanças[11]. A educação conformou-se, assim, como uma estratégia de dominação de classe. Há de se ter em mente, todavia, que mesmo para aqueles que figuravam entre os grupos dominantes, o acesso à educação não era fácil, dado o número exíguo de instituições de ensino. Os estabelecimentos, em sua grande maioria, eram escolas profissionais que satisfaziam uma parte da formação. Com o evento da expulsão dos jesuítas, em 1759, essa estrutura educacional rudimentar se viu desmantelada, uma vez que a Ordem jesuítica dominava – quase solitária – a oferta educacional.

---

[11] Cf. extensa discussão em Álvaro Moreira Hypolito (1997), Ana Rosa Peixoto Brito (1997), Iria Brzezinski (1998), Maria Eliana Novaes (1992), Maria Luísa Ribeiro (1995) e Otaíza Oliveira Romanelli (2001).

Em 1808, com a vinda da família real portuguesa para o Brasil, tornou-se imprescindível dispor de uma elite intelectual em diferentes campos, os quais atendessem aos interesses da Coroa Portuguesa.[12] Diante disso, criaram-se, entre outros, os cursos de Economia, Matemática Superior, Escola de Cirurgia, Cursos Jurídicos e Escolas de Artes. Em razão da necessidade da defesa militar, neste período, foram criadas a Academia Real da Marinha e, em 1810, a Academia Real Militar, a fim de dar cobro à formação de oficiais militares. A Academia Militar foi a que viveu as maiores transformações – as quais testemunham o processo por que passou a Educação no Brasil – e passou a chamar-se Escola Central, em 1858, e Escola Politécnica, em 1874. Anos depois, foi transformada na Escola Nacional de Engenharia. Em todos esses anos, foi responsável pela formação de engenheiros civis e militares, necessários à edificação da estrutura física do país. No mesmo ano de 1808, foi criado o curso de Cirurgia e Anatomia, no Rio de Janeiro. No ano seguinte, nesta mesma cidade, organizou-se o de Medicina. Todos esses eventos visavam atender à formação de médicos e cirurgiões para o Exército e a Marinha (RIBEIRO, 1995). Em 1824, com a chamada "autonomia política", vigorou a primeira *Constituição* do Império, a qual previu, nos incisos 32 e 33 do artigo 179, a instrução primária gratuita a todos os cidadãos e a criação de colégios e Universidades onde seriam ensinados os elementos das ciências, belas-artes e artes (ALMEIDA; BARRETO, 1967; ROMANELLI, 2001).

A noção de cidadania,[13] presente nessa primeira Constituição, todavia, limitou o acesso ao pouco que foi concretizado,

---

[12] Ver em Ana Rosa Peixoto Brito (1997) e Otaíza Oliveira Romanelli (2001).

[13] Os escravizados não possuíam sequer o estatuto de seres humanos. Não eram considerados gente. Nos primeiros anos pós-abolição, foi-lhes conferido o estatuto jurídico de seres humanos. O Estado conferiu-lhes uma cidadania passiva. Esta se caracterizava por ser concedida pelo Estado aos seus súditos. Ela configura-se como um favor concedido aos protegidos ou tutelados pelo Estado, constituindo-se não como direitos, mas como alternativas aos direitos (BENEVIDES,

do que havia sido previsto pela *Carta Magna* – não podemos esquecer que, a despeito da letra da lei, a Universidade, por exemplo, surgiu mais de um século depois de sancionada tal *Constituição*. Cidadãos eram os homens livres e proprietários, detentores de renda. Todos os demais homens livres eram, por assim dizer, cidadãos de segunda categoria. A população escrava – maior contingente humano do Império – ficou à margem da oferta educacional, em situação ainda pior do que a dos homens pobres e livres. Além disso, a condição de nação católica minimizou a expansão do letramento, pois o acesso à Palavra se dava por meio da intermediação do sacerdote e não do contato direto com o texto bíblico. Uma sociedade assim conformada produziu distinções abissais, muitas vezes mal encobertas por contradições aberrantes, como a convicção, expressa na *Carta de 1824*, de que a liberdade era um direito inalienável do homem, quando 48 por cento da população permaneciam na condição de escravos.

Em 1831, com a Abdicação de D. Pedro I e a crise econômica, ratificaram-se as inúmeras lacunas ocasionadas pela falta de recursos para o ensino e expuseram-se os seus desdobramentos sociais. A questão educacional, porém, não passou a constituir o objeto central das preocupações da Corte Brasileira. O Ato Adicional de 1834 descentralizou as competências no que tangia ao ensino: instituições primárias e secundárias seriam da competência das províncias, e ensino superior seria da competência da administração nacional. Assim dizia o seu artigo 10º:

1994, p. 7-9). No que tange à questão da cidadania, a teoria constitucional contemporânea conceitua cidadão como aquele que possui laços ou vínculos jurídicos com o Estado. Este é, portanto, um portador de direitos e deveres, os quais são definidos quase freqüentemente pelas constituições ou por outro aparato legal. Formalmente, todos os cidadãos são livres em direitos perante a lei (SISS, 2003, p. 66-67; BENEVIDES, 1994; FÁVERO, 1996). Essas formulações trazem muito das proposições de T. S. Marshal (1965) sobre cidadania. Para este autor, cidadão é aquele que possui a titularidade efetiva de direitos civis, políticos e sociais. Portanto, para ele, direitos civis abarcam respeito à liberdade individual, à propriedade e à igualdade perante a lei.

> "Compete às mesmas Assembléias (Legislativas Provinciais) legislar [...] sobre instrução pública[14] e estabelecimentos próprios e promovê-la, não compreendendo as faculdades de medicina, os cursos jurídicos, academias atualmente existentes, e outros quaisquer estabelecimentos de instrução que para o futuro forem criados por lei geral" (CAMPANHOLE, A.; CAMPANHOLE, H.,1976, p. 574).

Esse feito originou sérios comprometimentos para a estrutura educacional e, por conseguinte, impossibilitou a criação de um sistema escolar nacional. A disparidade entre as províncias tornou-se evidente: as mais pobres tinham um ensino deficiente, enquanto que as mais desenvolvidas economicamente viam o ensino progredir (BRITO, 1997). Não havia, neste contexto, consenso entre as regiões do país acerca de uma estrutura unificada de ensino, pois cada província conduzia a questão educacional de modo singular e de acordo com as suas expectativas, necessidades e interesses. Diante daquela situação, o ensino primário foi o mais afetado, sobretudo, pela falta de recursos e de uma política séria de atendimento e acompanhamento.

As deficiências do sistema de ensino acabaram por enfatizar a distância entre as classes: a educação, a formação e o letramento constituíram fatores de distinção, em expressões de diferença. A falta de uma organização nacional e de um sistema estruturado favoreceu as elites que custeavam colégios para seus filhos (ROMANELLI, 2001).

A participação das escolas mantidas por instituições privadas, adotadas pelas elites, sendo grande parte delas de orientação religiosa, restringia-se quase totalmente à educação secundária. A educação primária permanecia um problema

[14] Expressão utilizada para designar a educação, foi a nomenclatura que substituiu as aulas régias. O termo "educação" passou somente a ser amplamente utilizado a partir dos anos de 1930. Cf. ampla análise histórica de José Ricardo Pires de Almeida (2000).

aberto, uma questão a ser resolvida. A citação que abre este capítulo dá conta do quanto esse fator preocupou aqueles interessados na questão educacional. Segundo o professor paraense, autor dessa citação, a preparação dos professores primários[15] não deveria limitar-se ao conhecimento das matérias de cunho formal e, portanto, propedêutico, mas também se espraiar, garantindo o domínio sobre um saber mais amplo, no qual se incluíam matérias que apresentavam aguda tendência ao universo doméstico e a tudo o que a ele circundava. Suas palavras evidenciam o quanto era urgente a formação de "bons professores" para o atendimento à demanda da instrução primária no Brasil.

E ele tinha razão. A instrução primária era precária. A população do Brasil Império estava estimada em aproximadamente 8 milhões e 300 mil habitantes. Entre as crianças que participavam desse universo populacional, somente 100 mil recebiam instrução primária (SOUZA, 1972). Embora a *Constituição* do Império anunciasse, no seu artigo 179, inciso 32, que a instrução gratuita deveria atender a todos os cidadãos, rareavam "boas escolas e bons professores, ou seja, um magistério habilitado formado pelas Escolas Normais" (SOUZA, 1972, p. 6-7). Esse quadro precário era aprofundado pelo fato de que a instrução primária estava sob a responsabilidade das Assembléias Legislativas, que, não raras vezes, nas reformas da instrução, em vez de beneficiarem o ensino, travavam cisões políticas, agravando a situação (SOUZA, 1972).

1.3 - As Escolas Normais e a feminilização do ensino

Aqueles traços do quadro nacional se reproduziram no Pará, assumindo tons sombrios. Segundo Altamir Ferreira de

---

[15] A expressão "professores primários" não era comum naquela ocasião. Mas se expandiu no Brasil durante o Período Republicano, até a homologação da Lei 5.692, de 11 de agosto de 1971, que fixou diretrizes e bases para o ensino de 1º e 2º Graus. Cf. Iria Brzezinski (1998).

Souza, por volta da década de 1860, a Província do Pará contava com 290 mil habitantes, os quais só tinham escolas precárias à disposição. Nelas, estavam matriculados 5 mil e 300 alunos, enquanto que mais de 36 mil habitantes permaneciam analfabetos (SOUZA, 1972).

Se na instrução primária a situação era alarmante, na instrução secundária não era diferente. Havia, ao longo desse período, poucos estabelecimentos desta modalidade. Entre eles, destacavam-se o Colégio de Nossa Senhora de Nazaré, o Colégio Santa Maria de Belém, o Colégio Santíssimo Coração de Jesus e o Colégio Santa Luzia, todos de orientação religiosa. O primeiro tinha, em média, 78 alunos, em regime de internato e externato. Na mesma situação, o segundo possuía cerca de 150 alunos, enquanto que o terceiro contava com cerca de 100. Com relação ao último – o Santa Luzia – não há dados disponíveis sobre seus alunos. O quadro, portanto, era de uma rede escolar bastante restrita. Estabelecimento oficial, só havia o Liceu. Os Liceus constituíam-se em escolas públicas de nível médio, de cunho propedêutico, e tinham como clientela as elites, principalmente, masculinas, embora, paradoxalmente, pertencessem ao domínio público. O Liceu paraense foi fundado em 1841 e, na década de 1860, matriculou cerca de 140 alunos internos e externos, anualmente (SOUZA, 1972).

Uma tentativa de modificação desse quadro foi iniciada com a fundação da Escola Normal, na década de 1870: uma instituição de ensino secundário, voltada para a formação de docentes para o ensino primário.[16] As primeiras Escolas

---

[16] O Dr. Joaquim Pires Machado Portella (presidente da Província) a criou, por meio da Lei nº. 669, de 13 de abril de 1871. Instalada no dia 13 de maio de 1871, numa dependência do Colégio Nossa Senhora do Amparo, local onde hoje funciona o Colégio Paes de Carvalho, teve como primeiro Diretor o Cônego José Pinto Marques. Passou a funcionar oficialmente, entretanto, em 5 de junho de 1971 (SOUZA, 1972). Contudo, em 1872, por meio da Lei provincial nº 557, de 19 de dezembro do decorrente ano, a mesma teve o seu curso anexado ao Liceu paraense e somente instalada como Escola Normal, por meio da Lei nº 848, de 29 de abril de 1875 (REGO, 1972).

Normais[17] no Brasil atendiam, especialmente, às camadas remediadas da população, que, àquela época, não viam na educação um mecanismo de ascensão social. Tais escolas passaram a configurar, de resto, uma das poucas chances de continuidade dos estudos que qualquer mulher dispunha, pois, naquelas escolas, encontravam-se moças de famílias abastadas que procuravam elevar o seu grau de escolaridade (NOVAES, 1992; ALMEIDA, 1998).

O início dessas escolas, no Brasil, deu-se em 1830. Em 1880, foi criada a primeira Escola Normal no município da Corte, para professores e professoras. Valnir A. Chagas (1982) considerou esse evento como o início das Escolas Normais no Brasil, visto que, até aquele ano, nas províncias, ora se criavam cadeiras de Pedagogia anexas aos Liceus, ora se improvisavam escolas ditas Normais, que em seguida eram extintas, mais tarde reabertas, depois novamente extintas e novamente reabertas, submersas em intermináveis reformas. Até àquela data, já havia ocorrido a criação de Escolas Normais nas províncias de Niterói (1835), Bahia (1836), Minas Gerais (1840), Ceará (1845), São Paulo (1846), Sergipe (1870), Pará (1871) e Rio de Janeiro (1880). A falta de docentes e de amparo pedagógico fez com que a Escola Normal aberta em São Paulo, em 1846, fechasse em 1867, reabrisse em 1876 e fechasse novamente em 1877, constituindo um caso exemplar da instabilidade apontada por Chagas. O mesmo se verá, em relação à Escola Normal paraense.

No Pará, as aulas da Escola Normal começaram no dia 5 de junho de 1871.[18] Elas foram distribuídas, inicialmente, por dois estabelecimentos, porque a Escola Normal não possuía prédio

---

[17] Destacamos alguns estudos relativos à Escola Normal e Magistério primário, no Brasil dos seguintes autores: PEREIRA, 1969; GOUVEIA, 1970; BARRETO, 1975; DEMARTINI, 1991, 1993; ACCÁCIO, 1996; ALMEIDA, 1998; AQUINO, 2002; FREITAS, 2003.

[18] Para uma reflexão detida sobre as mudanças pelas quais passou a sociedade paraense e a cidade de Belém, no século XIX, época à qual nos reportamos neste momento, ver Maria de Nazaré Sarges (2000).

próprio naquele momento, funcionando para alunos no Liceu Paraense e somente para alunas no Colégio Nossa Senhora do Amparo.

Ressaltamos que a convivência educacional, no mesmo espaço, de rapazes e moças era objeto de estranheza àquela altura. Essa separação de sexos estava relacionada aos preceitos morais da época. Sua ocorrência, contudo, firmava-se na compreensão do que cada um deveria aprender. A defesa da moral na escola era a mesma em todas as instâncias sociais, de modo que em nenhum lugar se via com bons olhos jovens de ambos os sexos sozinhos. Contudo, isso não impedia que eles estivessem juntos na igreja, nos clubes, nos passeios, etc. Preocupando-se com o que cada jovem deveria aprender, reproduzia-se a lógica do pensamento da sociedade acerca das atividades reservadas a cada sexo à época. Em relatório ao governador, o diretor expressava o seu cuidado em relação à questão moral. Dizia ele:

> Tomei todas as providências que me pareceram acertadas para a manutenção da disciplina, ordem e moralidade. Os alunos foram conservados distintos, e só estando em comum com elas [alunas], sob a vigilância dos professores e Inspetores (REGO, 1972, p. 6).

A distinção entre os sexos deve ser analisada com mais vagar. Ela pode ter sido – por vias transversas – a responsável pela representação da professora, disseminada em nossa sociedade. Conforme apontou Luzia Margareth Rago (1985, p. 90), o ideal de professora é a "mulher honesta, casada, boa mãe, laboriosa, fiel e dessexualizada". Além da formação erudita, das habilidades "inatas" trazidas nos genes – as representações reproduzidas socialmente fundiam os papéis de professora e de mãe, no que tangia ao cuidado com o outro: crianças, adolescentes e os futuros maridos –, elas deveriam demonstrar honestidade, boa conduta e respeito aos padrões morais da época. Desse modo, a seguir, nós nos ateremos, com mais detalhe, à mulher formada pelas escolas de formação de professores.[19]

As aulas aconteciam de segunda-feira a sábado, com exceção da quinta-feira, das 7 às 11 horas. Contavam com as cadeiras de Música, Religião, Desenho, Aritmética, Pedagogia e Gramática, havendo coincidência de cargas horárias para os dois estabelecimentos nas três primeiras disciplinas. Porém, quanto às demais, havia discrepância: Gramática tinha uma hora aula a mais para as professoras. Não encontramos nenhum documento que justificasse tal diferença, uma vez que se tratava do mesmo curso e, portanto, regido pela mesma Portaria. Todavia, suspeitamos que, em certa medida, o papel da mulher na sociedade refletia na sua formação, nas divisões sexuais de papéis reproduzidos socialmente e dimensionados pela equivocada representação de uma *diferença intelectual* masculina favorável às disciplinas de cunho lógico.

Para Roque de Barros Laraia (2000), a verificação de qualquer sistema de divisão sexual do trabalho[20] mostra que ele é determinado culturalmente e não em função de uma racionalidade biológica. Porém, sob este último enfoque, reforçou-se e alimentou-se – ao longo do século XIX, com permanência

---

[19] Embora a questão de gênero não componha nosso objeto neste estudo, fazemos relação a observações que remetem fatalmente a essa categoria relacional. Em decorrência dessa característica, esse conceito procura destacar que os perfis de comportamento feminino e masculino se definem reciprocamente. São construídos social, cultural e historicamente. Tomamos a perspectiva de que a identidade feminina destaca a necessidade de se entender a dinâmica das relações sociais numa dimensão assimétrica, em termos de relação de sexos. Conforme M. Barbosa (1989), conceitos de gênero "se estruturam a percepção do mundo e de nós mesmos, organizam concreta e simbolicamente toda a sociedade". Deste modo, gênero se processa culturalmente por ideologias que tomam formas específicas de cada momento histórico e estas construções estão relacionadas a apropriações econômicas políticas e culturais (SCOTT, 2002; SAFFIOTI, 1994; BARBOSA, 1989). Entendemos, assim, a inevitável relação incidental a essa categoria, dada a especificidade desse universo aqui analisado.

[20] João Viegas Fernandes (1987) desenvolveu em seu trabalho, intitulado *A Escola e a Desigualdade Sexual*, uma análise pormenorizada sobre a discriminação sexual num contexto social, educacional, político e econômico em Portugal. Tal reflexão, embora referida sobre um país europeu, em suas conclusões apresenta situações

percebida nos dias que correm – uma visão androcêntrica de sociedade. Essa visão se manifestava na divisão de preocupações, destinadas aos alunos e alunas: aqueles se ocupavam com as disciplinas de cálculo, enquanto que estas se especializavam com as de memorização e oralidade.

O período de duração dessa escola foi curto, pois a última aula foi no dia 5 de outubro de 1872, voltando a funcionar pela Portaria de 9 de junho de 1874, tendo como Diretor o Dr. Joaquim Pedro Corrêa Freitas, igualmente diretor do Liceu Paraense e Diretor Geral da Instrução Pública. Com a necessidade de formar futuros mestres para as escolas das províncias, surgiu a acentuada e oficial preocupação de criar as Escolas Normais, cujo curso abrangia cinco anos, garantindo que, depois desse período, o aluno estava habilitado para o exercício do magistério.

Para ingressar nas referidas escolas, eram exigidos dos candidatos: documento (petição) do pai ou responsável autorizando a matrícula; atestado de bom comportamento na última escola; e garantia de não possuir doença contagiosa. Com a conclusão do curso, para exercer a profissão e trabalhar com as crianças, o aspirante a professor precisava ajustar-se às condições ordenadas pelos poderes públicos encarregados da instrução, ficando assim estabelecido: não ter sido condenado por crimes ofensivos à moral ou às leis da província; ter mais de 18 anos; ser titulado pela Escola Normal; não ter sido condenado à pena de perda de cadeira; e, por fim, apresentar os seguintes documentos: Certidão de Nascimento, Atestado de Moralidade e de Bom Comportamento, Atestado Médico. Tais exigências não atenuavam as dificuldades pelas quais atravessava o ensino no Brasil e, por conseguinte, na província do Pará.

---

similares à realidade brasileira, no tocante à submissão secundária à mulher em relação ao trabalho, sobretudo, no âmbito educacional. Marina Ariza e Orlandina de Oliveira abordam, em texto conjunto, uma visão integral da atividade econômica feminina; examinaram dois componentes: o trabalho doméstico e o extradoméstico. Para as autoras, os processos de divisão sexual e social do trabalho foram colocados como mecanismos decisivos para a compreensão das formas de exclusão de que as mulheres são objeto (2001, p. 77-98).

A demanda pela escola elementar exigia professores. Uma das estratégias de resolução do problema concretizou-se com a reforma da instrução pública de Leôncio de Carvalho, em 1879. Esta reforma, embora transitória, acentuou a "pseudo-profissionalização" do professor, descaracterizando a sua formação e o seu exercício profissional, uma vez que facultava aos leigos o exercício profissional do magistério (BRZEZINSKI, 1998). A proposta não deixava dúvidas acerca do papel do professor e das representações que poderiam ser incutidas ou cristalizadas nas mentes dos seus alunos, pois foi estendida a todos que pudessem ensinar, a todos aqueles que, para isso, se julgassem habilitados, sem qualquer dependência de provas oficiais de capacidade ou prévia autorização. Aos professores também era concedida a permissão para expor livremente suas idéias e ensinar doutrinas que reputassem verdadeiras e pelo método que melhor entendessem (BRZEZINSKI, 1998). Essa liberdade de cátedra, entre outras demandas, inspirou também, regionalmente, mudanças fundamentais no ensino paraense.

Em 1879, o Diretor Geral da Instrução Pública, Dr. Joaquim Pedro Corrêa de Freitas, apresentou um relatório sobre o ensino local, no qual admitiu a necessidade de reformar o regimento da escola e elegeu uma comissão de professores para fazê-lo. Esta comissão foi composta pelos professores: Cônego José Pinto Marques (Religião), Antonio Manuel Gonçalves Tocantins (Aritmética), e Herculano Rodrigues Vieira (Professor substituto de Gramática). Entre as definições do Regulamento, aprovadas por unanimidade, destaca-se, no seu Art. 6º, a Organização do Curso Normal em: 1º ano (Religião, Gramática Portuguesa, Geografia, Música), 2º ano (Gramática Portuguesa, Aritmética e Pedagogia), 3º ano (Noções de Gramática, História do Brasil, Desenho Linear, Exercícios de Redação, adicionando-se para as alunas Costura e Bordado). O Art. 24, por sua vez, institui a exigência de exames de habilitação, assim distribuídos: 1º) instrução religiosa, 2º) leitura e escrita, 3º) noções práticas de Gramática Portuguesa, 4º) princípios elementares em números inteiros e fracionários (SOUZA, 1972).

As alunas eram maioria no universo de alunos daquele período, como se pode notar pelos percentuais de discentes aprovados, entre os anos de 1872 e 1893:

Tabela 1 – Distribuição do corpo discente aprovado, segundo o sexo Período de 1872-93

Ano	Sexo	
	Masculino	Feminino
1872	8	10
1874	11	34
1875	19	45
1878	31	59
1881	34	86
1882	18	110
1885	16	109
1886	23	74
1890	19	107
1893	16	112

Fonte: REGO (1972).

A estrutura curricular da Escola Normal reproduzia toda uma ideologia da dominação masculina, a qual conformava, por meio de seus processos de formação, os papéis diferenciados de homens e mulheres. Essas estruturas de dominação eram o que Bourdieu (1999, p. 46 e p. 71) denominou de:

> produto de um trabalho incessante (e, como tal, histórico) de reprodução, para o qual contribuem agentes específicos (entre os quais os homens, com suas armas como a violência física e a violência simbólica) e instituições, Famílias, Igreja, Escola, Estado.

Desta forma, as mulheres incorporariam "expectativas coletivas" sobre sua conduta e sua prática, a ponto de considerarem *naturais* tais diferenças que eram determinantes para o nível da dominação entre os sexos.

Essas representações, todavia, não se restringiram àquela época. Apesar das conquistas sociais relativas aos direitos de homens e mulheres, a representação sobre a mulher, como a predestinada ao papel de curadoras, estendeu-se para o magistério, entendido como sacerdócio, como missão, de forma que o professor é aquele que professa um credo – é um fiel. É verdade que tal representação é anterior ao processo que feminizou o magistério (HYPOLITO, 1997). No entanto, a inserção da mulher no universo educacional e a instrução que lhe foi dispensada permitiram, no nosso entendimento, a ocorrência do amálgama a que Hypolito se refere: vocação/ensino/maternidade/funções domésticas (HYPOLITO, 1997, p. 57), e que acabou por cristalizar-se como representação do magistério. A concepção corrente de que a mulher deveria cuidar das crianças acabou por sustentar a idéia de que o magistério era uma área eminentemente feminina.[21]

Voltando à reforma, notamos que ela tratou basicamente da questão curricular (entendida aqui no sentido mais restrito do termo, apenas como justaposição de disciplinas). Ela, no entanto, foi assimilada parcialmente, pois, em 1880, quando foi executada, o Regulamento da Escola Normal foi alterado pela Lei nº 1.017, de 30 de abril de 1880. Anos depois, ocorreu a fusão ao Liceu Paraense pela Lei nº 1.224, de 3 de dezembro de 1885. Por conseguinte, ao final do Período Imperial, as condições educacionais do Pará e a instabilidade da Escola Normal continuavam tão precárias quanto em décadas precedentes.

---

[21] De acordo com as formulações de Cristina Bruschini e Tina Amado (1988), o conceito de vocação foi historicamente aceito por remeter à idéia de que a carreira deveria ser adequada à natureza feminina, atividades que estivessem associadas ao sentimento, dedicação, minúcia e paciência, raciocínio ligado ao fato de que as pessoas têm aptidões e tendências inatas para certas ocupações. Esse conceito foi umas das estratégias mais eficazes para induzir as mulheres a escolher profissões menos valorizadas socialmente. Incorporando tais representações, as mulheres desejam e escolhem ocupações, acreditando que o fazem por vocação.

A República pretendeu dar cobro a essa situação. Logo nos primeiros anos do novo regime, foram criadas duas Escolas Normais, pela Lei nº 29, de 4 de fevereiro de 1890: uma para mulheres e outra para homens[22]. Essa decisão não foi aceita tão placidamente por todos os catedráticos; entre os críticos dessa distinção, destacou-se José Veríssimo, o qual considerava-a como "uma escola antipedagógica e anti-higiênica" (Apud SOUZA, 1972, p. 23). Em relatório ao governador, ele sugeriu, em caráter de urgência, que fosse feita a união das duas escolas, de modo a torná-las uma só. Sugeriu, também, a modificação dos planos de estudos e a redução do trabalho em uma única seção diária (SOUZA, 1972). Dois de seus principais argumentos para a unificação eram a contenção de despesas para o Estado e as precárias condições das instalações do Colégio do Amparo.

As considerações de José Veríssimo foram incorporadas pela administração pública, de forma que, mais uma vez, o Regulamento das Escolas Normais foi alterado, agora pela Lei nº 165, de 23 de julho de 1890, modificando o Decreto nº. 64, de 4 de fevereiro de 1890. Os dois cursos foram fusionados e integraram a Escola Normal do Pará (REGO, 1972). Alterou-se, inclusive, o contrato de trabalho dos professores: não mais vitalícios e agora interinos.

No Período Republicano, o número de alunos matriculados na Escola Normal cresceu significativamente, sendo cada vez mais visível o contingente feminino. Segundo Orlando L. M. de Moraes Rego (1972), ao terminar esse primeiro período da sua existência, a Escola Normal do Pará tinha sido atingida por duas importantes leis: a primeira, pelo Decreto nº. 409, de 24 de setembro de 1891, que simplificava o currículo escolar e mantinha os quatro anos, em vez de cinco, como prescrevia a

[22] Cf. em José Murilo de Carvalho, em seu trabalho sobre a representação da mulher na República. Para este autor, mesmo na fase jacobina da República, durante o governo de Floriano Peixoto, a participação era restrita aos homens (1999, p. 75-108).

Lei 23 de julho de 1890. Neste mesmo ano, em nível nacional, ocorria a descentralização da estrutura educacional realizada pela *Constituição de 1891*:

> "[...] à União competia privativamente legislar sobre o ensino superior na Capital da República, cabendo-lhe, mas não privativamente, criar instituições de ensino secundário nos Estados e promover a instrução no Distrito Federal; b) aos Estados se permitia organizar os sistemas escolares, completos; [...]" (AZEVEDO, 1944, p. 359).

Desta forma, o ensino religioso foi suprimido. A emergência do regime republicano instituiu o Estado laico, para o qual a formação religiosa era irrelevante. Em seu lugar, foi instituída a "educação moral e cívica", a qual pretendia inculcar os novos valores republicanos. As matérias ficaram assim: Português, Matemática, História Universal, Francês, Geografia, Pedagogia, Química e Física, História Natural, Instrução Moral e Cívica, Caligrafia, Desenho, Música, Prendas e Ginástica. A segunda Lei, de nº 593, de 25 de junho de 1898, organizava o ensino público do Estado. Por um lado, determinava: a gratuidade do ensino primário; a vitalidade do cargo de professor, após três anos de efetivo exercício; introdução de algumas matérias no currículo escolar, como Cosmologia, Literatura, História da América e do Brasil, Legislação do Ensino e o Estudo da Constituição. Por outro lado, extinguia outras cadeiras, como a de Música e a de Prendas de Agulha, e instituía a prática nas escolas-modelo anexas à Escola Normal.

Em princípios de 1900, a Escola Normal do Pará já funcionava em prédio próprio, sob a direção do Dr. Hildebrando Bayona de Miranda. Ela havia sofrido nova reforma sob o Decreto nº 809 de 29 de janeiro de 1900, o qual simplificava o curso, com o objetivo de agilizar a formação de docentes, em decorrência da carência de professores primários (REGO, 1972). Ao longo de toda a Primeira República, os docentes formados eram, majoritariamente, do sexo feminino.

Tabela 2 – Distribuição do corpo discente formado, segundo o sexo, no período de 1900-29

Ano	Total	Sexo	
		Masculino	Feminino
1900	211	18	193
1901	243	31	212
1902	331	48	283
1903	388	48	340
1904	389	45	344
1905	304	27	277
1906	232	21	211
1907	165	12	153
1910	184	16	168
1919	304	4	300
1922	219	4	215
1923	206	3	203
1926	263	6	257
1928	387	5	382
1929	435	2	433

Fonte: SOUZA, 1972.

Mas que professores eram estes? A análise de dois símbolos da Escola Normal paraense – os hinos da Saudação e da Despedida – colocam-nos em contato com o ideal de professores, cultivado naquela instituição. Esses hinos foram oficializados em 7 de setembro de 1920. Vejamos:

> HINO DA SAUDAÇÃO
>
> Do destino da estrada juncada
> De mil flores e espinhos sem par
> Não tem nunca a tarefa acabada
> Os que estudam a fim de ensinar
> Missionários *do bem*
> Missionário *do bem, sobre a terra*
> Como aqueles que levam a cruz
> Por sobre cidades, rochas, vale ou serra

Da instrução
Semeai sempre a luz
Como bom lavrador que nas leiras
A semente espalhar a cantar
Ide o ensino pregar, *companheiros*
Ensinar também é semear
Sus! Parti para a glória do ensino
Pode o livro, uma raça viril, *preparar*
Preparar para um nobre destino
De um famoso e invencível
Brasil, Brasil
De um famoso e invencível Brasil.[23]

Neste hino, o argumento central ilustra o pensamento da época a respeito da função de ensinar – como uma atividade ambígua –, repleta de momentos bons e difíceis e, ao mesmo tempo, cercada por obstáculos transponíveis, porém enfrentados solitariamente: "De mil flores e espinhos sem par". O sentido da continuidade perene, no ato de ensinar e aprender, concebia o professor como um permanente aprendiz: "Não tem nunca a tarefa acabada/ os que estudam a fim de ensinar". Notamos, aqui, também, a comparação da função de professor com a de um missionário, no sentido da perseverança, retórica e devoção, versando para uma perspectiva vocacional que o termo dimensiona. O ato de ensinar, neste sentido, ultrapassa a dimensão da interlocução, para atingir o plano da pregação.

O ideal do professor abnegado, disponível para o aprendizado constante e para uma missão infindável, qual seja a de ensinar as crianças – que nunca param de chegar às escolas –, é perfeitamente adaptável ao ideal de mulher. A provedora, a amorosa, a curadora, a disponível para o marido e filhos e que se torna a professora. De forma que os valores divulgados no hino contribuíam para difundir ou mesmo reforçar a subordinação da mulher aos meios sociais em que ela circula, entre os quais se destacavam as Escolas Normais.

---

[23] Autores: Rocha Moreira e Manoel Luiz de Paiva (apud SOUZA, 1972, p. 45). Grifos nossos nos dois hinos aqui referidos. Ressaltamos que esses hinos, até o presente momento, são entoados no cerimoniais da Insituição.

Neste primeiro hino, verificamos o incitamento à dedicação exacerbada à causa educacional, destituída de qualquer valor social crítico. Os princípios valorados estimulam sentimentos humanistas, demasiadamente otimistas, desvinculados de posicionamento político crítico.[24] A noção de vocação, subliminar à letra em questão, tinha o feito de, nas palavras de Bourdieu (1999, p. 73):

> produzir tais encontros harmoniosos entre as disposições, encontros que fazem com que as vítimas da dominação simbólica possam cumprir com felicidade (no duplo sentido do termo) as tarefas subordinadas ou subalternas que lhes são atribuídas por suas virtudes de submissão, de gentileza, de docilidade, de devotamento e de abnegação.

A concepção do ensinar, segundo a perspectiva presente, espraiava-se para além do (re)produzir conhecimentos: "Missionário do bem[...]/ Ide o ensino pregar, companheiros/Ensinar também é semear". Privilegia-se aí o gênero masculino, quando, na realidade da época, tratava-se, porém, de um universo maciçamente feminino. A intencionalidade do poder da erudição, por meio da palavra, era a formação de uma geração de "nobre destino" para uma esperança de um Brasil forte e invencível. Deste modo, conforme aponta Bourdieu (1996, p. 160-1):

> a língua não é somente um instrumento de comunicação ou mesmo de conhecimento, mas um instrumento de poder. Não procuramos somente ser compreendidos, mas também obedecidos, acreditados, respeitados, reconhecidos.

[24] Ressaltamos também que a formulação do magistério como vocação, foi ratificada mais enfaticamente por motivações políticas, a partir de 1848, quando se engendrou na Europa, principalmente na Alemanha, uma reação contrária ao avanço ideário liberal. As forças conservadoras, identificando a Revolução Francesa e o liberalismo como origem e causa de todos os males, formaram uma frente político-religiosa, o Movimento de Restauração, e lutavam pela volta aos "bons tempos" da Idade Média com uma sociedade "harmônica e justa". Segundo Lúcio Kreutz, nesse projeto, uma figura vital foi a do professor, que se doava sacerdotalmente à missão de debelar as investidas do "liberalismo satânico"(KREUTZ, 1985; 1986, p.13).

A língua aqui não se restringia a sua compreensão e domínio semânticos, mas fazia parte de uma assepsia pedagógica que a própria formação empreendia ao silenciar-se sobre a realidade cultural, social e política. A língua cumpria, então, um papel formativo, uma vez que, silenciando-se sobre os problemas, não somente furtava-se à necessidade de preparar os professores para enfrentá-los, mas transferia para o professor, e a sua vocação, a responsabilidade pela busca de soluções. A associação da figura do professor a do missionário cumpria, assim, um papel essencial: mais do que vocacionado, o professor seria um abnegado, movido unicamente pelas suas convicções e intenções.[25]

A raça de que fala o hino se referia ao povo, ao povo brasileiro, numa acepção mais restrita àqueles nascidos sob a proteção do Estado e, por conseguinte, da escola. Esses eram ensinados por um conjunto docente preparado, como comentou, em 1871, Camillo Henriques Salgado (Apud SOUZA, 1972), e estavam aptos a fazer parte de uma parcela seleta da sociedade, de um grupo que se encontrava, não raras vezes, à frente do controle social. "Parti para a glória do ensino [...] /De um famoso e invencível Brasil", este trecho sugere a expressão de um sentimento de desprendimento, luta, independência, obediência, vitória e valores morais

---

[25] Tomaz Tadeu da Silva dá o sentido sobre o pensamento pedagógico brasileiro em torno do qual tratamos neste momento. O autor assinala as ambigüidades às quais esse "esquema mental pedagógico", que, anunciando dialogicidade, consegue apenas ser "essencialista e metafísico"; ele pretende ser materialista (de inspiração supostamente marxista), mas consegue ser apenas idealista, quando não espiritualista; o pensamento pedagógico é explicitamente humanista e subjetivista, que, creditando a exclusiva autonomia do homem,"tende a ser totalizante, à espera de uma teoria para aplacar todas as mazelas educacionais e sirva de condutor das ações pedagógicas. A forma de pensar pedagógica é a-histórica e naturalizante, acredita em verdades eternas e em "artefatos estáveis". Essa forma pedagógica tende ao juridicismo e ao oficialismo; é maniqueísta, "dividindo o mundo, de forma simplista, em opressores e oprimidos". Por fim, é "alegre, feliz e irreflexivo, pleno daquela alegria que vem da inconsciência e do desreconhecimento" (SILVA, 1996, p. 245).

rigorosamente cristalizados pela formação de princípios patrióticos.[26]

O segundo hino, da Despedida, reforça as questões apontadas no primeiro:

> Canção da Despedida
>
> Neste albergue de luz nós vos deixamos
> *Entre Flores, cumprindo* árdua missão
> E em busca de outros plainos hoje vamos
> Cheios de comoção
> Continuai vossa tarefa honrosa
> Tendo o compêndio e pena por brasão
> Que a estrada que trilhais é luminosa
> Conduz à perfeição!
> Vós sois as mensageiras da esperança
> O futuro da pátria a irradiar
> Estudai com amor e confiança
> Depois ide ensinar
> Por vós sob este teto, calmo e divino
> Nosso afeto criou fundas raízes
> *Ficai.* Nós vamos propagar *o ensino*
> Adeus! Sedes Felizes![27]

A *Canção da Despedida* destaca a importância da tarefa de ensinar e o compromisso do professor em ampliar e difundir, desta vez reportando-se especialmente ao gênero feminino. A expectativa da função profissional persiste na dimensão da missão: "Vós sois as mensageiras da esperança/ O futuro da pátria a irradiar [...]/Estudai com amor e confiança/Depois ide ensinar". Este raciocínio, depois de tomadas as devidas especificidades, também era partilhado, na mesma época, pela escritora feminista Emília Costa (1923, p. 13), que estava convencida de que "é a educadora a escultora dos caracteres, a transmissora dos papiros sagrados da tradição, a guarda fiel do amor da Pátria no coração

[26] José Silvério Baía Horta (1994) enfatiza a estreita relação entre os militares e o sistema educacional (durante esse período) e, por conseguinte, a educação e a questão da segurança nacional, mediada por relações de poder e inculcações ideológicas. Cf. especialmente no capítulo I.

[27] Autores: Eustáquio de Azevedo e Manoel Luís de Paiva (Apud SOUZA, 1972, p. 45).

de seus filhos".[28] Isto evidencia uma concepção idílica da profissão, como redentora dos problemas da *pátria* por meio do ensino, além do fato de que o próprio pensamento feminista cultivava idéias bastante tradicionais sobre o papel da mulher. Por conseguinte, aquela concepção não era somente advinda de uma representação masculina sobre o papel social da mulher e da professora, como expressado pelos autores do *Hino da Saudação* e da *Canção da Despedida*, mas, também, cristalizava-se nos discursos, inclusive, de quem se opunha à restrição social do papel da mulher.[29]

Assim, já no século XIX, conformava-se a idéia, presente ao longo de todo o século seguinte e corrente nos dias de hoje, de que o curso de formação de professores era um campo feminino. Nele, todavia, a mulher ocupava uma posição subordinada.[30] Tanto é assim que, no período compreendido entre 1871 e 1886, a direção e o corpo docente (vinte e seis professores) da Escola Normal do Pará foi composto, exclusivamente, por homens. Quando as mulheres passaram a compô-lo, entre os anos de 1890 e 1934, conforme a Tabela 3, foram, quase sempre, como professoras dos atributos que os homens não dominavam, por privilégio do sexo: Caligrafia, Prendas da Agulha e Higiene. Beleza, habilidade e cuidado eram competências exclusivas da mulher, de forma que ela deveria transmiti-las.[31]

---

[28] Sobre o discurso feminista, Jane Soares de Almeida (1998) enfatiza que as mulheres das classes dominantes, em constante contato com as idéias militantes de outros países, incorporaram – de algum modo – princípios e conceitos da ideologia masculina.

[29] Eliane Marta T. Lopes (1991, p. 22-40) trabalha a relação entre professora e mãe. Assim, como as construções discursivas que nos diversos contextos históricos, no qual mostra as relações entre professora/mãe e missão/ sacerdócio/ vocação. Questiona também o papel de mãe atribuído à professora.

[30] O pressuposto da inferioridade biológica e intelectual feminina levou o Positivismo, no século XIX, a considerar natural o alicerçamento dos homens no poder, baseados na diferença natural dos sexos. Essa diferença justificava a subordinação e a opressão feminina e seu alijamento da esfera pública, em que essas relações se ancoravam (ALMEIDA, 1998, p. 41).

[31] Vale lembrar que as diferenças entre os sexos permanecem na ordem do dia, a despeito de todos os ganhos ocorridos nos últimos anos. Mesmo em instituições

Tabela 3 – Distribuição do Corpo Docente e Técnico por sexo, no período de 1890 a 1934

Período	Função	Sexo			
		Masculino		Feminino	
		Abs.	%	Abs.	%
1890	Direção	-	100[32]	-	-
	Corpo Docente	-	83,3	-	16,7
1895-1908	Direção	-	100	-	-
	Corpo Docente	-	070	-	30
1909-1921	Direção	-	100	-	-
	Corpo Docente	-	94,1	-	5,9
1922-1934	Direção	-	100	-	-
	Corpo Docente	-	73,7	-	26,3

Fontes: REGO (1972); SOUZA (1972).

As definições basilares da formação, naquele momento, eram da responsabilidade dos professores. Isto nos leva a considerar a formulação de Bourdieu (2002b), segundo a qual o sistema de ensino constitui um dos mecanismos reforçadores das estruturas sociais. No caso aqui analisado, os professores homens estiveram no comando da Escola Normal até 1934, definindo e organizando as diretrizes educacionais. O modelo inspirador dessa estrutura era o europeu. Os conteúdos que o compunham eram cobrados das alunas da Escola Normal, de forma que a professora formada[33]

em que a igualdade se constitui em pressuposto da função exercida, as diferenças se acumulam e geram situações de discriminação, como o ocorrido na Justiça Militar do Estado de São Paulo, segundo noticiou a imprensa, em 2005 (ver VILLAMÉA, 2005; JUÍZA, 2005).

[32] Nessa obras não aparecem dados absolutos, para esse período.

[33] Confirmando a média nacional, o trabalho de Álvaro Moreira Hypolito (1997, p. 54) enfatiza que, em 1935, quando do início do processo de industrialização no Brasil, inclusive a urbanização se acelerava e o processo de escolarização já atingia amplos setores da população, a participação feminina na vida pública ocupava espaços relevantes com a conquista do direito ao voto. A participação no magistério primário no Brasil já era, por essa data, uma realidade: mais de 80% dos membros do magistério eram mulheres.

apresentasse, além da instrução, conhecimentos gerais, abrangendo saberes técnicos, como também conteúdo programático.

Mas não só. A futura professora teria de ser distinguida onde estivesse. Isto requeria um refinamento estético da caligrafia, destreza da oralidade, aprimoramento permanente da capacidade de memória e domínio dos conteúdos, especialmente no que tangia ao conhecimento de música, principalmente de estilo clássico. Deveriam demonstrar, também, um conhecimento detalhado das Prendas da Agulha. As mudanças no contexto histórico refletem as alterações sofridas na denominação da disciplina Prendas da Agulha, a qual, como disciplina, permaneceu imbatível no currículo até o início dos anos de 1970, ainda que tenha havido variação em sua nomenclatura: em 1879, chamava-se Costura e Bordados; em 1890, Prendas de Agulha; em 1891, Prendas; em 1898, Prendas de Agulha; em 1962, Economia Doméstica (REGO, 1972; SOUZA, 1972); e Artes Femininas, no início dos anos de 1970. Mudavam os nomes, mas os objetivos permaneciam inalterados.

Até o início do século XX,[34] as mulheres não precisavam de muita instrução, apenas o bastante para fazer valer as normas de traquejo social. A partir dos anos de 1920,[35] elas passaram a ter instrução em nível primário e secundário, mais intensamente. Contudo, raramente atingiam o nível superior. Em geral, a instrução que recebiam se limitava ao "conhecimento das primeiras letras e ao aprendizado de prendas domésticas e das boas maneiras: leitura e escrita, noções de música e dança, bordados finos, quitutes caseiros e, em alguns casos, a língua francesa" (WEREBE, 1963, p. 261).

---

[34] Grinaura Medeiros de Morais (2004) aborda, em sua pesquisa, as memórias de professoras primárias no Seridó, enfatizando a educação de mulheres no século XX; em sua investigação, ressalta a importância do trabalho dessas professoras para o desenvolvimento da educação na microrregião do Seridó, Rio Grande do Norte.

[35] Na década de 1920, no Brasil, especialmente a classe dirigente se beneficiou da aprendizagem letrada, pois apenas 25% da população brasileira eram alfabetizadas (LINHARES, 1995).

A professora era exceção. Ela precisava trazer aperfeiçoado o conhecimento do conteúdo técnico para ministrar boa aula, possuir autoridade sobre os seus alunos, proceder adequadamente com as avaliações escritas e orais e, além dessas competências, devia apresentar uma postura condizente à sua função. Esse procedimento comportamental, seguramente, segundo a lógica da sociedade da época, identificava-a como professora e aluna egressa da Escola Normal. Em verdade, era-lhe conferida uma *qualificação acadêmica* da condição de submissão atribuída socialmente à mulher. No contexto daquela realidade social e histórica, a sexualização do magistério como ocupação feminina representava um raciocínio consensual.[36] Homens e mulheres são agentes num processo construído por meio de "práticas sociais masculinas e femininas" condizentes com o pensamento da sociedade em que vivem (BOURDIEU, 1980, p. 246-247).

A rigor, para aquela sociedade, uma das estratégias de ascensão na hierarquia predominantemente masculina era a escolarização – tornar-se normalista. Porém, a ascensão se dava em relação as outras mulheres, não em relação aos homens. A formação continuava sob o domínio masculino. O corpo docente era majoritariamente masculino. As diretrizes eram ditadas pelo universo masculino. Tornar-se normalista, repetimos, era uma das formas de a jovem elevar o seu papel e o seu lugar na sociedade, diante das outras mulheres. Como os hinos a que nos referimos atrás sugerem, a profissão não se associava a qualquer compreensão de atuação política, no sentido posteriormente defendido por Paulo Freire (1987) e Maria Eliana Novaes (1992). Relacionava-se, isto sim, à idéia de *missão*, vinculada a concepções vocacionais pautadas numa dimensão idílica da profissão, a

[36] A feminização do magistério no Brasil pode ter tido várias causas: mudanças dos ideais burgueses no período, se aliado a novas concepções sobre o trabalho remunerado exercido pelas mulheres, acrescidas de uma ideologia que pregava a liberdade, a independência econômica para os homens e a submissão e a subordinação para as mulheres (ALMEIDA, 1998).

qual era confundida com a função de mãe – ou de seu substituto mais próximo, a tia.

Deste modo, notamos que as disposições orgânicas e sociais historicamente construídas, assim como as hierarquias escolares impostas assimetricamente, acumulavam uma lógica eminentemente masculina, fosse do ponto de vista dos instrumentos legais (Leis, Decretos-Leis, Leis Orgânicas, etc.), fosse dos segmentos escolares (direção do Liceu, direção da Escola Normal, corpo docente). Aquela concepção androcêntrica de formação resultava, de certo modo, em incorporações de identidades difusas, nem sempre favoráveis à mulher ou à condição de professora, cabendo-lhe, quase exclusivamente, as disciplinas correlatas à condição de donas de casa e mães.[37]

Na década de 1940, houve um marco importante para a Escola Normal paraense. Em 1946, o governo federal assinou novo ato regularizador do Ensino Normal, já adotado em muitos Estados da Federação: o curso de formação de professores primários seria ministrado em dois ou três anos, posteriores ao primeiro ciclo secundário. Nessa época, governava o Estado do Pará o Dr. Otávio de Bastos Meira, que assinou o Decreto nº 595, de 28 de agosto de 1946, transformando as Escolas Normais do Pará, que passaram a chamar-se Instituto de Educação Estadual do Pará (REGO, 1972). O Decreto-Lei nº 8.530, de 2 de janeiro de 1946, promulgou a Lei Orgânica do Ensino Normal, definindo e ampliando as perspectivas de ação dos Institutos de Educação. Esse decreto constitui-se um dos desdobramentos da queda do Estado Novo,[38] ensejando dar um

---

[37] Cf. estudos que tratam dessas particularidades no tocante à feminização do papel da mulher e ao lugar da professora como profissão: Denice Bárbara Catani (Org. 2000); Roseli A. Cação Fontana (2000); Jane Soares de Almeida (2001, p.117-151); Rossana Kess Brito de Souza Pinheiro (2003); e Guacira Lopes Louro (2004).

[38] Estado Novo (1937-1945), no qual se efetivou uma forte intervenção do Estado na Economia, a sua modernização e a integração de profissionais de classe média, militares e empresários no aparelho administrativo (GERMANO, 2005, p.

curso democrático à sociedade brasileira e, por conseguinte, à educação. Um dos instrumentos concretos desse pretexto foi a *Carta Constitucional de 1946*, a qual, no capítulo sobre a educação e cultura, estabelecia que: a educação era um direito de todos e seria oferecida pela família e pela escola. A despeito de uma grande parcela da população ter permanecido de fora do processo de escolarização, tais princípios ocasionaram um aumento na oferta de vagas.

Uma das repercussões desse aumento do acesso à escola se constituiu na consolidação da presença feminina nos cursos de formação de professores e, portanto, do magistério, principalmente no ensino médio. De 1935 a 1947, iniciou-se a alteração na relação entre os sexos, dentro do Instituto, com a introdução de professoras contratadas para outras disciplinas àquelas a que estiveram restritas até aquele momento. Em 1947, coincidindo com o processo de redemocratização do país, após a ditadura do Estado Novo, e depois de setenta e cinco anos da sua fundação, a primeira mulher assumiu, oficialmente, a direção do Instituto: a professora Ambrosina Maia Sampaio, depois substituída pela professora Maria Antonieta de Serra Freire Pontes. Por essa mesma época inverteu-se a relação de sexos, pela primeira vez, no corpo docente: 57% de professoras e mais 42% de professores. De 1949 a 1961, a direção continuou com o mesmo percentual, porém houve uma redução no quadro feminino, que oscilou em 15%. De 1961 a 1964, o corpo docente foi de mais de 28% feminino e mais de 71% masculino, conforme tabela abaixo.

43). Com o fim do Estado Novo, a ação do Estado, em relação ao segmento negro, intentou favorecer a assimilação desse grupo à sociedade, por meio da educação escolarizada, desenvolvendo papel fundamental nesse processo. É por meio dela que deveriam ser incorporadas as formas de vida do grupo racial e socialmente dominante, numa tentativa de tornar hegemônicas sua língua, cultura e memória, seus signos e história (SISS, 2003, p. 67; COULON, 1995, p. 38-47; HORTA, Op. cit, p. 205-287).

Tabela 4 – Distribuição do Corpo Docente e Técnico no período de 1935-1964

Ano	Função	Sexo %	
		Masc.	Fem.
1935-1947	Direção	80	20
1949- 1961	Docência	86,2	13,8
1949- 1961	Direção	80	20
1961-1964	Docência	71,4	28,6

Fontes: REGO (1972); SOUZA (1972).

Em 1968, ocorreu nova inversão: pouco mais de 54% de professoras e pouco mais de 45% de professores.

Ainda na década de 1940, o Ensino Normal assumia como finalidade básica a formação de professores para as escolas primárias, a habilitação de administradores para estas escolas e a especialização de professores em educação pré-primária, didática especial do curso complementar primário, didática especial do ensino supletivo, didática especial do desenho e artes aplicadas. A partir de então, o curso devia ser ministrado em dois ciclos: o curso de Regente de Ensino Primário, desenvolvido em quatro anos, e o curso de Formação de Professores Primários, em três anos. Decorrente do fato de a Presidência da República promulgar o Decreto-Lei nº 8.586, no dia 8 de janeiro de 1946, dispondo sobre a adaptação da Lei Orgânica no país, no Pará foi sancionado o Decreto nº 595, em 28 de agosto desse ano, transformando a Escola Normal do Pará em Instituto Paraense de Educação.[39]

Em 17 de setembro, por meio do Decreto nº 617, promulgou-se o Regimento Interno do Instituto. A proposta curricular

[39] Há uma controvérsia quanto a essa nomenclatura: para Orlando L. M. de Moraes Rego (1972), a Escola Normal imediatamente passou à nomenclatura de Instituto Estadual de Educação do Pará; já para Maria das Graças Costa (1988), isso só aconteceu posteriormente.

exigia que o curso fosse antecedido pelo curso ginasial. Como o Instituto Paraense de Educação não mantinha esse nível de escolaridade, a estratégia foi anexá-lo, mais uma vez, ao antigo Liceu – então Colégio Paes de Carvalho. Assim, como antes, foi o Diretor deste quem assumiu a direção do Instituto, passando a vice-direção para o antigo diretor do Instituto Paraense de Educação.

O Decreto nº 725, de 9 de janeiro de 1947, tratou desta anexação. Após quinze dias, no dia 24, por meio do Decreto nº 736, a instituição passou a se chamar Instituto de Educação do Pará. Nesta mesma data, o Decreto n. 734 aprovou novo regulamento para o Instituto, atendendo aos dispositivos da Lei Orgânica. O Art. 37 deste documento restabeleceu a autonomia administrativa do Instituto e, portanto, a desanexação (COSTA, 1988).

Por meio da Lei de Diretrizes e Bases, de nº. 4.024, de 20 de dezembro de 1961, ampliou-se a ação das Escolas Normais em todo o Brasil. Desse modo, além da formação de professores, as Escolas Normais passaram a oferecer formação de orientadores, supervisores e administradores escolares para o ensino primário e para o desenvolvimento de conhecimentos técnicos para o ensino infantil. Houve um movimento, analisado por Pedro Demo (1989), o qual pretendeu transformar o IEEP em instituição de formação de professor em nível superior. A proposta seria implantada somente em Belém. No interior do Estado, o sistema continuaria o mesmo, porém o projeto sofreu interrupções, principalmente por questões políticas e secundariamente educacionais.

Durante a fase de vigência da LDB (COSTA, J., 1986[40]), a proposta curricular do IEEP mudou três vezes. De forma

[40] Nesta obra, a autora descreve, analiticamente, a trajetória educacional do Pará, desde os seus primórdios até o início do mandato do governo que tomou posse em 1975, constatando-se, principalmente, que a experiência estadual de planejamento é relativamente longa e fértil, evoluindo, de modo paulatino, com erros e acertos.

geral, os alunos do estabelecimento, nesse período, cursaram as seguintes disciplinas: Biologia, Ciências Físicas e Biológicas, Desenho, Didática, Educação Física, Filosofia, Matemática, Português, Psicologia, Sociologia, Recursos Audiovisuais, caracterizando-se onze disciplinas de consenso. A proposta curricular do Instituto de Educação[41] tornou-se basilar, consolidando o seu papel como um importante *locus* de formação docente na sociedade local.

1.4 - Anos 1970: *democratização* e técnica

Os anos de 1970 se iniciam com a promulgação da Lei nº 5.692, de 11 de agosto de 1971,[42] a qual fixou diretrizes e bases para o ensino de 1º e 2º graus, a exemplo da Lei 5.540, de 28 de novembro de 1968, que fixou normas de organização e funcionamento do ensino de 3º grau.[43] Conhecida como parte de uma política de *democratização* do ensino, ambas mantiveram, no entanto, o ensino público superior fora do alcance da grande parte da população estudantil, enquanto que a educação básica perdeu em conteúdo e qualidade.

Em decorrência disso, houve um aumento considerável da rede privada de ensino superior, a qual pretendeu contemplar aquelas parcelas que ficaram de fora da rede pública, seja

---

[41] Em A *Educação na Constituição Paraense de 1989*, A. Damasceno e E. Santos (1997) discorrem sobre o contexto histórico e político que originou a Constituição Brasileira de 1988, abordam os seus artigos, capítulos e incisos e, por fim, comentam a Constituição Paraense de 1989, cujos preceitos se fundamentam na estrutura legal da Escola Normal, bem antes de essa ter sido promulgada.

[42] Aqui indicamos estudos relevantes sobre essa Lei: Dermeval Saviani et al. (1990), Paulo Nathanael Pereira de Souza (1993), Paulo Nathanael Pereira de Souza; Eurides Brito da Silva (2000), Dermeval Saviani (1987). José Willington Germano explicita dois aspectos da Lei 5.692/71, como pontos fundamentais: a extensão da escolaridade obrigatória, compreendendo agora todo o denominado ensino de 1º grau, junção do primário com o ginásio e a generalização do ensino profissionalizante no nível médio ou 2º grau. (GERMANO, 2005, p. 164).

[43] Nomenclatura usada pela Lei 5.692/71 para designar o que, na legislação atual, denomina-se Ensino Superior.

pela má qualidade do ensino ofertado, no caso do ensino de 1º e 2º graus, ou pela dificuldade do acesso, como foi o ocorrido com a educação superior. Foi em relação a esse quadro que Bárbara Freitag (1986) sugeriu que a educação básica implementada pelo Estado, naquele momento, por meio daquelas leis, não preparou os estudantes nem para o que pretendia – a formação técnica e profissionalizante – e sequer para o ensino superior.[44] A precariedade da formação oferecida pode ser avaliada pelo fato de que, à exceção dos habilitados para o magistério, poucos foram incorporados à máquina do Estado.

Dois fatores contribuíram para o sucesso dos remanescentes do curso de formação de professores, nesse sentido: a chamada *democratização do ensino* e o aumento do número de alunos nos cursos de Pedagogia, em nível superior.[45]

A idéia da democratização, quando associada à política educacional subjacente às leis em questão, não deve ser entendida como uma tentativa de redimensionamento do poder político e de aumento da participação política do cidadão. Editadas que foram pelo Regime Militar, no auge de sua sanha autoritária, elas pretenderam silenciar a elite intelectual presente nas universidades, por um lado, e aumentar o número de trabalhadores escolarizados por outro.

Assim, a propalada política de *democratização* implicou aumento do número de vagas nos ensinos de 1º e 2º Graus. No Pará, uma das iniciativas tomadas com vistas a sua execução foi a expansão do curso de formação de professores, de forma a

---

[44] Germano (2005, p. 185-190) analisa amiúde o fracasso da profissionalização e dessa formação de 2º grau, quando da vigência dessa Lei.

[45] Brzezinski (1996), neste estudo, apresenta um argumento sobre a formação de profissionais da educação e reflexões para a redefinição para o curso de Pedagogia; Carmem Sílvia Bissoli da Silva (1999) apresenta uma discussão acerca da reformulação do curso de Pedagogia. A autora, entre suas proposições, afirma que, a despeito das divergências que surgem no plano epistemológico acerca da Pedagogia, a manutenção desse curso tem sido justificada pelo seu campo de estudos; Tarso Bonilha Mazzotti (2001), no seu trabalho intitulado *Estatuto de cientificidade da Pedagogia*, apresenta evidências de que é possível constituir uma ciência da prática educativa.

contemplar os municípios do interior do Estado.[46] A Fundação Educacional do Pará (FEP), por meio do Instituto de Educação do Estado, instalou, em dez municípios, o curso de formação de professores para as quatro primeiras séries do 1º Grau, correspondente ao antigo primário.

Tais cursos eram em nível secundário, correspondendo ao preceito legal de que o 2º Grau se configurasse em ensino profissionalizante. Era a primeira transferência do IEEP para o interior, em regime intensivo. O curso recebeu apoio do Clube de Mães em Alenquer e do prefeito de Oriximiná, além dos outros municípios onde foi instalado. Os cursos eram realizados em convênio com o Ministério da Educação (MEC), Secretaria de Educação do Estado do Pará (SEDUC) e a FEP.

Nesse contexto, marcado principalmente pelo avanço da universalização da escola e pela ampliação da escolarização obrigatória, deu-se o crescimento geométrico do contingente de pessoal do magistério (VORRABER, 2001). No caso do IEEP, reproduziu-se mais uma vez o fenômeno nacional: intensificando-se a presença das mulheres, cujo percentual era de quase 100% de professorandas no período de 1970 a 1979, e de mais de 95% na década de 1980, enquanto que as professoras permaneceram, nas duas décadas, representando cerca de 60% do conjunto de professores, conforme tabelas abaixo:

Tabela 5 – Distribuição da amostra estudada do Corpo Docente por sexo, no período de 1970-89[47]

Período	Total	Masculino	%	Feminino	%
1970 a 1979	637	263	41,29	374	58,71
1980 a 1989	561	210	37,43	351	62,57

Fonte: Relação dos Professores em Exercício

[46] A *Província do Pará*. IEP vai formar professores no interior. Belém,12. jun. 1974, Caderno 1, p. 12.

[47] Neste caso, foram apresentados os professores atuantes por ano, ou seja, foram contabilizados os professores por ano letivo, assim houve docentes que se repetiram em vários anos letivos aqui apresentados.

Tabela 6 – Distribuição do Corpo Técnico por sexo, no período de 1970-89

Período	Total	Masculino	%	Feminino	%	Função
1970 a 1979	10	2	20	2	20	Diretor
		0	0	4	40	Vice-Diretor
				2	20	Orientador Educacional
1980 a 1989	29	0	0	4	13,79	Diretor
		0	0	8	27,59	Vice-Diretor
		0	0	9	31,03	Orientador Educacional
		0	0	8	27,59	Supervisor Educacional

Fonte: Relação dos Professores em Exercício

Tabela 7 – Distribuição da amostra estudada do Corpo Discente/3ªSérie por sexo, no período de 1970-79

Ano	Total	Masculino		Feminino		Reprovação	
		Absoluto	%	Absoluto	%	Absoluto	%
1970	421	4	0,95	417	99,05	9	2,14
1971	455	5	1,10	450	98,90	2	0,44
1972	391	1	0,26	390	99,74	0	0
1973	395	0	0	395	100,00	0	0
1974	471	1	0,21	470	99,79	0	0
1975	987	5	0,5	982	99,50	13	1,32
1976	969	4	0,41	965	99,59	60	6,19
1977	864	2	0,23	862	99,77	16	1,85
1978	661	1	0,15	660	99,85	2	0,30
1979	566	7	1,24	559	98,76	16	2,82

Fonte: Ficha Individual de Aluno

Tabela 8 – Distribuição da amostra do Corpo Discente/3ªSérie, por sexo e reprovação, no período de 1980-1989

Ano	Total	Masculino		Feminino		Reprovação	
		Abs.	%	Abs.	%	Abs.	%
1980	711	13	1,83	698	98,17	11	1,55
1981	471	8	1,70	463	98,30	33	7,00
1982	754	22	2,92	732	97,08	40	5,30
1983	799	34	4,26	765	95,74	102	12,77
1984	758	24	3,17	734	96,83	22	2,90
1985	513	9	1,75	504	98,25	11	2,14
1986	814	26	3,19	788	96,81	15	1,84
1987	769	37	4,81	732	95,19	17	2,21
1988	655	21	3,21	634	96,79	83	12,67
1989	587	29	4,94	558	95,06	73	12,44

Fonte: Ficha Individual de Aluno

Concomitantemente a esse fato, gestava-se a crítica à degradação do trabalho do ensino. Essa visível ascensão das mulheres no magistério, na composição dos corpos discente e docente, nem sempre foi considerada positiva. Alguns estudos apontaram o que viam como um aspecto negativo: a escola teria aderido à domesticação e à submissão da mulher, reproduzindo estereótipos cultuados pela sociedade (DEMARTINI; ANTUNES, 1993). A discussão originou uma das polêmicas do pensamento sobre educação no Brasil, a qual fora analisada por Álvaro Moreira Hypólito (1997). A polêmica atribuía o declínio na qualidade da educação oferecida à presença da mulher no exercício do magistério. Tal polêmica foi enriquecida com um outro aspecto: as precárias condições salariais, as preocupações com os rumos da educação pública e o anseio pela democratização das estruturas de poder no interior do sistema escolar teriam trazido, a reboque, prejuízos para a educação e para o magistério em geral.

Esse aumento da demanda para a formação no que hoje chamamos de ensino médio, especialmente em relação aos cursos formadores de professores, o IEEP, inclusive, não implantou, inicialmente, qualquer modificação no perfil do aluno egresso. A partir dos anos de 1980, os resultados da política de *democratização* – a qual se restringiu a aumento da oferta de vagas – tornaram-se evidentes, com uma parcela crescente de jovens concluindo o 1º Grau. Este fato acarretou uma modificação no perfil do aluno do Instituto, com desdobramentos na identidade cultivada ali. O curso não era mais procurado, exclusivamente, por aqueles que pretendiam formar-se professores, ou pelos que o viam como a única alternativa de formação. A cada ano, um número maior de alunos ingressavam no Instituto, com o objetivo exclusivo de concluir o ensino secundário. A formação para o magistério não foi vista, desde então, como a única razão do Instituto. Além disso, as mudanças político-sociais e educacionais se alteravam com velocidade e as concepções de formação de professores submeteram-se a vários questionamentos e alterações na sua base estrutural.

A despeito das iniciativas da reforma, a lei promotora da ampliação do número de alunos não atingiu as camadas mais pobres da população. Consubstanciada na Lei nº 5.692/71, ela constituiu, segundo José Willington Germano (2005, p. 159), a décima reforma educacional realizada desde a proclamação da República. As anteriores foram: a "Benjamim Constant", em 1890, a "Amaro Cavalcanti", em 1892, a "Epitácio Pessoa", em 1901, a "Rivadávia Correa", em 1911, a "Carlos Maximiliano", em 1915, a "João Luiz Alves", em 1925, a "Francisco Campos", em 1931, a "Gustavo Capanema", em 1942, e a Lei Diretrizes e Bases, de 1961.

A Lei nº 5.692/71 foi apresentada à sociedade como a solução que garantiria o acesso de todos à educação e ao trabalho. É verdade que de forma diferenciada, como ressalta uma formulação de Roberto Campos, citada por José Willington Germano (2005, p. 131):

> "A educação secundária de tipo propriamente humanista devia [...] ser algo modificada por meio da

> inserção de elementos tecnológicos e práticos, baseados na presunção inevitável de que apenas uma pequena minoria, filtrada no ensino secundário, ascenderá à universidade; e, para a grande maioria, ter-se-á de considerar a escola secundária como a sua formação final. Formação final, portanto, que deve ser muito mais carregada de elementos utilitários e práticos."

A lei promulgada alcançou, ao final e ao cabo, plenamente os objetivos dos seus formuladores, pois a *democratização* do ensino limitou-se a expandir as vagas no ensino fundamental e médio, sem qualquer impacto no ensino superior. Os jovens de baixa renda – que normalmente não conseguiam ultrapassar os filtros a que Campos se referia – permaneceram infensos à formação universitária. Assim, a reforma em questão acabou por acentuar as diferenças já existentes. Nas palavras de Thomas E. Skidmore (1998, p. 279), ela promoveu "abismos crescentes entre ricos e pobres". No entanto, o momento político – marcado pela repressão do regime militar – impediu uma crítica circunstanciada, a qual só pôde ganhar corpo com a distância do tempo.

Essa lei foi amplamente difundida pelo governo militar como a solução para os problemas do difícil acesso de jovens pobres ao trabalho e à educação. Esta estratégia governamental não alcançou os seus objetivos, porque a *democratização* não atingiu o ensino superior e nem mesmo o ensino secundário, a despeito do aumento no número de matrículas. Ao contrário, ela acentuou diferenças em todos os níveis já existentes e manteve ilesa a imagem do Estado perante a sociedade. O momento impedia, de resto, maiores manifestações, porque "o clima reinante no país se caracteriza[va], ao mesmo tempo, por uma combinação de medo da repressão do Estado e de euforia em decorrência do crescimento econômico" (GERMANO, 2005, p. 160). A crítica à reforma só pôde ser desenvolvida a partir da Abertura política, sobretudo nos anos de 1980, e com a redemocratização, tornando visíveis os danos ocasionados pela política social e educacional à qual o contingente de nível médio foi submetido.

Ao longo da década de 1970, portanto, acentuaram-se as disparidades sociais. No campo da educação, elas podiam ser percebidas pelo reduzido número de crianças que, tendo iniciado o 1º Grau, chegaram a concluí-lo, números tais que seriam ainda menores, caso considerássemos as crianças *não brancas* (ROMANELLI, 2001; ROSEMBERG, 1990).[48] A análise de José Willington Germano (2005, p. 126) sobre a conjuntura pós-1964 enfatiza o caráter excludente do sistema educacional:

> É primeiramente um resultado do desenvolvimento histórico da formação social brasileira: da forma como tem ocorrido, entre nós, a dominação de classe, com uma "elite" despótica e senhorial, que tem sempre gerido o estado em seu proveito, com a conseqüente exclusão das classes subalternas do acesso a conquistas sociais básicas – como a educação escolar – inerentes ao próprio capitalismo.

Em Belém do Pará, esse quadro se tornava ainda mais melindroso, em função da falta de escolas e de professores qualificados para o exercício do magistério na educação básica, sobretudo no que hoje chamamos de Ensino Médio. Para dar cobro a tal situação, o governo paraense pretendeu, conforme antecipamos atrás, formar professores que atendessem às expectativas da política de *democratização* do ensino. O aumento do número de vagas do Instituto, com vistas à incorporação de alunos do interior do Estado,[49] tornava difícil a formação, por ser distinta da oferecida na capital: os cursos eram intensivos, ministrados de forma acelerada e sem rigor acadêmico.

Para enfrentar esse aumento no número de alunos, o IEEP teve de lidar, então, com o problema da falta de professores.

---

[48] A categoria não branco foi cunhada em 1952 por L. A. Costa Pinto, com o objetivo de agregar outras duas identificações de cor: pardos e pretos. Desde 1979, Carlos Alfredo Hasenbalg e outros a têm utilizado como forma de identificação do gradiente populacional que não se caracteriza como branco.

[49] A *Província do Pará*, O IEP vai formar professores no interior. Belém, 20. jan. 1974, Caderno 1, p. 12.

Naquele período, muitos dos profissionais incorporados ao Instituto ainda não haviam concluído a sua graduação, embora já atuassem como professores de nível médio.[50] Foi então, também, quando o quadro docente foi ampliado, como resultado do aumento do número de vagas disponíveis para a formação no magistério, que ocorreu a consolidação da presença feminina no corpo de professores. Mais que atingir maioria numérica, elas passaram a ministrar efetivamente disciplinas antes tidas como reduto exclusivamente masculino, como as de Cálculo e Ciências.

Mais importante, no entanto, foi a inflexão no aporte teórico que subordinava a formação oferecida. Até aquele momento, os futuros professores eram educados a partir de um aporte humanista, o qual pressupunha que o professor deveria ser um erudito. Essa compreensão considerava que, sendo possuidor de uma vasta cultura geral e de um compromisso irrestrito com o ato de ensinar, o professor seria capaz de oferecer a formação adequada aos seus alunos. O saber, portanto, era apanágio exclusivo do professor e se resumia na cultura geral que ele detinha.

De acordo, ainda, com esse aporte, o único problema da escola era, justamente, o professor qualificado. Isto posto, isto resolvido, todos os demais problemas estariam solucionados e qualquer dificuldade dos alunos poderia ser corrigida com a autoridade do professor, por meio da coerção moral ou da violência física.

Os anos de 1970 trouxeram um novo horizonte. Em primeiro lugar, muda a forma de se perceber o universo educacional e de se ler os seus problemas. A introdução de uma literatura de caráter psicológico despontou nas obras de Imídio Giuseppe Nérice (1959, 1961, 1967), as quais promoveram uma enorme inflexão, na forma pela qual o processo pedagógico passava a ser visto. Dando grande relevo à questão da subjetividade, no sentido restrito do termo, Nérice colocava as aptidões individuais na

---

[50] Conforme entrevistas concedidas por Regina Alice de: depoimento [12 jul. 2004], Ana Carolina: depoimento [2 jul. 2004], Magrita: depoimento [8 jul. 2004], Célia: depoimento [5 jul. 2004], Morena: depoimento [8 jul. 2004], Malena: depoimento [5 jul. 2004].

ordem do dia, alçando-as à condição de fator explicativo de todos os problemas da escola e, em especial, dos alunos.

Nesse novo horizonte, o professor deveria portar-se de forma distinta, em sala de aula, da que vinha praticando: tentar entender as diferenças entre os seus alunos e estabelecer os problemas – sempre de ordem individual – que mereciam solução. O conteúdo também sofrera uma inflexão: ao invés da formação de cunho humanista, os cursos de formação adotaram o que acabou por ser conhecido como tecnicismo.[51] O aporte tecnicista entendia que o professor deveria ter domínio de técnicas de ensino, de forma a sustentar-se nelas. Ele permanecia, no entanto, a despeito da apropriação das teses de Nérice (1959, 1961, 1967), como o epicentro do processo de ensino, ou seja, sua importância, autoridade e responsabilidade restaram inalterados.

Conforme apontam algumas professoras do IEEP, daquele período, o bom professor era muito distinto, em relação aos de tempos anteriores. A partir da década de 1970, o professor já ministrava uma aula que facilitava o processo de memorização – uma das balizas da prática tecnicista – e não permitia o florescimento da indisciplina. Ele limitava a participação dos alunos à reprodução do conteúdo ministrado. O bom professor era, portanto, o que garantia a sua autoridade intelectual por meio do domínio das técnicas, enquanto que mantinha os alunos como agentes passivos do processo pedagógico; ele não apenas dominava a técnica, mas a dominava a um ponto tal que prescindia da participação do aluno, a qual era mal vista.[52]

---

[51] A tendência tecnicista esteve associada ao enquadramento do comportamento humano por meio das técnicas. As informações eram ordenadas a partir de uma lógica seqüencial e psicológica, na qual o professor transmite e o aluno fixa a aprendizagem, baseando-se na mensuração e no desempenho individual (LIBÂNEO, 1993).

[52] Conforme entrevistas concedidas por Malena: depoimento [5 jul. 2004], Liz: depoimento [14 jul. 2004], Morena: depoimento [8 jul. 2004], Célia: depoimento [5 jul. 2004], Regina Alice: depoimento [12 jul. 2004], Raiza: depoimento [4 nov. 2002].

O contexto político – o regime de exceção em que o país vivia – acabou por fazer do aporte tecnicista um elemento adicional no aparato repressivo, na medida em que ele relegava para segundo plano a reflexão sobre os contextos social e político da sociedade brasileira. O máximo permitido eram discussões acerca das microproblemáticas da realidade escolar, sem qualquer referência à conjuntura social e política da época. A educação, assim pensada, deu vazão a uma geração formada sob a batuta da técnica e da memorização, de forma que o aporte teórico tecnicista não colocou em risco a hierarquia em sala de aula: o professor permaneceu como senhor de seu domínio. Sua autoridade, porém, estava fundada no domínio do aparato técnico, segundo os ditames de Leone Elizabeth Tyler (1966), Benjamin S. Bloom (1971), Romanda Gonçalves Pentagna (1964) e Imídeo Giuseppe Nérice (1959, 1961, 1967).

Tais aparatos se viam, especialmente, nos instrumentos de avaliação. Em lugar do antigo sorteio de ponto, no qual o aluno discorria sobre um tema proposto por uma banca, as avaliações escritas ganharam relevância. Trabalhos em grupo e muitas provas são o que recordam algumas professoras daquele período.[53] Os recursos didáticos também identificam aquele aporte. Apesar da preponderância das aulas de *cuspe e giz*, em que a palavra do professor reinava absoluta, a utilização de álbuns seriados, flanelógrafos[54] e quadros de prega eram comuns.[55]

---

[53] Conforme as entrevistas de Giselle Cristiane: depoimento [2 jul. 2004], Liz: depoimento [14 jul. 2004].

[54] Esses recursos foram largamente utilizados da década de 1960 até o final da década de 1970. Piletti conceitua como "um recurso utilizado especialmente nas séries do primeiro grau. Consiste em uma prancha rija (compensado eucatex etc), que tem um lado revestido de flanela ou feltro (feltrógrafo) onde são aplicados elementos recortados em cartolina e com pequenos pedaços de lixa colados na parte posterior para garantir aderência" (PILETTI, C., 1995, p. 159).

[55] Conforme as entrevistas de Regina Alice: depoimento [12 jul. 2004], Célia: depoimento [5 jul. 2004],

Por fim, nos anos de 1970, a escola permaneceu como o espaço de reprodução da autoridade tal como esta era pensada naquele momento de exceção. Partindo das serventes, erguia-se uma rígida hierarquia na qual pontificava solene o diretor. Ele, um professor, fiscalizava a todos e administrava os instrumentos de reprodução da hierarquia escolar. O alunado era incentivado a valorizá-la e a reproduzi-la.

1.5 - Anos 1980: a primazia da ambigüidade

A década de 1980 ficou marcada, em primeiro lugar, pelas tentativas de abandono das práticas vistas como tradicionais e pela reação às diretrizes que nortearam a prática pedagógica na década anterior. Resultado tanto da evolução do pensamento sobre a educação, no Brasil e no mundo, esse movimento esteve relacionado, muito mais diretamente, à ansiedade para dar fim a tudo que pudesse parecer resquício do pensamento autoritário que marcara o regime militar, sobretudo, após 1985, quando ocorrem o término do período ditatorial.

O traço mais evidente da postura adotada, naqueles anos, foi o redimensionamento do papel do professor. Antes referência absoluta na sala de aula, ele deveria dar lugar ao aluno, como preconizavam os preceitos da escola nova. Deu-se, com base na adoção dessa nova postura, a emergência de caracterizações que perduram até o presente. Elas pretendiam, e pretendem, distinguir os professores que resistiam às inovações – os *tradicionais* – dos que as abraçavam – *os inovadores, modernos, críticos, atuantes,* etc.

Todavia, muitas das inovações pretendidas não foram implantadas como resultado de uma reflexão circunstanciada sobre a prática pedagógica.[56] Muitos professores adotaram a forma, sem prestar a devida atenção ao conteúdo. Em muitos casos, isto

[56] Conferir absorvente polêmica sobre a técnica na ação docente, em José Carlos Souza Araújo (2000, p. 11-34).

decorreu do medo de ver-se taxado de *tradicional*,[57] diante da crítica que acompanhava essa denominação, nas obras de, por exemplo, Guiomar Namo de Mello (1982), Paolo Nosella (1983), Henry Giroux (1983), Dermeval Saviani (1986), Paulo Freire (1987) e José Carlos Libâneo (1993).

A reflexão de Guiomar Namo de Mello elucida algumas das ambigüidades que marcaram esse decênio. Apesar de ter contribuído para a conformação da representação do professor *tradicional* e dar-lhe sinal negativo, Mello distinguiu recusa dos preceitos, ditos tradicionais, com espontaneidade (improvisação e falta de fundamentos teóricos e técnicos na prática docente). A adoção irresponsável do novo aporte – o qual vinha sendo apreendido apenas na forma – fazia, na sua concepção, com que o professor fosse duplamente lesado: em primeiro lugar do conteúdo – ele não era mais o que detinha o saber – e, depois, do método: ele não detinha mais o controle sobre o fazer.

Para Mello (1982), portanto, havia uma confusão que privilegiava um certo compromisso político – não definido, mas que se caracterizava, de forma geral, como uma crítica ao autoritarismo –, em detrimento do domínio e do exercício das práticas que distinguiam a profissão. Segundo ela, um e outro – compromisso político e técnicas do ofício – deveriam complementar-se de modo a contribuir para o melhor desempenho do professor. A posição de Mello foi, no entanto, rebatida por Nosella (1983), evidenciando o debate que marcou aquele período. Mesmo que Mello não tivesse sugerido uma determinação da técnica sobre o conteúdo, Nosella a condenou por isso, denunciando a preponderância que a autora atribuía à técnica. Em relação à discussão envolvendo os dois autores, Saviani (1983) buscou dirimir as diferenças, estabelecendo similitudes entre o pensamento de ambos.

---

[57] Sobre a dicotomia TRADICIONAL/NOVO, no contexto educacional e nas décadas de 1970 e 1980, ver extensa análise em Jaime Francisco Parreira Cordeiro (2002).

A querela em questão, versando sobre o lugar da técnica e do compromisso político, contribuiu sobremaneira para o redimensionamento da identidade do professor. Aliás, a identidade que se conflitava naqueles anos recusava a condição de professor, vista como uma denominação técnica,[58] destituída do compromisso político necessário. Em lugar do professor, almejava-se a condição de educador,[59] um agente comprometido com a formação integral do indivíduo e, portanto, livre dos grilhões que a técnica impunha.

A tensão entre uma e outra condição marcou, portanto, aquela década. As salas de aula foram povoadas, intercaladamente, por *revolucionários, técnicos e educadores*. No IEEP, não foi diferente, conforme apontou uma das professoras daquele período:

> Os alunos mesmos ficavam perdidos nessas posturas dúbias dos professores. Então isso era um período de mudança dentro da própria escola, porque tinha esses professores mais tradicionais que estavam por se aposentar e os mais novos que iam ingressando, como eu, dentro do magistério nesta escola. Os professores... tinham aqueles com uma postura bem mais moderna e outros com uma postura muito mais [tradicional]. E eu via isso com muita angústia, porque eu não sabia como me comportar. Se por um lado [ou] por um outro.[60]

De maneira geral, os professores daquela instituição viveram aquela tensão.[61]

---

[58] Neste aspecto – o obscurantismo pedagógico que se refugia na técnica –, conferir especificações em Georges Gusdof (1978, p. 310).

[59] Conferir a discussão a esse respeito nos trabalhos de Hilton Japiassu (1975); J. F. Morais (1977); Antônio Joaquim Severino (1978); Antônio Muniz de Rezende (1978); Maurício Tragtenberg (1979); Maria Eliete Santiago (1990, p. 23-25); Moacir Gadotti (2000, p. 125-129); Marisa Costa Vorraber (2001, p. 11-28). Destacamos outros autores que enfatizam o educador como agente reflexivo: Donald Schon (1983); K. Zeichner (1994); K. Zeichner, D. Liston (1996); Selma Garrido Pimenta (2002).

[60] Entrevista de Ana Carolina: depoimento [2 jul. 2004].

[61] Conforme as entrevista de Liz: depoimento [14 jul. 2004], Regina Alice: depoimento [12 jul. 2004],

Entretanto, as diferenças permaneceram internamente diluídas. Embora a renovação de professores, ocorrida nos anos anteriores, tenha acarretado a introdução de novas discussões para o interior das salas de aula, elas não se traduziram em um projeto institucional. Assim, as *novas* idéias foram justapostas às *velhas*, produzindo uma formação ambígua que acumulou diversas mudanças – algumas mais visíveis, outras mais acanhadas. Eis um exemplo contido no discurso de despedida de uma de suas professoras:

> "[...] nesta casa tradicional de ensino, onde há quase vinte anos nós vínhamos atuando, procurando desempenhar com eficiência e amor nossa função de mestra, orientando a juventude IEPEANA[62] para o desempenho humilde, porém majestoso, da tarefa de educar. Somos conscientes que, na realização de tão nobre *missão*, tivemos como lema o amor [...]. Para falar à inteligência, basta cultura, mas falar ao coração, é preciso amor; *somente amando* conseguimos chegar aos corações de nossos alunos. No entanto, nossa *missão* não se restringiu apenas a uma sala de aula, e como fruto do nosso envolvimento total em prol da educação, assumimos a vice-direção, e posteriormente a direção [...]. Procuramos mais do que nunca desempenhar esta função com *eficiência*, justiça e muito amor para alcançar a plenitude de nossos objetivos e manter uma relação harmoniosa entre a *família* IEPEANA a quem aprendemos amar.[...] partimos conscientes de que nossa *missão* foi cumprida. [...]entregamos à nova direção uma escola atuante, organizada, *disciplinada* [...]. Guardamos de todos a mais grata recordação: a separação física será responsável pela saudade deste ambiente acolhedor, que já era uma parte do *nosso lar*.[63]

---

62 Sigla muito usual na época para identificar alunos pertencentes ao IEEP.

63 Maria Alice Cordeiro Oliveira (1983, p. 1) (grifos nossos).

As palavras da professora Maria Alice Cordeiro Oliveira, docente do IEEP, entre os anos de 1963 e 1983, deixam transparecer rendição aos preceitos mais caros dos anos de 1920, aqueles exibidos no *Hino de Saudação* e na *Canção da Despedida* do Instituto, nos quais a profissão de professora é comparada à missão. Aqui, também, o sentido da missão remete ao sentido dos hinos, quando, na época do discurso, as posições que haviam inspirado os seus autores estavam sendo duramente criticadas e, por vezes, redimensionadas em textos de Paulo Freire (1987) e Maria Eliana Novaes (1992), e ocorria, também, a intensificação da discussão sobre a profissionalização da docência[64] e a defesa por uma identidade de ofício[65] associada à compreensão de uma categoria sindical. Os autores envolvidos nestas discussões, ao contrário do que professava a autora, intentavam o distanciamento necessário entre o universo familiar e o educacional. Maria Alice acionava os sentidos criticados pelos autores, enfatizando a confusão entre o universo escolar e o universo familiar.

Muitos dos conceitos presentes em seu discurso foram amplamente utilizados na década de 1970 e questionados pela tendência progressista libertadora[66] e pela tendência crítico-social

---

[64] Destacamos o trabalho de Betânia Leite Ramalho (1993), acerca da desprofissionalização e profissão docente. Maria da Glória Soares Barbosa Lima (2003) apresenta fecunda análise acerca do desenvolvimento profissional de professores e professoras por meio da história de vida deles, na qual revisa a formação inicial e continuada em Natal. Ivana Maria Lopes de Melo Ibiapina (2004) retoma em sua pesquisa os principais conhecimentos construídos com relação ao conceito de docência como profissão e suas implicações para o processo de desprofissionalização.

[65] Para uma discussão sobre a identidade do professorado, ver André Augusto Diniz Lira (2003).

[66] Na perspectiva de José Carlos Libâneo (1993), a tendência progressista libertadora não atuava em escolas formais. Objetivava elevar o nível de consciência de professores e alunos acerca da realidade social com vista à transformação. A relação entre professores e alunos tangencia-se pela igualdade de saberes, pela horizontalidade, tendo como maior expoente Paulo Freire. Na tendência progressista libertária, almeja-se a autogestão. O professor é o orientador do processo ensino, aprendizagem e estimula-se a liberdade de ação discente; os

dos conteúdos ou histórico-crítica[67] que propuseram uma releitura crítica das noções de missão, vocação, técnica e afeição, associadas ao processo pedagógico. Assim, as concepções pedagógicas que balizaram o momento histórico educacional, naquele discurso, estavam longe de sugerir uma educação baseada na harmonia, tal como foi o objetivo de Maria Alice. A década de 1980, muito ao contrário, presenciou a abertura para a discussão e para a possibilidade de interlocução dialógica. Neste sentido, até mesmo a noção de afeição era criticada, dada a sua condição de instrumento repressivo, conforme aponta a reflexão de Bourdieu e Passeron (1982, p. 31):

> Por meio do uso dos diminutivos e dos qualificativos afetuosos, por meio do apelo insistente à compreensão afetiva, etc. encontra-se dotado desse instrumento de repressão sutil que constitui a retração de afeição, técnica pedagógica que não é menos arbitrária que os castigos corporais ou a repreensão infamante.

---

conteúdos não são uma exigência sistemática. Entre seus representantes estão C. Freinet e M. Arroyo; porém, Dermeval Saviani elaborou uma das sínteses mais conhecidas acerca dessas tendências, conhecidas como quatro "concepções": "o humanismo tradicional", pautado numa perspectiva essencialista do homem; o "humanismo moderno", focado na existência, na vida, na atividade; a concepção "analítica", sem definição específica, inicialmente positivista e, mais tarde, tecnicista, e a concepção "dialética", marcada por uma dimensão histórica (GADOTTI, 2000, p. 10). Dermeval Saviani periodicizou essas tendências: até 1930, houve o predomínio da tendência 'humanista' tradicional; de 1930 a 1945, o equilíbrio entre as tendências "humanista" tradicional e "humanista" moderna: de 1945 a 1960, o predomínio da tendência "humanista" moderna; de 1960 a 1968, a crise da tendência "humanista" moderna e a articulação da tendência tecnicista; a partir de 1968, o predomínio da tendência tecnicista e a concomitante emergência de críticas à pedagogia oficial e à política educacional e a perspectiva de implementação (SAVIANI, 1986).

[67] Parte da relação direta da experiência do aluno mediada com o saber sistematizado; o aluno participa e o professor media esses saberes. Projeta-se a interação entre saber e objeto, essa baseada nas estruturas cognitivas já estruturadas pelos alunos. Entre os representantes, estão Georges Snyders (1977, 1974a, 1974b), Dermeval Saviani (1983, 1986, 1991) e Libâneo (1993).

Constatamos, portanto, reedições e rendições a conceitos e concepções negados ao longo da década de 1980. Notamos, também, que isso se deu pela força que aquelas idéias, cultivadas por décadas, impunham-se diante da avalanche de teorias novas. Esse discurso ilustrou as ambigüidades vividas naqueles anos. Aconteceu, porém, que elas se tornaram ainda mais evidentes, quando do fim da ditadura militar.

Na década de 1980, a estrutura escolar alterou-se sob dois aspectos, especialmente: a direção esteve nas mãos de mulheres que tinham vasto conhecimento no campo docente, grande parte dele adquirido no próprio Instituto, e o currículo de formação de professores sofreu mudanças importantes. Começando por esta última, verificamos uma inflexão no que tangia à bibliografia. Liam-se, ainda, autores ditos tradicionais, como Romanda Gonçalves Pentagna (1964), Claudino Pilleti (1986) e Nelson Pilleti (1988), que, tendo composto os planos de curso dos professores na década de 1970, permaneceram como bibliografia básica para alguns procedimentos como: elaboração de planos de aula e de curso e cristalização de algumas posturas profissionais. As leituras fundamentais, porém, eram Moacir Gadotti (2000), Dermeval Saviani (1986), Paulo Freire (1987), Guiomar Namo de Mello (1982), Jamil Cury (1982), trazidos para dentro do Instituto pelos professores egressos do Centro de Educação da Universidade Federal do Pará (UFPA). A concomitância dessas duas matrizes – *a tradicional e a moderna* – provocou tensões que nunca foram convertidas em debate. De modo geral, cada professor abordava e defendia a postura que via como a mais apropriada, dentro da sala de aula. O resultado foi que alguns alunos nunca resolveram as eventuais contradições – nem naquele momento, nem depois –, de forma que a ambigüidade reinante nas salas de aula do Instituto se viu reproduzida nas salas de aula da educação básica. Dermeval Saviani (1986, p. 43) atentou para essa questão, ao abordar as dificuldades vividas pelos educadores, no Brasil, naquele momento, afirmando que,

> imbuído do ideário escolanovista (tendência "humanista" moderna), ele é obrigado a trabalhar em condições tradicionais (tendência "humanista" tradicional), ao mesmo tempo em que sofre, de um lado, a pressão da pedagogia oficial (tendência tecnicista) e de outro, a pressão das análises sócio-estruturais da educação (tendência "crítico-reprodutivista").

A prática do uso de apostilas se popularizou nesta década. Liam-se pouco os livros, sendo mais comum o uso de fotocópias de enxertos das obras, embora tenha havido resistência de uma parte de professores. As provas passaram das instruções programadas, que pretendiam verificar o aprendizado do conteúdo, para instrumentos que tinham como objetivo coletar a *opinião* do aluno, ou seja, eram provas mais *analíticas e reflexivas*. Seminários, retroprojetores e vídeos invadiram as salas de aula do Instituto, ainda que tenham encontrado resistência de alguns professores, os mais antigos da escola, que continuavam utilizando o quadro-de-giz, a despeito das controvérsias:

> Encontrávamos professores usando apenas a lousa, nenhum outro recurso didático. Nem recurso da tecnologia, porque já tínhamos o retro, já tínhamos o videocassete. Coisas que a gente poderia utilizar. Isso a escola dispunha, mas os professores não utilizavam.[68]

> Eram provas escritas, pediam textos enormes. Era muito difícil colar, porque cada prova era uma pergunta, você tinha que fazer o texto de acordo com o que você achava, então ficava difícil repassar isso para colegas do lado.[69]

A utilização de jornais – como recursos de formação – intensificou-se, sobretudo, nas disciplinas como Didática e na

---

[68] Entrevista de Ana Carolina: depoimento [2 jul. 2004].

[69] Entrevista de Magrita: depoimento [8 jul. 2004].

chamada Prática de Ensino. Ela objetivava a discussão de artigos que falavam de educação e da atualidade, segundo a lógica da época, e facilitava o intercâmbio grupal. Muito usuais, na época, eram as técnicas de grupos; de acordo com o raciocínio vigente, elas eram realizadas para favorecer uma interação em grupos e facilitar a comunicação entre professores e alunos.

> As atividades que eram feitas na classe, com os trabalhos de grupos; trabalhos com jornais eram considerados como parte da avaliação e eram somados com a prova escrita.[70]

> Eu usava muito o jornal, revistas educativas: o *Liberal*, *A Província do Pará*, a *Revista Escola*... Eram jornais que eu comprava no sábado e domingo e eu usava com eles durante a semana, proporcionando não só a possibilidade de o aluno ter acesso aquele tipo de leitura, mas motivá-los a essa leitura.[71]

> Usávamos os jornais como recurso, *Liberal*, *A Província* era mais usada e a exploração do jornal como recurso de ensino, que na disciplina Prática de Ensino seriam utilizados por ocasião das aulas práticas.[72]

> Eu trabalhava muito com textos. Eu trabalhava com determinados jornais, mais especificamente com algumas notícias. Eu usava a *Província do Pará* e a *Folha do Norte*.[73]

No que tangia à relação entre professores e alunos, ocorriam mudanças profundas: aboliram-se os pronomes de tratamento; o uso das escadas – os docentes pelo lado direito e os discentes pelo esquerdo – foi alterado; e os uniformes sofreram uma flexibilização, com a introdução do jeans. Em 1989, alterou-se a

---

[70] Entrevista de Giselle Cristiane: depoimento [2 jul. 2004].

[71] Entrevista de Ana Carolina: depoimento [2 jul. 2004].

[72] Entrevista de Malena: depoimento [5 jul. 2004].

[73] Entrevista de Regina Alice: depoimento [12 jul. 2004].

nomenclatura das turmas. De 1970 a 1988, as turmas seguiram o mesmo padrão de identificação. Já nesse ano, passaram a compor, junto com a série, a letra indicativa do turno e, em seguida, o número correspondente à sala.

Até a metade da década de 1980, vimos um profissional atado a matrizes educacionais da década anterior, apresentando alguns traços do pensamento pedagógico da década de 1980. Na segunda metade, não se constatou uma concepção muito clara de educação. Havia concepções que se esbarravam, fusionavam e chocavam. A definição de cada concepção se mostrou solitária e pouco partilhada entre o conjunto de professores da época. Assim, as concepções resultavam do trabalho quase individual dos professores que adotavam as suas próprias intuições e posições políticas, para viabilizar o seu plano de trabalho. O inusitado é que todos se apoiavam na premissa político-educacional vigente, baseada na autonomia da escola e do professor. Associado a isso, houve a entrada de alunos que não tinham o magistério como perspectiva profissional. Esses dois fatores propiciaram o redimensionamento da formação de professores oferecida pelo IEEP. A identidade continuava dúbia como a anterior – vigorosa até meados dos anos de 1960 –, a qual se pautava na idéia do professor erudito, detentor de uma autoridade – intelectual e institucional –, baseada no domínio dos instrumentos do ofício, em favor de uma identificação confusa, mal definida entre o tradicional e o moderno, reflexo da ambigüidade construída pelo convívio de postura que, por razões ideológicas, via a técnica e a condição política como excludentes, quando não eram.

O resultado foi uma discussão sociopolítico-cultural, sem muito aprofundamento, e a utilização camuflada dos velhos manuais de didática, sob uma nova expressão e com outra nomenclatura, sempre de acordo com os termos em evidência e na "moda". Fala-se da dificuldade de lidar pedagogicamente com essa fusão, ou seja, articular as limitações (no similar e no antagônico) e explorar as possibilidades de cada uma delas, sem *sacralizar* o novo e *execrar* o velho. Ocorreu, no entanto, um processo de mera justaposição e uma propaganda de mudança. Os preceitos antigos, mais conhecidos, mais enraizados, foram transmitidos de forma velada. Com relação a esse processo, podemos recorrer ao veredicto de Antonio Nóvoa (1998, p. 29), para quem a opção sedutora pela "moda" é a pior forma de encarar os dilemas educacionais, porque simplesmente traduz uma "fuga para frente".

A justaposição de concepções acabou por resultar em uma indecisão por parte do aluno em formação sobre o uso adequado das técnicas, diante do risco de execração pública, já que não se admitia claramente o seu uso, a partir de 1985. Esse receio culminou, de alguma maneira, na precária utilização daquelas técnicas. Mesmo assim, elas foram utilizadas. Essa escamoteada utilização, pois não era assumida, desencadeou a ambigüidade dessa identidade docente e uma fragilidade na sua formação.[74] Esse fenômeno esteve muito presente no final da década de 1980, momento de rupturas.

As alunas tiraram as saias e passaram a usar calças, abdicaram do tergal para usar o jeans, entraram na banda e misturaram-se aos alunos e professores na escada de acesso, etc. Outro fator de ordem menos visível internamente, porém não menos importante, diz respeito ao fato de que o curso de Magistério sofreu um inchaço e, no final dos anos de 1980, o contingente

---

[74] Antônio Joaquim Severino (2003, p. 75), ao falar da problemática formação de professores no contexto brasileiro, ressalta as precariedades das dimensões financeiras que comprometem a base de formação de professores desde a sua preparação até a construção de seu *ethos* profissional. Para o autor, a forma pela qual o profissional da educação se tem formado não discrepa de outros profissionais de outras áreas. O agravante, para ele, é que o profissional da educação lida com pessoas e com situações complexas e mutáveis; portanto, há um componente de subjetividade que tem sido negligenciado. Finalmente, faz uma crítica à inadequação da formação da habilitação para a educação básica, comparando a sua fragilidade ao antigo magistério ministrado no curso normal. Otília Maria Alves da Nóbrega Alberto Dantas (2003) aborda as reflexões de professores em pesquisa em uma instituição do Estado do Rio Grande do Norte, sobre o ofício, em sua pesquisa A *Pedagogia na visão dos formadores de professores*, a qual apresenta análises profícuas acerca do curso normal em nível superior.

formado não pôde mais ser absorvido pelo mercado de trabalho, já que parte significativa foi para outros setores, não propriamente escolarizados. Desse modo, a intenção de formar "bons professores primários", atualmente Educação Infantil e séries iniciais do Ensino Fundamental, como ensejou Camillo Henriques Salgado, em 1871, ou professores que produzissem conhecimento e que provocassem os seus alunos para tal, como sugeriram Paulo Freire (1987), Carlos Libâneo (1993), Dermeval Saviani (1986), Henry Giroux (1983), Guiomar Namo de Mello (1982)[75] e outros, talvez necessitasse mais do que novos projetos políticos, sociais e educacionais.

Seria imperioso interrogarmos: "Que professores/as formam professores/as?" Acreditamos que pessoas não se modificam com uma avalanche de teorias e idéias, não se "produzem" "bons profissionais" somente com volume de teorias, mas, antes de tudo, há de considerar as crenças e os valores desses profissionais. Pessoas não se desgarram das suas incorporações familiares e escolares e de formação tão facilmente. Por vezes, a compreensão do seu *habitus* primário mostra-se extremamente reveladora, porque este lhe confere disposições individualizadas que serão exteriorizadas, a despeito de qualquer teoria sofisticada. Essas construções se emolduram no conhecimento a ser transmitido e produzido com os seus alunos, visto que a realidade concreta é mais complexa do que a simples justaposição de teorias e métodos mirabolantes, muitos dos quais arrebataram seguidores atentos à última "moda" educacional.

---

[75] Autores utilizados na época como referência bibliográfica nos planos de disciplinas.

Capítulo 2

Educação & raça

A sociedade e as formas de integração social

1970 e 1980

> [A educação] ajuda a pensar tipos de homens. Mais do que isso, ela ajuda a criá-los, através de passar de uns para outros o saber que os constitui e legitima. Mais ainda, a educação participa do processo de produção de crenças e idéias, de qualificações e especialidades que envolvem as trocas de símbolos, bens e poderes que, em conjunto, constroem tipos de sociedades. E esta é a sua força.
>
> (*Carlos Rodrigues Brandão, 2004*)

Este capítulo trata de três discussões fundamentais para a compreensão do objeto investigado neste livro: o lugar da escola, como espaço de construção de valores; a compreensão formulada, pela mídia impressa, sobre os caminhos da educação no Estado; e, finalmente, a produção acadêmica especializada sobre a questão racial. No que tange à primeira discussão, ocuparemonos com o debate relativo à condição do espaço escolar, como veículo de reprodução ou transformação de valores e conceitos e, portanto, como instrumento de conservação ou de subversão social. No que concerne à segunda, trataremos da forma pela qual a Educação foi abordada pela imprensa paraense, nos vinte anos cobertos pela pesquisa. Refletir sobre o espaço dispensado à questão e sobre os conteúdos que lhe estavam relacionados nos permitirá compreender a importância atribuída ao universo educacional e, no que respeita ao objeto deste trabalho, à escola como um espaço de *enquadramento* da sociedade em um concerto mais ou menos democrático. Por fim, no que se refere à última questão, trataremos da produção bibliográfica relativa à problemática racial no Brasil, especialmente quando relacionada à questão educacional.

As três questões são importantes. Elas permitem compreender três contextos que permeiam o universo escolar – dos cursos de formação de professores, bem entendido – tratado por nós. Conhecer os caminhos percorridos pelo debate sobre a condição última da escola – se reprodutora ou transformadora – é essencial para que compreendamos a expectativa de desempenho dos professores formados pelo IEEP. Saber o que pensava a sociedade paraense – ou pelo menos aquela parte da sociedade que se fazia ouvir na imprensa – sobre a questão educacional nos indicará as expectativas formuladas por aquela sociedade para o papel e a função dos professores, na manutenção ou na transformação de algumas de suas instituições. Entender quais questões são relevantes e quais os percalços da discussão sobre a questão racial no Brasil nos permitirá compreender a forma pela qual a sociedade brasileira – da qual a paraense é parte constituinte – lida com as suas diferenças e, mais importante, como essa diferença – a de cor – é percebida no universo escolar.

A questão da reprodução e o seu inverso já foram exaustivamente tratados pela literatura, de forma que o que apresentaremos a seguir é uma discussão já conhecida. O mesmo não se pode dizer das demais. Tendo-se originado de uma pesquisa sobre fontes inéditas e ainda não trabalhadas pela literatura educacional, a análise das representações de parte da sociedade paraense apresenta algumas questões novas. Ater-nos-emos, no entanto, àquelas tidas como essenciais para o desenvolvimento deste trabalho, como a forma pela qual a questão educacional é apresentada à sociedade – como se verá, muito mais como um projeto a ser concretizado do que como política posta em prática. Com relação à questão racial, ainda que a produção bibliográfica sobre ela se tenha ampliado muitíssimo nas últimas décadas – especialmente nas áreas de História, Antropologia e Sociologia –, ela ainda é incipiente na área educacional. Assim, o que apresentaremos a seguir indica muito mais o estado da discussão atual, o que acaba por servir de referendo ao nosso argumento de que o negro não está na sala de aula.

2.1 - Reproduzir ou transformar, o que faz a Escola?

Durante o final dos anos de 1970 e por toda a década de 1980, houve reações acerca do quadro social e educacional que se apresentava. Em relação a ambos os aspectos, os processos de transição democrática foram determinantes para a discussão sobre o universo educacional. Os discursos sobre educação manifestavam perspectivas diversas sobre o lugar da escola, a de maior repercussão defendia a escola como um instrumento fundamental de (re)democratização do país. Deste modo, o discurso pedagógico produzido no Brasil, desde o fim da década de 1970 e durante toda a década seguinte, estará assinalado pela crise do modelo social, político e educacional implantado a partir de 1964 pelos governos autoritários, vistos como promotores da exclusão social, percebida já desde 1976 com o censo daquele ano.

Assim, de acordo com a crítica emergente nos anos de 1980, as décadas em que o Brasil esteve sob a égide da ditadura militar assistiram ao assalto que o universo educacional sofreu de parte das teorias do chamado capital humano e do tecnicismo. Ambas apontavam para a necessidade de um planejamento detalhado das atividades escolares, tanto no que tangia à administração escolar, quanto no que se relacionava aos procedimentos pedagógicos. Planejar e executar, em acordo com técnicas e modelos de *reconhecida eficiência*, satisfaziam ao anseio daquele aporte de formar agentes produtivos aptos a desempenhar funções no mundo do trabalho e a tornar-se úteis ao capital industrial.

Testes e medidas, de Leone Elizabeth Tyler (1966), foi uma das leituras que balizaram a aplicação desse aporte no campo das práticas pedagógicas. Nele, Tyler sugeriu mecanismos de avaliação do alunado, com vistas à verificação do quanto o aluno poderia reproduzir do conteúdo apreendido. Não havia qualquer preocupação com o desenvolvimento de um agente preparado para criticar o aprendizado proposto. Ao contrário, sua única preocupação era garantir que o aluno reproduzisse o conteúdo didático. Caso isto não ocorresse, isto é, se o aluno não reproduzisse satisfatoriamente o conteúdo cobrado, Tyler dispunha que a responsabilidade era do próprio aluno e, portanto, ele deveria permanecer naquele estágio até que conseguisse reproduzi-lo. A responsabilidade por qualquer eventual insucesso, portanto, estava nas mãos do aluno.

Essa perspectiva foi reproduzida nos cursos de formação de professores por meio das obras de Romanda Gonçalves Pentagna (1964)[76], ainda que de maneira sutil. É verdade que suas obras não eximiam o professor de qualquer responsabilidade, posto que enfatizavam a importância do preparo profissional e da aplicação correta dos procedimentos e/ou técnicas didáticas. O fato é que ambas as autoras deram vazão à emergência do que podemos chamar de *meritocracia* do ensino. A repetência era vista como resultado da incompetência do aluno, e só dele. O sucesso, portanto, deveria ser premiado, não apenas com a aprovação, mas com medalhas, diplomas e certidões.

Desde o final da década de 1970, num crescendo que alcançou seu ponto máximo na segunda metade da década seguinte, formularam-se críticas ao modelo tecnicista. Uma delas foi pensada por Pierre Bourdieu e Jean Claude Passeron (1982) e estendida para a realidade brasileira. Ela foi formulada em relação ao universo educacional francês e propunha uma outra forma de analisar a escola e o *lugar* ocupado pelos seus agentes na sua hierarquia. Segundo essa perspectiva, a escola contribuiria para a reprodução das estruturas sociais. Assim, diferenças sociais se veriam repetidas no universo escolar. Ao contrário do que pregava a lógica funcionalista de Leone Elizabeth Tyler e de Romanda Gonçalves Pentagna, a reflexão de Bourdieu permitia pensar que a responsabilidade pelo desempenho do aluno não

[76] A obra desta autora, publicada originalmente em 1964, foi desmembrada em três volumes, a partir da nona edição. O primeiro deles tinha como subtítulo "Introdução e fundamentação"; o segundo "Ciclo docente, técnicas didáticas, realçando Estudo Dirigido e Instrução Programada"; o terceiro, "Métodos de Ensino – Educação Pré-primária e Educação Especial".

lhe poderia ser imputada, indistinta e integralmente. Fatores socioeconômicos e heranças culturais seriam determinantes ao longo da trajetória estudantil.

As conclusões de Bourdieu apoiavam-se em extensa análise sobre as estatísticas educacionais da França, as quais apontavam que os alunos com melhores desempenhos eram os mesmos que possuíam as melhores condições socioeconômicas e maior bagagem cultural. Logo, para Bourdieu, a escola acabava por reproduzir e legitimar desigualdades sociais, quando se limitava a premiar o aluno que trazia da vida extramuros escolares as condições para o sucesso escolar. A escola, ainda na sua visão, alimentava o sistema simbólico que garantia aquelas diferenças, ao lado de outras instâncias como a mídia, o universo político e o religioso.

Bourdieu e Passeron viam, então, a escola como um campo de reprodução da cultura dominante, como o instrumento de imposição do arbítrio cultural de um grupo e/ou classe social para os demais. Neste sentido, sua ação pedagógica se constitui em passar adiante, como universais, valores que são próprios de um único grupo. No Brasil, Antônio Joaquim Severino foi um dos que refletiu sobre essa relação, de forma que, para ele,

> a ação pedagógica apresenta-se como uma forma de inculcação e produção dos conteúdos culturais legitimados pelo grupo hegemônico na sociedade. Esses conteúdos, portanto, arbitrariamente escolhidos, simbolicamente impostos, correspondem, de fato, aos interesses das classes dominantes, enraizados, portanto, nas relações de força material (SEVERINO, 1986, p. 48).

Esse debate fez com que a educação perdesse o recém-adquirido *status* de transformadora e democratizadora da sociedade, para ser vista como uma das principais instâncias sociais pelas quais se mantinham e se validavam os privilégios sociais.[77]

[77] Entre os que defendem as formulações de Bourdieu, expõem suas pertinências, embora não se isentem de apontar seus limites. Cf em Cláudio Marques Martins Nogueira e Maria Alice Nogueira (2002, p. 15-36).

Na perspectiva de Bourdieu, os alunos não seriam agentes abstratos que competiriam de forma igualitária no universo escolar, mas agentes socialmente constituídos e que respondem a repertórios culturais e sociais incorporados, cujos símbolos são mais ou menos absorvidos no mercado escolar. Daí por que o sucesso escolar não poderia ser justificado por dons ou meros desejos e/ou vontades individuais, mas sim por esse "capital cultural" herdado e aperfeiçoado a partir de todos os estímulos oferecidos pelos segmentos aos quais o agente está atrelado, e que pressupõem um repertório de conhecimentos e informações específicas próprias da chamada cultura legitimada pela sociedade. Esse "capital" está diretamente integrado à origem social do indivíduo, uma vez que o sistema escolar tende a valorizar a cultura dominante, pois

> um sistema de ensino como este só pode funcionar perfeitamente enquanto se limite a recrutar e a selecionar os educandos capazes de satisfazerem às exigências que lhes impõem, objetivamente, ou seja, enquanto se dirija a indivíduos dotados de capital cultural (e da aptidão para frutificar esse capital) que ele pressupõe e consagra, sem exigi-lo explicitamente e sem transmiti-lo metodicamente (BOURDIEU, 1998, p. 57).

De acordo com Bourdieu, "o sistema escolar contribui, então, para ratificar, sancionar, transformar em mérito escolar heranças culturais que passam pela família" (BOURDIEU, 2002b, p. 15). Assim, este autor rompeu com as explicações fundadas em aptidões naturais e individuais, ensejando de modo precursor a crítica do mito do "dom", no sentido de aptidões inatas. Para ele,

> o sucesso excepcional de alguns indivíduos que escapam ao destino coletivo dá uma aparência de legitimidade à seleção escolar, e dá crédito ao mito da escola libertadora junto àqueles próprios indivíduos que ela eliminou, fazendo crer que o sucesso é uma simples questão de trabalho e de dons (BOURDIEU, 1998, p. 59).

Estas discussões chegaram ao Brasil e foram debatidas no meio acadêmico. Bourdieu foi prontamente classificado como estruturalista ortodoxo. Ele mesmo, porém, considerou-se um estruturalista dinâmico, ao fazer revisões e reelaborações sofisticadas de seus vários conceitos. O estruturalismo predominava nos estudos críticos em educação nos anos de 1970 e no início da década de 1980, enfocando, principalmente, o estado de "cristalização" de interesses de classe e as escolas como "aparelhos ideológicos do Estado". Louis Althusser (1999, p. 253) foi um dos que defenderam que a reprodução das condições materiais seria acompanhada da reprodução das condições culturais e de produção de bens simbólicos e destacava o auxílio da escola na reprodução das relações sociais e tecnológicas da sociedade capitalista. Como já citado páginas atrás, Jean Claude Passeron se uniu a Bourdieu para compor uma obra controvertida, intitulada *A Reprodução*, na qual, como o próprio nome indica, ambos defendem a idéia de que a escola contribui para reproduzir as desigualdades sociais existentes na sociedade.[78] Os autores demonstraram como a estrutura de ensino, munida de uma certa autonomia, difundiria a cultura dominante, atuando como um instrumento de poder simbólico no cerne das relações sociais.

> "Com efeito [dizem eles], as leis do mercado em que se forma o valor econômico ou simbólico; isto é, valor enquanto capital cultural, dos arbitrários culturais [...] constituem um dos mecanismos, mais ou menos determinantes segundo os tipos de formações sociais, pelos quais se encontra assegurada a reprodução social, definida como reprodução da estrutura das relações de força entre as classes" (BOURDIEU; PASSERON, 1982, p. 25).

[78] John Thompson critica Bourdieu ao enfatizar que, talvez, seja problemático entendermos a reprodução social como enfatiza. Para Thompson, a estabilidade da sociedade industrializada de hoje, talvez, exija "uma vasta fragmentação da ordem social e uma proliferação de divisões entre seus membros". Para ele, é precisamente essa fragmentação que impede que as atitudes oposicionistas gerem "uma visão alternativa coerente, capaz de fornecer uma base para a ação política". Conferir em Howart Brotz (1975, p. 185).

Evidentemente, tal determinação da cultura dominante não se dá sem o recurso a subterfúgios. Ela não é imposta abertamente. Esse ocultamento "é feito pela própria educação, que funciona como uma ideologia pedagógica" (Idem, idem). De todo modo, ele garantiria a perpetuação da estrutura sociocultural, pois os próprios indivíduos tenderiam a atualizá-la ao agirem de acordo com as disposições a partir das quais foram socializados. Daí a negação, presente nas reflexões de Bourdieu, às teses que afiançam a autonomia total do sujeito. Nelas, ele advoga que cada indivíduo traz consigo um "capital cultural" herdado que responde por suas ações.

As teses de Bourdieu – compartilhadas com Passeron ou não – suscitaram inúmeras críticas. Uma delas foi a elaborada por Henry Giroux (1983). Suas considerações negavam a condição de instituição reprodutora, atribuída à escola. Para ele, a escola também produzia. Em função desse posicionamento, elaborou uma reflexão que assumia as possibilidades do ensino e da aprendizagem como instrumentos de emancipação do homem (GIROUX, 1993, p. 41-69).[79] Outra, formulada por Annick Percheron (1981), sublinhava que a trajetória do grupo familiar, o nível educacional de cada indivíduo, o ambiente em que se vive – se rural ou urbano –, a postura familiar – se mais ou menos conservadora, se religiosa ou não – e as múltiplas variações desses aspectos contavam tanto quanto a questão de classe na atuação social dos agentes e na forma como apreendia o que lhes era apresentado. Bernard Lahire (1999, 2002) e Bernard Charlot (2000, 2003), em obras individuais, ressaltavam a importância que deveria ser dada à família, para que se pudesse entender o modo pelo qual se dava a transmissão de "capital cultural".

---

[79] Reflexão similar pode ser encontrada na produção de Edgar Morin. Para ele, somos resultado de um processo, do qual participamos, de forma que somos produzidos e produtores. Ressalte-se, todavia, que, para MORIN, a autonomia do sujeito está limitada pela linguagem, pela cultura e pelas condições físicas (1990).

Cláudio Marques Martino Nogueira e Maria Alice Nogueira (2002), apesar de destacarem a importância da reflexão de Bourdieu, denunciam um relativo hermetismo de sua obra e de seus conceitos, especialmente o de *habitus*. Mais recentemente, Maria Cristina da Silva Galvão (2003) voltou à obra de Bourdieu, redimensionando o lugar da determinação social sobre os agentes. Suas reflexões, no entanto, não alteram o argumento central de Bourdieu, relativo à existência das determinações e ao lugar da escola como campo de reprodução.

Muitas das críticas elaboradas com relação às teses de Bourdieu acabavam por volver aos argumentos que criticavam. De todo modo, a discussão que suas considerações alimentaram foi a tônica da década de 1980, ainda que se tenha iniciado nos finais do decênio anterior: "Que professor queria a sociedade brasileira?"; "Que formação ele deveria ter?"; Quais características a sua formação deveria incutir?"... Eis alguns dos pontos abordados. Parte significativa dessas discussões ocorreu nos encontros e seminários nacionais de educação, que congregavam profissionais da área. Esses fóruns testemunhavam a retomada do pensamento crítico, no âmbito do processo de Abertura Política, iniciado no governo Ernesto Geisel. Em 1978, segundo Jaime Francisco Parreira Cordeiro (2002, p. 77), houve a criação da Associação Nacional de Pós-Graduação e Pesquisa em Educação.

A emergência de fóruns de debate foi importantíssima, porque, até aquele momento, as discussões referentes aos caminhos do sistema educacional no Brasil estavam limitadas aos muros universitários, inicialmente nos cursos de Pedagogia e, depois, nos de Licenciatura. As decisões governamentais sobre os rumos que o sistema educacional deveria tomar passavam ao largo da comunidade acadêmica, de forma que os fóruns serviram de base para proposições que pretendiam romper tal modelo. E a urgência para fazê-lo era dramática.

O quadro educacional do país era catastrófico. Em 1970, os analfabetos eram 30 milhões, 718 mil e 597 pessoas. Dez anos depois, eles contavam com o absurdo número de 22 milhões, 393 mil e 295 pessoas.[80] A visão dos indicadores que levavam em consideração a questão racial tornava o problema ainda mais grave e evidenciava um dos entraves do desenvolvimento social no Brasil. Enquanto que a taxa de analfabetismo entre a população denominada branca atingia 18%, ela ultrapassava os 36%, quando referida à população *não branca*. O contrário ocorria, portanto, com relação aos percentuais de conclusão do ensino de 1º Grau: mais de 29% da população branca o fizeram, enquanto que menos de 14% da população negra e parda o concluíram.

Tão grave quanto as estruturas que permitiam este quadro, foi o desmantelamento da educação pública. O aumento da escolarização acabou por coincidir com a depauperação da escola pública, tornando ainda mais distantes as diferenças entre as classes. Conforme apontou Thomas E. Skidmore (1998, p. 281),

> crianças nas escolas brasileiras repetiam as séries elementares numa proporção mais alta do que em qualquer outro país. A classe média, com mais recursos, reagia mandando seus filhos para escolas particulares, o que aumentava a segregação educacional por classe social e solapava o senso coeso de cidadania ao qual o sistema de escolas públicas era dedicado.

O quadro de evasão presente na educação pública e a conseqüente manutenção das diferenças de classe e de raça[81], por meio do ensino, deram azo a discussões fundadas nas teorias que viam a escola como um espaço de reprodução social – das

---

[80] IBGE. Pesquisa Nacional por Amostra de Domicílios (PNAD) 1976.

[81] Destacamos alguns autores cujos trabalhos floresceram nas décadas de 1970 e 1980, relativos às diferenças na mobilidade social entre o segmento negro e o branco, envolvendo aspectos sociais e educacionais: Collete Guillaumin (1972), João Pereira Leite (1975), Florestan Fernandes (1965), Kabengele Munanga (1986), Elza Salvatori Berquó. et al (1986), Fúlvia Rosemberg (1987), Moema de Poli T. Pacheco (1987), Gérman W. Rama (1989) e Lia Rosemberg (1989).

mazelas, no que tangia à educação pública, e das *benesses*, no concernente à educação privada. É verdade que muito desse debate, como apontou Jaime Francisco Pereira Cordeiro (2002, p. 12-37), teve um "tom demasiadamente genérico e de denúncia, sem conseguir caminhos alternativos". No entanto, algumas posições foram estabelecidas: defesa da extinção das licenciaturas curtas e parceladas; condenação à dicotomia que separava a teoria da prática pedagógica; denúncia da falta de integração nos cursos de licenciatura no ensino superior; e, por fim, o distanciamento havido entre a discussão acadêmica e os problemas do sistema de ensino.

O lugar da escola, como espaço da reprodução ou da transformação das estruturas sociais, permaneceu, no entanto, em aberto. Aqui, mais uma vez, aquela ambigüidade que notamos no capítulo anterior se fez presente. Como veremos, adiante, o discurso da transformação – a pedagogia que se pretendia motor da mudança social – acabou por recorrer a procedimentos que acabavam por reproduzir as exclusões, especialmente as raciais. A movimentação por mudanças tornou-se, em muitos casos, um recurso retórico sem qualquer respaldo em práticas que efetivassem uma modificação de comportamentos por parte da comunidade escolar – alunos, pais, professores e *técnicos*.

2.2 - A sociedade paraense e a educação

Nas linhas que se seguem, nos ateremo-nos à análise das representações que um segmento da sociedade paraense formulou sobre a educação, ou seja, sua função, sua importância e seus caminhos. Assim, nós nos balizaremos em dois conceitos fundamentais nesse empreendimento: o de Representação, conforme a reflexão de Roger Chartier (1990, 1991) – a qual já foi apresentada no capítulo anterior – e o de Poder Simbólico, conforme a formulação de Pierre Bourdieu (2000). Sobre este último conceito, Bourdieu considera que o poder se exerce por meio de instrumentos mais sutis que a violência e/ou coerção física. As formulações simbólicas – os parâmetros morais, as concepções de hierarquia, as crenças religiosas etc. – teriam tanto poder de coerção, quanto os instrumentos legais ou econômicos que garantiam a reprodução das estruturas sociais. Para ele, também, o poder é uma instância da qual participa toda a sociedade e só se mantém com a concordância de todos, ainda que em graus diferentes.

As contribuições de Chartier e Bourdieu nos permitem conceber a imprensa como um campo de veiculação da cultura dominante – de que fala Bourdieu –, a qual exerce aquele poder simbólico, à medida que referenda concepções de como a sociedade deve agir e reagir diante o devir. Da mesma forma, ela veicularia representações que corresponderiam aos interesses dos grupos dominantes, conforme o desdobramento possível do conceito de Chartier.

Em relação às questões subjacentes aos dois conceitos, as reflexões de M. Wolf (1995) e Perseu Abramo (2003) sobre a imprensa são elucidativas. Segundo o primeiro, a manipulação seria um recurso freqüente dos órgãos de imprensa, com vistas a fazer parecer como coletiva uma representação que é sua (WOLF, 1995). O segundo deslinda as formas pelas quais a manipulação é exercida. A primeira dessas formas é a *ocultação*, na qual se dá a classificação do ocorrido como fato jornalístico ou não. A decisão pode subtrair ou não do leitor o conhecimento de fatos, muitas vezes importantes para a construção de uma visão circunstanciada sobre o todo social. A segunda é a fragmentação, em que um fato é divulgado parcialmente, deixando-se de lado tudo o que não for considerado relevante. A compreensão possível, então, é a oferecida pelo órgão de imprensa e não a construída pelo leitor, por meio do conhecimento de todos os dados. A terceira é a inversão, quando o fato, depois de fragmentado, é narrado conforme a ordenação proposta pelo veículo de informação e não, necessariamente, na ordem ocorrida. A intenção, nesse caso, seria tornar o texto jornalístico mais interessante do que o fato, uma vez que as inversões cumpririam um capricho estilístico e não uma exigência da verdade. A quarta e última forma é uma segunda inversão, ainda mais dramática que a anterior, não mais a inversão da ordem dos fatos, mas a inversão que privilegia a versão em detrimento do fato. Assim, a versão divulgada pela imprensa teria maior importância que o fato ocorrido. Essa última forma privilegia o recurso a fontes *oficiais*, como forma de avalizar as versões veiculadas.

As considerações de Perseu Abramo são concordantes com as de Luis Mauro de Sá Martino, para quem a imprensa só pode ser considerada um espelho da realidade se for "mágico" e refletir a realidade de acordo com as distorções, fragmentações e interesses que impõe (MARTINO, 2003, p. 60-61). Ambas discordam, todavia, das de Iradj Roberto Eghari, para quem a imprensa não inventa, distorce ou deforma o fato jornalístico (EGHARI, 2002, p. 156). Nós, evidentemente, não seguiremos a indicação de Eghari. Os duzentos e quarenta e cinco artigos analisados, nos dois maiores jornais em circulação no Estado do Pará, ao longo das décadas de 1970 e 1980 – *O Liberal* e a *Província do Pará* –, foram considerados como versões construídas sobre a realidade vivida. Nesse sentido, eles foram pensados como detentores de representações interessadas nessa mesma realidade, formuladas em um contexto de disputa social, no qual a informação e as representações nela incutidas constituem instrumento de poder.

Por fim, cabe ressaltar a motivação que nos levou a encetar essa análise. A pesquisa realizada com os alunos e professores do IEEP deixou claro que os jornais foram largamente utilizados como recursos didáticos, como já vimos. Os alunos elaboravam trabalhos, painéis e seminários sobre temas recolhidos da imprensa. Diante disso, pareceu-nos relevante perceber a visão veiculada na imprensa sobre a educação, não somente pelo que ela apontava sobre o pensamento social dominante, acerca da escola e da formação de professores, mas pelo que as representações existentes poderiam contribuir para a formação de uma identidade do professor e do universo ao qual ele estava relacionado.

A década de 1970 surgiu sob o signo do então chamado *milagre brasileiro*. O país do samba, do futebol tricampeão do mundo, "abençoado por Deus e bonito por natureza", iniciara a década assistindo – numa passividade imposta – ao discurso oficial do desenvolvimento. No campo da educação, esse discurso se concretizou na denominação governamental de que os anos de 1970 seriam a "década da educação".

No Pará, ela começou com a sensibilização da sociedade para um dos graves problemas sociais de então: o analfabetismo. Ainda em 1970, a coordenadora do Movimento Brasileiro de Alfabetização (MOBRAL[82]) no Estado, Maria Amélia Cor-

[82] Movimento Brasileiro de Alfabetização. Criado pela Lei nº 5.379 de 15/12/1967. No entanto somente começou a funcionar em 1970, "com vista a erradicar o analfabetismo de jovens e adultos. Tal movimento foi lançado com grande alarde, pois visava atingir um grande contingente, e esta era uma forma de buscar legitimação" (GERMANO, 2005, p. 163). As formulações do autor coadunam com os dados oficiais, os quais anunciam a sua finalidade que era a de "conduzir a pessoa humana a adquirir técnicas de leitura, escrita e cálculo como meio de integrá-la a sua comunidade, permitindo melhores condições de vida". A ênfase consistiria em uma mera instrução educacional. Assim, deixando subjacentes seus objetivos: bastava saber ler, escrever e contar, desconsiderado qualquer referência às questões políticas, econômicas e sociais inerentes a qualquer condição de aprendizagem. Nem coadunaria essa reflexão, dado ao momento histórico em que foi implantado – em pleno regime militar –, uma vez que poria em risco seus objetivos. Entre seus objetivos, estavam: *desenvolver nos alunos as habilidades de leitura, escrita e contagem; desenvolver um vocábulo que permita o enriquecimento de seus alunos; desenvolver o raciocínio, visando facilitar a resolução de seus problemas e os de sua comunidade; formar hábitos e atitudes positivas, em relação ao trabalho; desenvolver a criatividade, a fim de melhorar as condições de vida, aproveitando os recursos disponíveis; levar os alunos: a conhecerem seus direitos e deveres e as melhores formas de participação comunitária; a se empenharem na conservação da saúde e melhoria das condições de higiene pessoal, familiar e da comunidade* (CORRÊA 1979; [1973?]). De inspiração na metodologia de Paulo Freire – inclusive na utilização do tema gerador –, porém em Paulo Freire os temas geradores deveriam emergir das experiências do alfabetizando e enquanto que no MOBRAL já vinham prontas a partir dos referenciais daqueles que gestavam o projeto. Estes, evidentemente, em consonância com o projeto do Estado militar no qual fora implementado. A diferença, portanto, estava na sua base ideológica; enquanto Paulo Freire intentava uma educação para a transformação, o procedimento metodológico do MOBRAL visava à acomodação, com vista à reprodução dos modelos educacionais e econômicos vigentes.

deiro, afirmava na imprensa: "O analfabetismo não é responsabilidade de um só. Todos são responsáveis, principalmente daqueles que tiveram a oportunidade de ir à escola".[83] Assim, a educação, direito de todos e obrigação do Estado, tornava-se *benesse* a que alguns tiveram acesso, sendo, portanto, um compromisso moral, de todos, dividir os benefícios da alfabetização. A década do Milagre se iniciava, portanto, impondo uma missão à sociedade: educar.

Alfabetizar tornou-se, então, o mote dos discursos do governo. Ao longo de todo o decênio, os representantes da burocracia do Estado foram a público alardear o decréscimo na taxa de analfabetos.[84] No entanto, uma leitura atenta dos jornais deixava entrever que o discurso governamental não confundia a expansão da alfabetização com a expansão do ensino regular. A *democratização* proposta pela Lei nº 5.692/71 encontrava diversos problemas para se concretizar. Logo no início da década, faltavam vagas nas escolas, especialmente para a quinta série do

---

[83] LIONS ouve sobre MOBRAL e alfabetização. *A Província do Pará*, Belém, 14 nov. 1976, Caderno 1, p. 7.

[84] ALACID diz a Calmon que taxa de analfabetismo nas crianças caiu para apenas 9%. *A Província do Pará*, Belém, 19 maio 1970, Caderno 1, p. 8; MOBRAL começa a alfabetizar 160 em três bairros. *A Província do Pará*, Belém, 5 nov. 1970, Caderno 1, p. 8; DE PRIMEIRAS letras, muito especial. *A Província do Pará*, Belém, 5 nov. 1970, Caderno 1, p. 1; 700 estão na alfabetização. *A Província do Pará*, Belém, 13 nov. 1970, Caderno 1, p. 5; MENDONÇA, Carlos. A grande cruzada do Mobral. *A Província do Pará*, Belém, 20 nov. 1970, Caderno 1, p. 4; INSCRIÇÕES em colégios do estado abertas de 11 a 15. *A Província do Pará*, Belém, 5 jan. 1971, Caderno 1, p. 5; MOBRAL com 1,3 milhão de alunos. *A Província do Pará*, Belém, 7 jan. 1971, Caderno 1, p. 5; EM Barcarena MOBRAL entrega diploma a 132. *A Província do Pará*, Belém,4 jan. 1972, Caderno 1, p. 8; ESCOLA no Jurunas para 300 alunos. *A Província do Pará*, Belém, 9 jan. 1973, Caderno 1, p. 2; MOBRAL para o Amapá, Maranhão, Piauí e o Pará em coordenação. *A Província do Pará*, Belém, 24 jan. 1973, Caderno 1, p. 6; A SEMANA da Educação teve início com filme: MOBRAL. *O Liberal*, Belém, 23 abr. 1975, Caderno 1, p. 8; QUATRO municípios do interior firmam convênio com o Mobral. *A Província do Pará*, Belém, 8 jan. 1976 MOBRAL entregou diplomas a 1.181 concluintes. *A Província do Pará*, Belém, 31 jan. 1976, Caderno 1, p. 2; MOBRAL festeja 15 anos de fundação. *O Liberal*, Belém, 9 set. 1979, Caderno 3, p. 2.

1º Grau – equivalente, então, ao primeiro ano do Ginasial.[85] Mesmo a aquisição de vagas pelo poder público na rede privada de ensino[86] – vista como uma solução possível àquele momento – não resolveu o problema. Os concursos de admissão para as escolas não atingiam um terço dos candidatos.

O resultado foi que a *democratização* propalada como uma conquista da década da educação atingiu a poucos. E os jornais estampavam as notícias que davam conta do insucesso das medidas. A classe média se voltava para a rede privada de ensino – especialmente a de caráter confessional, a qual admitira a educação mista (a qual compreende não apenas a coexistência dos gêneros, no ambiente escolar, mas, também, o abandono de um aporte pedagógico distinto, para meninos e meninas) em 1973.[87] As provas para o ingresso no 2º Grau deixavam de fora cerca de 35% dos candidatos.[88]

A despeito das notícias sobre a falta de vagas, o discurso privilegiado pelos jornais era o do esforço governamental para dar cobro à situação. Várias notícias davam conta das políticas

---

85 ADMISSÃO não precisa mais de atestado. *A Província do Pará*, Belém, 30 jan. 1970, Caderno 1, p. 5; FILAS para a admissão. *A Província do Pará*, Belém, 20 nov. 1970, Caderno 1, p. 5; 2000 garotos lutam pelas 500 vagas no "Alfredo Chaves". *A Província do Pará*, Belém, 21 nov. 1970, Caderno 1, p. 5; INSCRIÇÕES em colégios do estado abertas de 11 a 15. *A Província do Pará*, Belém, 5 jan. 1971, Caderno 1, p. 5; FILHOS de funcionários estão isentes de teste. *O Liberal*, Belém, 10 jan. 1972, Caderno 1, p. 4; ADMISSÃO abre inscrição com menos 4 mil vagas. *A Província do Pará*, Belém, 12 jan. 1972, Caderno 2, p. 1; ADMISSÃO abriu com quase três mil vagas. *O Liberal*, Belém, 18 jan. 1972, Caderno 1, p. 1; MAIS de 15 mil jovens disputam amanhã o Admissão. *O Liberal*, Belém, 30 jan. 1972, Caderno 1, p. 1; SEDUC concluiu estudos sobre admissão. *A Província do Pará*, Belém, 4 jan. 1973, Caderno 1, p. 8; MOBRAL festeja 15 anos de fundação. *O Liberal*, Belém, 9 nov. 1979, Caderno 1, p. 2.

86 MEC utiliza vagas excedentes. *A Província do Pará*, Belém, 19 maio 1970, Caderno 1, p. 8.

87 MENINA já entra em colégio de padre. *A Província do Pará*, Belém, 14 e 15 jan. 1973, Caderno 1, p. 5; GENTIL abre matrículas e organiza sua banda. *A Província do Pará*, Belém, 22 jan. 1973, Caderno 1, p. 4.

88 NEM todos conseguirão vagas nos estabelecimentos do governo. *A Província do Pará*, Belém, 12 jan. 1977, Caderno 1, p. 7; 11 MIL concluintes de 1º grau fora da rede estadual. *A Província do Pará*, Belém, 23 jan. 1977, Caderno 1, p. 7.

para a reforma das escolas existentes e a construção de novas. Atentavam, também, para as medidas com vistas à contratação de professores.[89] Assim fazendo, a imprensa engendrava um quadro positivo da situação, pois a falta de vagas, escolas e professores acabava por ser apresentada como a situação a ser resolvida com a reforma e construção de escolas e com a contratação de professores. Os problemas subjacentes à política educacional de expansão da rede de ensino tornavam-se, nessa perspectiva, secundários e a representação da década e do Milagre acabava por cumprir o seu papel. É verdade, também, que a situação política – a repressão – teve relevante papel nesse contexto.

Os problemas que se apresentavam ante a política educacional implementada ganhavam menor espaço que as medidas governamentais. Assim, a evasão e a repetência escolar eram tratadas rápida e ligeiramente,[90] enquanto que as iniciativas oficiais ganhavam amplo destaque. Isto ocorreu, por exemplo, em relação a: medidas para contratação de pessoal para o ensino primário; concessão de aumento salarial; implementação de licenciaturas polivalentes; e recrutamento de estudantes dos cursos de licenciatura para atuação na rede de ensino de 1º e 2º Graus.[91]

---

[89] CONCURSO para preencher inúmeras vagas no quadro de professores do estado. *A Província do Pará*, Belém, 6 jan. 1971, Caderno 1, p. 5; PROFESSOR primário tem 400 vagas e o concurso abre hoje. *A Província do Pará*, Belém, 22 jan. 1971, Caderno 1, p. 8; 1.200 QUEREM as 340 vagas de professor. *A Província do Pará*, Belém, 26 jan. 1973, Caderno 1, p. 6.

[90] SEDUC procurando sanar o problema da falta de aulas. *O Liberal*, Belém, 9 abr. 1975, Caderno 1, p. 7; MATRÍCULA em escola do estado não deverá pagar taxa alguma. *A Província do Pará*, Belém, 20 jan. 1976, Caderno 1, p. 3; 140 MIL alunos nas escolas de primeiro grau. *A Província do Pará*, Belém, 12 jan. 1977, Caderno 1, p. 7; VICENTE sugere critério novo para os candidatos ao 2º Grau. *A Província do Pará*, Belém, 23 jan. 1977, Caderno 1, p. 5.

[91] SEDUC realiza cursos para diretores do interior e professores primários. *O Liberal*, Belém, 17 jan. 1970, Caderno 1, p. 5; COMEÇA no 16 o curso de orientação metodológica. *O Liberal*, Belém, 15 jan. 1970, Caderno 1, p. 5; CLASSIFICAÇÃO de professores para o ensino médio. *A Província do Pará*, Belém, 20 nov. 1970, Caderno 1, p. 5; HABILITAÇÃO para o 2º Ciclo do ensino médio. *A Província do Pará*, Belém, 21 nov. 1970, Caderno 1, p. 7; UFPA cria

Desde o início da década, no entanto, essa postura da imprensa podia ser entrevista. A cobertura do I Encontro de Educadores da Amazônia, que contou com a participação de mais de novecentos professores, divulgou maciçamente as realizações do governo, em detrimento da publicação das discussões do encontro.[92] De maneira geral, aliás, a tônica das matérias relacionadas à questão educacional, ao longo do decênio de 1970, foi o esclarecimento sobre os benefícios trazidos pela reforma educacional de 1971 e a sua implementação.

Assim, boa parte do que foi publicado buscava esclarecer a comunidade escolar – professores, principalmente – sobre aspectos pontuais da reforma. Na maioria das vezes, todavia, a imprensa veiculava mensagens positivas sobre a lei que a implementou: a 5.691/71. A ênfase nos discursos de técnicos e gestores educacionais, membros da máquina burocrática governamental, tornava uniforme o conjunto de mensagens e de avaliações feitas

---

cursos de extensão sobre "Língua Portuguesa e Comunicação" para este ano. *A Província do Pará*, Belém, 8 jan. 1971, Caderno 1, p. 5; TÉCNICAS pedagógicas de dinâmicas de grupo atraiu 200 estudantes e mestres. *A Província do Pará*, Belém, 8 jan. 1971, Caderno 1, p. 5; SEDUC treina e aperfeiçoa seus professores. *A Província do Pará*, Belém, 12 jan. 1971, Caderno 1, p. 1; OITENTA mil professores farão curso de formação pela televisão. *O Liberal*, Belém, 14 jan. 1971, Caderno 1, p. 6; PROFESSORAS. *O Liberal*, Belém, 1º jan. 1972, Caderno 1, p. 3; CURSOS para professores não titulados em Santarém. *O Liberal*, Belém, 12 jan. 1972, Caderno 1, p. 1; ENSINO primário para os municípios só em longo prazo. *A Província do Pará*, Belém, 23 jan. 1973, Caderno 1, p. 6; APERFEIÇOAMENTO em educação tem curso a 15 de fevereiro. *A Província do Pará*, Belém, 31 jan. 1974, Caderno 1, p. 9; SECRETARIA de Educação tem para 1976 uma série de modificações. *A Província do Pará*, Belém, 18 jan. 1976, Caderno 1, p. 9; SEDUC faz treinamento visando a melhoria do ensino no interior. *A Província do Pará*, Belém, 7 jan. 1977, Caderno 1, p. 8; SEDUC recebe pedido para autorização. *A Província do Pará*, Belém, 27 jan. 1977, Caderno 1, p. 8; GRATIFICAÇÃO será idêntica para diretores de escolas de 1º Grau. *A Província do Pará*, Belém, 27 jan. 1977, Caderno 1, p. 8.

[92] ENCONTRO de Educadores. *A Província do Pará*, Belém, 14 mar. 1970, Caderno 1, p. 4; SOLUÇÕES racionais para a educação. *A Província do Pará*, Belém, 16 mar. 1970, Caderno 1, p. 4; INSCRIÇÕES para participantes de encontro de educadores da Amazônia se encerram hoje. *A Província do Pará*, Belém, 6 maio 1970, Caderno 1, p. 5; ENCONTRO de educadores vai começar dia

com relação à reforma.[93] A modificação da estrutura educacional – a implementação de dois graus de ensino, um deles profissionalizante – acabou por ser apresentada, então, como uma *benesse* do Estado para com a sociedade. O fato de aquela reestruturação não ter surgido de uma demanda social, de ela ter sido resultado da vontade de um grupo restrito, porém dominante, e imposta à sociedade, por meio da estrutura administrativa das Secretarias de Educação em todo o país, não foi objeto de discussão na imprensa, ao longo de toda a década.

Ainda que as notícias dessem conta de que a reforma não resolvera a questão do acesso ao ensino superior, elas não foram apresentadas como parte de um problema.[94] Em nenhum momento, no correr daqueles anos, a imprensa abordou o fato de que a *democratização* prevista acabou por significar, simplesmente, o

---

16. A *Província do Pará*, Belém, 7 maio 1970, Caderno 1, p. 5; REITOR prestigia o I encontro de educadores da Amazônia. A *Província do Pará*, Belém, 11 mar. 1970, Caderno 1, p. 5; CAVALCANTE, J. Devemos instruir os presidiários. A *Província do Pará*, Belém, 18 maio 1970, Caderno 1, p. 4; 900 participando do encontro de educadores. A *Província do Pará*, Belém, 18 maio 1970, Caderno 1, p. 10; AS OPINIÕES sobre o encontro. A *Província do Pará*, Belém, 19 maio 1970, Caderno 1, p. 8; CALMON desperta a consciência nacional para o futuro. A *Província do Pará*, Belém, 19 maio 1970, Caderno 1, p. 10.

[93] MAIS escolas e a reforma. A *Província do Pará*, Belém, 2 nov. 1971, 1 Caderno, p. 1; SEMINÁRIO vai mostrar como será a reforma do ensino. *O Liberal*, Belém, 12 jan. 1972, 1 Caderno, p. 6; REFORMA do ginásio para este ano. A *Província do Pará*, Belém, 14 jan. 1972, Caderno 1, p. 8; PROFESSORES discutirão hoje a lei de diretrizes e bases. *O Liberal*, Belém, 14 jan. 1972, Caderno 1, p. 5; DIRETOR do MEC diz que reforma é um desafio. *O Liberal*, Belém, 23 jan. 1972, Caderno 1, p. 2; REFORMA completa vai mudar todo o sistema educacional do Pará. A *Província do Pará*, Belém, 19 mar. 1972, 1 Caderno, p. 8; LEI estadual dá mais força à SEDUC/73. *O Liberal*, Belém, 8 jan. 1973, Caderno 1, p. 5; PROFESSORAS chegam para fazer curso. *O Liberal*, Belém, 17 jan. 1974, Caderno 1, p. 2.

[94] QUANTO vale na guerra de amanhã? A *Província do Pará*, Belém, 6 jan. 1973, Caderno 1, p. 7; AS FILAS das matrículas no 2º grau. A *Província do Pará*, Belém, 19 jan. 1973, Caderno 1, p 10; MEC anula vestibular. *O Liberal*, Belém, 13 jan. 1974, Caderno 1, p. 5; 1989 CLASSIFICADOS: ainda há 86 vagas no último dia de uma longa espera. *O Liberal*, Belém, 19 jan. 1973, Caderno 1, p. 3; 300 FICARÃO sem escola em Marabá. A *Província do Pará*, Belém, 23 jan. 1977, Caderno 1, p. 5.

aumento do número de vagas e o decréscimo dos indicadores de qualidade, razão pela qual o acesso à universidade permanecia, quase, um privilégio de classe.

O IEEP foi objeto do interesse da imprensa naqueles dez anos e até meados da década, sempre de maneira positiva, especialmente como uma instituição que contribuía sobremaneira para o desenvolvimento do Estado, com a formação de professores em nível médio e a conseqüente ampliação da alfabetização.[95] Aquela instituição, nos primeiros anos de implementação da reforma do ensino, teve a sua imagem associada ao esforço de expansão da rede pública de ensino: ele fazia parte do Milagre.

Assim, feitas as contas, as referências à questão educacional na imprensa, no correr daquela década, davam vazão a uma representação positiva sobre os rumos que a política educacional havia tomado. Naqueles anos em que o governo exercia um controle férreo sobre os meios de comunicação, a representação correspondia aos interesses dos setores dominantes comprometidos com o regime. Os problemas inerentes a uma reforma decidida sem a participação da sociedade, e cujos desdobramentos não puderam, eventualmente, ser apontados, discutidos, fizeram sentir-se na década seguinte. A inflexão na forma como a questão educacional é vista é elucidativa sobre este aspecto.

---

[95] INAUGURAÇÃO do novo IEP será a 30 de janeiro, com lotação para 1500 alunos. A *Província do Pará*, Belém, 20 jan. 1970, Caderno 1, p. 5; ADMISSÃO abre inscrições com menos de 4 mil vagas. A *Província do Pará,* Belém, 12 jan. 1971, Caderno 2, p. 1; IEP faz promoções para comemorar aniversário. A *Província do Pará*, Belém, 16 jan. 1971, Caderno 1, p. 6; FRANCO, Nilo. Os cem anos do I.E.P. A *Província do Pará*, Belém, 5 abr. 1971, Caderno 1, p. 4; CURSO formará professoras de deficientes. A *Província do Pará*, Belém, 5 abr. 1971, Caderno 1, p. 5; MEDALHAS para ex-alunos e personalidades do IEP. A *Província do Pará*, Belém, 12 abr. 1971, Caderno 1, p. 6; DA ESCOLA Normal ao IEP centenário. A *Província do Pará*, Belém, 13 abr. 1971, Caderno 1, p. 8; CENTENÁRIO do IEP em noite de muita alegria e saudade. A *Província do Pará*, Belém, 14 abr. 1971, Caderno 1, p. 8; I.E.P. vai formar professores no interior. A *Província do Pará*, Belém, 20 jan. 1974, Caderno 1, p. 12; CENTRO de formação de mestres nos municípios. A *Província do Pará*, Belém, 12 jun. 1974, Caderno 1, p. 12;

A década de 1980, na verdade, começou em 1974. A Abertura – lenta, gradual e irrestrita – iniciada naquele ano marcou os dez anos seguintes. A década viveu o processo de redemocratização do país, o qual foi caracterizado pelo retorno de exilados e pela retomada de discussões deixadas de lado fazia quase vinte anos. Democratizar, discutir, debater, repensar, reconstruir, todas as palavras de ordem, enfim, remetiam à necessidade de se avaliar posturas, crenças e opiniões. O universo educacional não ficou alheio ao signo da década.

Os anos de 1980 foram anos de discussão, tanto no que dizia respeito às questões teóricas e metodológicas quanto no que tangia às condições de salário e trabalho no magistério.[96] A insatisfação, o confronto e o conflito surgiram nas páginas dos jornais pelo número de greves de professores, especialmente a partir de 1985.[97] As mazelas da política educacional, adotada pelos governos militares, começavam a ser expostas: a notícia da

---

[96] Sobre a educação nesse período, conferir Wilma de Nazaré Baía Coelho (1987, 1988).

[97] PROFESSORES continuam greve de fome até novo diálogo. *O Liberal*, Belém, 8 mar. 1980, Caderno 1, p. 22; UNIVERSIDADE não vai parar agora. *A Província do Pará*, Belém, 5 fev. 1985, Caderno 1, p. 12; PROPOSTA da PMB poderá ser aceita pelos professores. *A Província do Pará*, Belém, 10 jan. 1986, Caderno 1, p. 13; PROFESSORES do Nazaré continuam em greve. *A Província do Pará*, Belém, 12 ago. 1986, Caderno 1, p. 9; PROFESSORES do Colégio Nazaré mantém greve. *A Província do Pará*, Belém, 14 ago. 1986, Caderno 1, p. 9; PROFESSORES voltam ao trabalho. *A Província do Pará*, Belém, 23 ago. 1986, Caderno 1, p. 11; PROFESSORES grevistas vão fazer passeatas. *A Província do Pará*, Belém, 5 e 6 out. 1986, Caderno 1, p. 11; SERVIDORES da UFPA em greve farão passeata. *A Província do Pará*, Belém, 8 out. 1986, Caderno 1, p. 9; JADER estuda contraproposta dos professores. *A Província do Pará*, Belém, 14 out. 1986, Caderno 1, p. 8; PIQUETES provocam confusão no portão do campus da UFPA. *A Província do Pará*, Belém, 24 out. 1986, Caderno 1, p, 12; DOCENTES da FCAP grevam na 2ª-feira. *O Liberal*, Belém, 6 mar. 1989, Caderno Cidades, p. 5; RETORNO às aulas pode servir para mobilizar alunos da UFPA. *O Liberal*, Belém, 28 mar. 1989, Caderno Cidades, p. 9; PROFESSORES decidem hoje adesão à greve. *O Liberal*, Belém, 4 maio 1989, Caderno Cidades, p. 5; PROFESSORES da UFPA aderem à greve. *O Liberal*, Belém, 5 maio 1989, Caderno Cidades, p. 4; ALUNOS da UFPA apóiam a reposição sem cancelamento. *O Liberal*, Belém, 12 ago. 1989, Caderno Cidades, p. 2; APROVADO aumento de 75% reagem os

extinção do programa de alfabetização[98] – o MOBRAL – foi precedida e sucedida de críticas veladas: o montante de verbas investido no programa não teria sido suficiente para reverter o quadro de analfabetismo do país,[99] de forma que às vésperas da primeira eleição direta para presidência da República, após o fim da ditadura, 68% dos eleitores eram analfabetos, segundo o Jornal *O Liberal*.[100]

No momento em que se discutiam os rumos do país, com a escolha do futuro presidente, os jornais noticiavam, também, que a evasão e a repetência tornaram-se problemas graves no universo escolar.[101] Neste sentido, as referências ao avanço do número de escolas e de alunos, proporcionados pela Lei nº 5.692/71, ganharam um tom mais cético, uma vez que os problemas sociais a ela relacionados ganharam destaque.[102] Assim, a representação sobre educação ganhou conformação distinta da dos

---

professores. *O Liberal*, Belém, 15 ago. 1989, Caderno Cidades, p. 7; PROFESSORES municipais entram em greve. *O Liberal*, Belém, 20 nov. 1989, Caderno Cidades, p. 7.

98 SECRETÁRIOS de Educação oferecem fim do MOBRAL. A *Província do Pará*, Belém, 15 fev. 1985, Caderno 1, p. 11.

99 DIONÍSIO: SEDUC toca violão sem cordas. A *Província do Pará*, Belém, 26 jan. 1982, Caderno 1, p. 10.

100 OS CANDIDATOS e a educação. *O Liberal*, Belém, 8 ago. 1989, Caderno Cidades, p. 7. A estimativa do jornal é exagerada, pois, segundo o Censo de 1991, o índice de analfabetismo no Brasil era, naquela época, de 19,7%. No Estado do Pará, o índice alcançava o patamar de 29,07%, perto da metade, portanto, do que dizia a matéria em questão.

101 TODO o Pará ainda sem merenda escolar. *O Liberal*, Belém, 4 maio 1989, Caderno Cidades, p. 7; NÃO existe merenda há mais de 8 meses em Belém e Breves. *O Liberal*, Belém, 5 mar. 1989, Caderno 1, p. 5; MERENDA escolar sem data para ser normalizada. *O Liberal*, Belém, 9 ago. 1989, Caderno Cidades, p.4; DIVISÃO de recursos prejudica o programa de merenda escolar. *O Liberal*, Belém, 20 ago. 1989, Caderno Cidades, p. 11; PAIVA, Merivaldo. A escola e a evasão escolar. *O Liberal*, Belém, 18 set. 1989, Caderno Cidades, p. 6; CRIANÇAS abandonam as aulas: acabou a merenda. *O Liberal*, Belém, 19 set. 1989, Caderno 1, p. 5.

102 MAIS escolas particulares para a rede do estado. *O Liberal*, Belém, 7 maio 1980, Caderno 1, p. 11; IEP condenado pode sair de local onde fez cem anos. *O Liberal*, Belém, 1º jan. 1987, Caderno 1, p. 7; IEP cai aos pedaços para recuperar,

anos 1970. Enquanto que, naquela década, ela estava voltada para o futuro, para os horizontes abertos pela reforma de 1971, nos anos 1980, ela se voltava para o passado, para os males produzidos por aquela mesma reforma.

A crítica, no entanto, não avançou muito além da denúncia dos problemas. A defesa do ensino profissionalizante, ocorrida no decênio anterior, não foi substituída pela defesa de qualquer outro aporte, de qualquer outro projeto educacional de Estado. O que se viu na imprensa foi uma grita geral contra tudo o que pudesse ser confundido com resquícios do pensamento autoritário do regime militar. A representação construída, contudo, não era pontuada positivamente. Ela não se constituía em meio a um debate sobre como a política educacional deveria ser conduzida, mas em como fora no passado. A representação que se construiu, portanto, guarda um conteúdo considerável de ambigüidade, uma vez que ela não diz como a educação deve ser, mas o que ela deve evitar.

Há de se considerar que a imprensa, neste momento, refletia uma sociedade e um Estado distintos em relação à década de 1970. A abertura política permitiu a eclosão de inúmeras discussões que impediam o discurso unitário, comum no período militar. A educação, portanto, conformava-se como um campo de conflitos e discussões, de confabulações e indecisões.

As representações vinculadas naqueles vinte anos nos remetem, mais uma vez, para a questão fundamental da pesquisa: a formação de professores e a questão racial, não tanto pelo que afirmam, mas pelo desdobramento do que é dito. Assim, as questões abordadas pela imprensa sugerem a conformação de duas identidades distintas de professores, nas décadas em questão.

Nos anos de 1970, com o dimensionamento do programa de alfabetização em uma cruzada nacional, o professor foi

---

não há recursos até hoje. *O Liberal*, Belém, 6 jan. 1987, Caderno 1, p. 7; SELEÇÃO para o segundo grau vai ser dia 1º. *O Liberal*, Belém, 7 jan. 1987, Caderno 1, p. 7; DETERIORAÇÃO da escola pública. *O Liberal*, Belém, 22 nov. 1987, Caderno 1, p. 2; TODO o Pará ainda sem merenda escolar. *O Liberal*, Belém, 4 maio 1989, Caderno Cidades, p. 7.

identificado pela contribuição que poderia dar ao projeto do Estado. Ele foi visto como um executor, em tudo afeito às diretrizes educacionais do momento que garantiam a primazia da técnica sobre tudo o mais. Nos anos de 1980, ao contrário, com as críticas aos processos políticos e educacionais do regime militar, os professores foram chamados a refletir sobre os rumos do sistema educacional. A identidade, portanto, residia na disposição para a discussão, na insatisfação manifesta e na busca por novos caminhos.

Naqueles vinte anos, por conseguinte, a identidade do professor – construída dentro e fora dos cursos de formação de professores, dentro e fora dos estabelecimentos de ensino – variou da excelência técnica para o chamado posicionamento crítico, o que pode ser entendido como uma disposição para o questionamento.

2.3 - A questão do negro e a sociedade brasileira

A sociedade brasileira constrói e incorpora em seu quotidiano uma forte representação de liberdade e de generosidade racial no país, legitimando ações amigáveis entre o conjunto de mestiços que a compõe e, deste modo, diminuindo as possibilidades de enfrentamento – concreto e efetivo – das reais situações vivenciadas por seu segmento negro. Tal contexto nos induz à inferência de que não há discriminação racial no Brasil. Afinal, como se pode enfrentar aquilo que não *existe*? Ledo engano. Existe, sim, racismo, porém a sociedade não se imbuiu de coragem suficiente para enfrentá-lo. No Brasil, em verdade, vivemos sob o efeito da "ditadura do senso comum", que tem naturalizado a *democracia racial*. Embora a proposição de que não existe racismo se torne menos consensual, constitui, ainda, uma das representações do mito da *democracia racial* propagada, desde de 1933, por Gilberto Freyre (1963), dentro e fora do país, e seus reflexos ainda se fazem sentir nos domínios públicos e privados da sociedade.

A não assunção da existência do racismo promove discriminações silenciosas, sutis e, ainda assim, violentas em relação a grupos historicamente marginalizados, entre os quais o contingente negro se destaca. A despeito de toda a diligência intelectual e do próprio movimento negro, estamos distantes da tão aclamada *democracia racial*, caso tomemos por base as pesquisas realizadas até o momento.[103] Várias delas assinalam que os segmentos negro e não-negro se encontram em níveis díspares, no que tange às condições sociais, econômicas e educacionais. É justamente este último aspecto que nos interessa e é com esse objetivo em mente que buscaremos elaborar um quadro da produção bibliográfica sobre a questão.

Neste sentido, especificamente neste momento, para tratarmos das questões educacionais em consonância com as relações raciais, arrolamos exemplos da relevante produção bibliográfica nacional e estrangeira nessa área, organizados por grupos de pesquisadores, de acordo com a categoria conceptual contemplada em seus estudos, ainda que, por ventura, apresentem matrizes teóricas distintas. Inicialmente, reunimos alguns dos autores, como Schwarcz (1993, 2000, 2001), Durkheim (1999) e Guimarães (1995, 1999a, 2002, 2003), que abordam a categoria raça em diferentes dimensões, consideradas as suas

---

[103] Destacamos, entre essas, Delcele Mascarenhas Queiroz (2004). Trata-se de estudos etnográficos sobre resultados da pesquisa observada na Universidade Federal da Bahia, aborda a temática universidade e desigualdade no ensino superior; Rosana Heringer (2001, p. 291-334), em que a pesquisa enfatiza a recorrência do debate sobre o acesso da população negra à educação e ao ensino superior, de forma particular, e ao mesmo tempo de o tema não atingir *status* nas pautas dos formuladores e executores de políticas de ensino superior; André Augusto Pereira Brandão (2002), em que a pesquisa investiga a expansão da pobreza, considerando a evolução dos fatores sociais, econômicos e demográficos marcantes na Região Metropolitana do Rio de Janeiro. Considera neste trabalho que a clivagem racial própria da região apresenta fatores importantes para a análise de diferenças; Darien Davis (2000), apresentando comparação de afro-brasileiros e demais brasileiros quanto aos índices de mortalidade infantil, educação, situação nas áreas rurais, emprego, violência policial, relacionando-os ao mito da democracia racial.

particularidades, participando, assim, da construção de uma das categorias basilares da nossa pesquisa.

Logo em seguida, julgamos necessário acionar alguns argumentos defendidos pelos autores Freyre (1933 [1963]), Fernandes (1965) e Hasenbalg (1979), os quais refletem três momentos históricos e teóricos de destaque nas discussões sobre as relações raciais[104] no Brasil, na contemporaneidade, sob diferentes enfoques.[105] Parte desses estudos abriu caminhos para a ampliação de análise dos estudos mais recentes e neste caso, especificamente, para a compreensão deste debate no âmbito educacional. Por fim, incorporamos estudiosos que contemplam a bibliografia sobre os livros didáticos, na perspectiva das relações raciais. Não obstante, apesar de tal distribuição, não nos podemos esquecer de ressaltar que, inseridos nos grupos supracitados, encontram-se outros autores que mencionamos no corpo de cada grupo específico.

Uma das questões que se apresentam para os estudiosos das relações raciais é a própria utilização da categoria Raça.[106] Assim, é por ela que iniciaremos, como já antecipamos páginas

---

104 Gislene Aparecida dos Santos (2002) investigou em trabalho recente as influências que as teorias desenvolvidas a partir das pesquisas nas áreas da biologia e da antropologia, durante o século VIII, exerceram sobre o estabelecimento das teorias raciais do século seguinte, "quando quase ninguém mais duvida do absurdo do sistema escravista, mas, também, quando se considera como verdade absoluta a superioridade da raça branca e, conseqüentemente , a inferioridade das demais".

105 Antes de prosseguirmos, destacamos a existência de estudos sobre a questão racial no Estado do Pará. Eles não constituem uma corrente, pois são estudos esparsos que abarcam questões diversas, como a origem da presença africana na Amazônia, análises sobre comunidades remanescentes de quilombos e identidades afro-brasileiras. Ver: ACEVEDO; CASTRO (1998), AMARAL (1995, 2004, FIGUEIREDO (1989, 1998), FIGUEIREDO (1997), MAUÉS (1997), MOTTA-MAUÉS (1990, 1991, 1993, 2002a, 2002b), SALLES (1971), VERGOLINO E SILVA (1968), BENTES; AMADOR (2005).

106 Segundo Michael Banton (1977), a palavra *raça* começou a mudar de significação em meados de 1800. Seu sentido anterior, similar à linhagem (dotado de caráter histórico e mutável), vai perdendo importância e surge uma nova acepção, que é a de definir e separar tipos humanos (dotada de caráter biológico e imutável). Para o autor, o mundo foi apartado em *raças* e, já que era assim, caberia entender o porquê das diferenças raciais e compreender cada uma *raça* distintamente.

atrás, a nossa decisão em utilizá-la como conceito indicador de uma conformação sociocultural. Ao agirmos assim, reconhecemos os limites dessa categoria, enfatizando seu alcance antropológico e sociológico. Rejeitamos, portanto, a visão reducionista do termo, utilizada pelas teses do racismo científico, de fins do século XIX, às quais defenderam que características biológicas semelhantes, como cor de pele, tipo de cabelo e altura, seriam indicadores comportamentais e morais, estabelecendo uma hierarquia de tipos raciais. Essa idéia de ciência natural, atribuída principalmente aos europeus, acabou por sugerir a superioridade de uma "raça" sobre a outra. Os europeus, naturalmente, ocupavam o ponto máximo da hierarquia, conforme notou Thomas E. Skidmore (1974, p. 44):

> Estava armado o raciocínio segundo o qual os europeus do Norte tinham atingido o poder econômico e político superior ao dos outros devido à hereditariedade e ao meio físico favoráveis. Em resumo os europeus do Norte eram raças "superiores" e gozavam do clima "ideal". O que por certo implicava em admitir, implicitamente, que raças mais escuras ou de climas tropicais nunca seriam capazes de produzir civilizações comparativamente evoluídas.

Assim, teóricos do Darwinismo racial imputaram aos atributos externos e fenótipos a condição de demarcadores de ordem moral, fazendo da raça um componente definidor do futuro dos povos. Sobre isso, Gobineau fazia a seguinte observação sobre o lugar do branco na escala evolutiva:

> Tal é a lição da História. Ela mostra-nos que todas as civilizações derivam da raça branca, e que nenhuma outra pode existir sem a sua ajuda, e que uma sociedade só é grande e brilhante enquanto preservar o sangue do grupo nobre que a criou, desde que esse grupo também pertença ao ramo mais ilustre da nossa espécie (Apud BANTON, 1977, p. 55).

Em nosso trabalho, Raça aparece como um conceito relacional, o qual se constituiu histórica e culturalmente, a partir de relações concretas entre grupos sociais em cada sociedade. Esta posição foi inspirada nas reflexões sobre Raça, elaboradas por Antonio Sérgio Alfredo Guimarães (1995, 2002, 2003), como veremos mais adiante. Reconhecemos que os preceitos das teorias racistas ainda exercem grande poder sobre o imaginário e práticas sociais, sendo usados quando se deseja enfatizar o argumento insustentável da suposta superioridade racial.

A dualidade inerente ao conceito – a forma como nos apropriamos dele e como ele é apropriado pelo senso comum – impõe um dilema, não somente do ponto de vista cultural, político e ideológico, como também social. Negar a força que o termo proporciona significa negar as representações construídas e reelaboradas pelo conjunto social em torno dele. Cotidianamente não se ouve falar em *preconceito étnico* (ou qualquer outro termo); costuma-se ouvir *preconceito racial*. Uma parcela do tecido social incorporou nas práticas sociais a denotação do termo, que, a nosso ver, deve ser enfrentada em favor do segmento atingido e não contra ele. O peso atribuído ao termo padece de uma reflexão que o remeta a uma ação recorrente dos agentes sociais (dos que sofrem e dos que o praticam neste sentido) e suplante a idéia de sujeição, subordinação e inferioridade que lhe é subjacente. Assumimô-lo, inicialmente, portanto, no sentido sociológico, ou seja, como fato social, construído e reconstruído pelo todo social, conforme as considerações de Émile Durkheim (1999, p. 13):

> Toda a maneira fixa ou não, suscetível de exercer sobre o indivíduo uma coerção exterior, ou ainda, toda maneira de fazer que é geral na extensão de uma sociedade dada e, ao mesmo tempo, possui uma existência própria, independente de suas manifestações individuais.

A assunção do termo Raça tem sido defendida por vários autores. Destacamos, a seguir, a reflexão de Antonio Sérgio

Alfredo Guimarães (1995, 2002, 2003), na qual nos baseamos, por sua consideração de que Raça não é apenas uma categoria política necessária para a organização da resistência ao racismo no Brasil, mas também uma categoria analítica imprescindível, por revelar que as discriminações e desigualdades que a noção brasileira de *cor* enseja são efetivamente raciais e não de classe, como querem alguns. O autor se indaga sobre quando podemos dispensar o conceito de Raça, afirmando haver três aspectos a serem considerados: a) quando já não houver identidades raciais, ou seja, quando já não existirem grupos sociais que se identifiquem a partir de marcadores direta ou indiretamente derivados da idéia de raça; b) quando as desigualdades, as discriminações e as hierarquias sociais efetivamente não corresponderem a esses marcadores; e c) quando tais identidades e discriminações forem prescindíveis em termos tecnológicos, sociais e políticos, para a afirmação social dos grupos oprimidos.

Lilia K. Moritz Schwartz (1993, 2000, 2001) retoma essa discussão de forma contundente, refletindo acerca do mito da *democracia racial*, mostrando que os processos de negociação do conceito de Raça, defendidos pelas teorias raciais, ainda em finais do século XIX no Brasil, e a formação do pensamento racista brasileiro têm, de certa forma, deixado suas marcas na contemporaneidade. Na prática, a referência à Raça foi eliminada do discurso oficial, entre os anos de 1930 e 1970 e, em muitos momentos, substituída tacitamente por etnia.

Estudiosos estrangeiros, empenhados detidamente na discussão sobre a temática racial há mais de trinta anos, travam discussões que não discrepam, totalmente, desse enfoque. A produção acadêmica norte-americana, por exemplo, trabalhou por muito tempo com uma idéia de Raça, a qual se baseava restritamente na biologia e na genética. Marvin Harris (1963) foi seu maior representante, formulando, inclusive, uma regra para a definição do tipo racial, baseada na "hipodescendência", segundo a qual um único ancestral de raça *não branca* definiria a condição do indivíduo. No entanto, recentemente, os estudos apontam para uma chamada "redescoberta da raça social", dando, portanto, uma outra perceptiva ao já cristalizado processo de compreensão das relações raciais norte-americanas.

Michael Banton (1994), por sua vez, sentencia que aqueles que se opõem ao conceito de Raça, nas Ciências Sociais, o fazem porque reconhecem que a biologia nega a existência de raças humanas e/ou porque suspeitam que o recurso ao conceito não tem outra validade senão de reproduzir e reificar as justificativas naturalistas para as desigualdades entre grupos humanos. Banton faz uma veemente defesa do emprego da noção de Raça, pois considera coerente que as Ciências Sociais utilizem a noção veiculada pelo senso comum.

Contrário ao uso do termo Raça, John Rex (1983) indica a limitação do termo para classificar seres humanos. Ele advoga a utilização, com vantagem, da noção de população. No entanto, ele também reconhece que diferenças fenotípicas entre indivíduos e grupos humanos, assim como diferenças intelectuais, morais e culturais, não podem ser atribuídas diretamente a diferenças biológicas, mas creditadas às construções socioculturais e ambientais. Em outro trabalho, Rex (1986) defende a existência de similaridades e uma estreita relação entre conflito de classes e conflito racial e étnico. Para ele, existem processos de exclusão e inclusão informados por atributos étnicos desagregados de conflitos, por estarem relacionados a esferas macropolíticas. A despeito dessa contraposição, há quem visse na mudança do termo a tradução de um *dilema ambíguo a ser decifrado*. A mudança do uso de raça para "etnicidade", para Verena Stolcke (1991, p. 107), teve conseqüências: entre elas, destaca a tendência a suavizar a percepção do racismo evidente, quer dizer, as discriminações ideologicamente justificadas em decorrência de supostas deficiências físicas e morais e, portanto, hereditárias.

A conscientização da sociedade de que brancos e negros têm a mesma importância no conjunto social não se restringe, portanto, à não utilização de Raça, como conceito. Concordamos com Raimunda Nilma de Melo Bentes (1993), que, como nós, intercede em favor de seu uso, e enfatiza que a palavra pode proporcionar elucidações sobre a população negra do Brasil, que vem a ser uma imprudência a substituição do conceito de racismo por etnicismo, dada a complexidade deste último e o conseqüente risco da exclusão do conjunto da sociedade da discussão acerca de um problema social tão grave.

Definida, portanto, a utilização do conceito de Raça e os termos em que ele é incorporado, importa concentrarmo-nos na bibliografia que dá conta da compreensão das relações raciais no Brasil. Compreender os caminhos percorridos por essa discussão é fundamental, para que possamos entender a forma pela qual a questão racial é incorporada na literatura didática. Mas não só. Os limites temporais desse trabalho devem ser considerados, também, no âmbito das relações raciais. Assim, consideramos três momentos históricos e teóricos[107] que se destacaram na discussão sobre relações raciais no Brasil. No primeiro deles, seu maior ícone foi Gilberto Freyre; no segundo, Florestan Fernandes; e no terceiro, Carlos Alfredo Hasenbalg.

O primeiro momento histórico, intensamente influenciado pela antropologia física, representava os negros dentro de uma categoria racial secundária. Desse modo, identificava, no contingente majoritariamente negro, um entrave para o crescimento

[107] Há outras leituras sobre essa periodização, mas ilustramos aqui três desses exemplos. Para Michael George Hanchard, só existiram duas: *Determinismo Econômico ou Escola Paulista e a Estruturalista*, de Carlos Alfredo Hasenbalg. O autor não desconhece o valor desses estudos, porém enfatiza suas limitações conceituais para uma teorização mais aprofundada; ver em Hanchard (2001, p. 48-62). Já Dalmir Francisco considera três correntes: *a Historicista e Funcionalista*, pois preconiza as raízes das desigualdades raciais e do preconceito de cor ou de *raça* à racionalidade do capitalismo; a segunda, seria a *Estrutural Funcionalista*, cujas bases estão relacionadas com a distribuição dos bens materiais e simbólicos; e a terceira reúne diversas matrizes da tradição marxista, identifica o preconceito de cor ou de raça e a discriminação como processos interligados à estruturação da sociedade em termos de raça e classe (conferir em Francisco (2000, p. 117-151). E finalmente o terceiro, encontramos em Kabengele Munanga; para este autor, existem apenas duas correntes: a primeira, Influenciada pela antropologia física, e a segunda, pelo culturalismo de Gilberto Freyre. Apesar deste autor não considerar uma terceira, é justamente com essas formulações que mais nos aproximamos neste momento. Ver em Munanga (2001b, p. 13-15).

econômico do país. A elite intelectual brasileira da época, impregnada pelas idéias racistas, defendia que o processo de mestiçagem entre as três "raças", negra, branca e indígena, existente desde os primórdios do colonialismo português, resultava em uma descendência degenerada e, portanto, incapaz de promover a ascensão do país. A miscigenação era vista, todavia, e a despeito dos problemas que acarretaria, a médio e a longo prazo, como estratégia favorável ao embranquecimento gradativo da população e, por conseguinte, à "eliminação do 'sangue inferior negro' e indígena. Assim, seria resolvida a questão da formação da identidade nacional, considerada problemática, devido à pluralidade racial e étnica" (MUNANGA, 2001b, p. 13-15). No século XIX, teóricos do darwinismo racial fizeram dos atributos externos e fenótipos características fundamentais e marcadores intelectuais da humanidade. Desse modo, os darwinistas raciais criaram um cabedal teórico, pretensamente científico, a fim de enquadrar povos e culturas segundo critérios deterministas. O Brasil não esteve isento desse "laboratório racial" (SCHWARCZ, 2001, p. 22).

Autores como Raimundo Nina Rodrigues, da Escola de Medicina da Bahia, tiveram seus trabalhos profundamente influenciados por essa ideologia. Para Rodrigues (1957), a questão racial constituía-se em um componente do povo e do Brasil enquanto nação. Este autor acreditava na degenerescência do mestiço e, para isso, alicerçou suas opiniões na teoria racista/evolucionista de superioridade das raças, baseada nos trabalhos de Darwin. Oliveira Vianna (1933) via no ideal de branqueamento a solução do futuro étnico do país. Para ele, a imigração européia era um importante fator para acelerar o branqueamento da população brasileira.

Essa idéia assimilacionista, comumente chamada de ideologia do embranquecimento (SKIDMORE, 1974,1992), manteve-se desde o começo do século XIX até hoje, como a ideologia racial dominante. A elite brasileira argumenta que o Brasil, diferentemente dos EUA, aos quais freqüentemente (e desfavoravelmente) se compara, não tem problemas raciais: nenhum fenômeno de ódio racial, segregação racial e, mais importante, discriminação racial apresenta tão evidente efeito como nos EUA. Em suma, o Brasil, escapou do racismo, estava a caminho de produzir uma única raça por meio do "benigno" processo de miscigenação (SKIDMORE, 1992).

Em oposição ao discurso do embranquecimento, surgiram escritores como Manoel Bonfim e Alberto Torres, entre 1900 e 1930, justamente no auge do racismo científico no Atlântico Norte (SKIDMORE, 1974, 1992). Eles delataram a doutrina da supremacia branca, no entanto, sem resposta da sociedade, quando tentaram desmistificar a tese da elite branca, concernente ao embranquecimento. Esses autores desafiaram diretamente a elite branca de então, sem sucesso significativo, e foram tragados pela força do poder vigente. Contudo, emergiu uma posição bastante eloqüente de Gilberto Freyre, sociólogo, escritor, que apontou as virtudes da miscigenação, defendendo inclusive, em resposta a Oliveira Vianna, as benfeitorias e sugestivas decorrências da mistura do português com o índio e o africano. No entanto, ainda que, influenciado por Franz Boas, refutasse as suposições do racismo científico, as quais sustentavam a idéia da superioridade nos atributos físicos, Freyre (1963, p. 349-350) o fazia a partir de outros indicadores, como, por exemplo, a cultura:

> Mas dentro da orientação e dos propósitos deste ensaio, interessam-nos menos as diferenças de antropologia física (que no nosso ver não explicam inferioridade ou superioridade humanas, quando transportas dos termos de hereditariedade de família para de raça) que as de antropologia cultural e de história social africana. Estas é que nos parecem indicar ter sido o Brasil beneficiado com um elemento melhor de colonização africana que outros países da América. Que os Estados Unidos por exemplo.

Entretanto, no fim do trecho acima, a *eloqüência* de Gilberto Freyre serviu, primariamente, para reforçar o ideal embranquecedor, mostrando como, de forma superestimada, "a elite branca adquiria aspectos culturais valiosos de sua íntima mistura como os não europeus, principalmente africanos" (SKIDMORE, 1992, p. 4). Isto se acentua, principalmente, ao referir-se à confraternização entre os elementos "coletivistas" da tradição africana e os individualistas da cultura européia. Diz Gilberto Freyre (1963, p. 396):

> Verificou-se entre nós uma profunda confraternização de valores e de ensinamentos. Predominantemente coletivistas, os vindos das senzalas; puxando para o individualismo e para o privativismo, os das casas grandes. Confraternização que dificilmente se teria realizado se outro tipo de cristianismo tivesse dominado a formação social do Brasil.

Muitas posições têm sido ainda hoje firmadas no que diz respeito à maneira com que Gilberto Freyre apresentou a questão das relações raciais. Há um consenso entre os autores sobre relações raciais, no Brasil e fora dele, de que Gilberto Freyre fora o difusor da idéia de *democracia racial* no Brasil na contemporaneidade. No entanto, este autor não foi o primeiro a defender que brancos, negros e índios conviveram harmonicamente. Isto se constitui numa idéia construída por Karl Friedrich Philipp von Martius, historiador austríaco que venceu o concurso do Instituto Histórico e Geográfico Brasileiro, cujo tema era: como deveria ser escrita a História do Brasil? (GUIMARÃES, 1988). Portanto, a história oficial ensejou tal representação, muito antes de *Casa-Grande & Senzala*. Após a Segunda Guerra Mundial, alguns países, atentos às segregações e extermínio de milhões de pessoas em nome de diferenças raciais, pretenderam aprofundar-se na idéia disseminada lá fora de que se vivia no Brasil numa *democracia racial*. A nação brasileira, então, passara a ser um importante e cobiçado campo de estudo a ser investigado. Alguns países, afinal, ambicionavam desvendar como uma nação mestiça convivia tão plácida e harmoniosamente, apesar das suas diferenças.

A Organização das Nações Unidas para a Educação, Ciência e Cultura (Unesco) contratou uma equipe de pesquisadores, lotados na Universidade de São Paulo, para iniciarem um estudo em 1950 sobre as relações raciais brasileiras, consideradas harmoniosas por alguns países. Entre esses estudiosos, encontravam-se Oracy Nogueira, Thales de Azevedo, Fernando Henrique Cardoso, Otávio Ianni, Charles Wagley, Roger Bastide e Florestan Fernandes. A partir desse empreendimento, surge o segundo momento histórico, cujo ícone foi Florestan Fernandes, que formulou reflexões pioneiras que contradisseram as teses sobre as relações raciais harmoniosas no Brasil e assentaram a "democracia racial sob forte suspeita" (MUNANGA, 2001b, p. 13-15). Seu principal argumento baseava-se na constatação de que a posição social do negro seria um reflexo de seu passado escravista. Este argumento, de certa maneira, representou um sinal de avanço – àquela altura – em relação à profusão da idéia de *democracia racial*, divulgada por Gilberto Freyre. Florestan Fernandes enfocou as desigualdades abissais entre negros e não negros no Brasil, particularmente em São Paulo, bem como formulou reflexões acerca deste fato, destacando que, com a desintegração do regime escravista e a mudança no *status* legal de negros e mulatos, não implicou mudança substancial de sua posição social.

Esse projeto financiado pela UNESCO se caracterizou especialmente pela crítica ao dogma assimilacionista. O Brasil, à época, teve em Fernandes o acadêmico que mais veementemente refutou o mito supracitado, assegurando a proeminência da raça enquanto variável significante para a determinação das condições de vida de um brasileiro (SKIDMORE, 1992). No entanto, Fernandes não continuou os estudos empíricos, impedido principalmente pela sua demissão da Universidade de São Paulo, por motivações políticas, durante o regime militar em 1968. A discriminação continuava, a despeito da atitude ser considerada ultrajante (para a vítima) e degradante (para quem praticava), estes primeiros estudos desbancaram o mito da *democracia racial* no Brasil. Suas conclusões sobre desigualdades raciais imputaram à condição do negro, principalmente ao seu passado escravista, submetendo, do ponto de vista teórico, a discriminação racial a um comportamento de classe.

Carlos Alfredo Hasenbalg (1979) realizou estudos sobre as desigualdades raciais no Brasil, no final dos anos 1970, fortemente influenciado pela praxiologia de Pierre Bourdieu, enfatizando agudas críticas às conclusões realizadas pelos estudiosos da Escola Sociológica Paulista. O próprio Hasenbalg (1979) apontou a existência de uma intencionalidade em reduzir a questão racial a um problema de classe ou estratificação social, o que efetivamente esvaziaria as implicações raciais decorrentes dessa proposição. Para ele, a situação profissional do negro era de desvantagem em relação aos não negros no mercado de trabalho. Este seria o quadro que se emoldurava para todos os descendentes afro-brasileiros, no que diz respeito às oportunidades profissionais.

Deste modo, o terceiro momento histórico emergiu, tendo como seu principal baluarte Carlos Alfredo Hasenbalg. Seus estudos criticam as análises que atribuíam à desagregação do sistema escravista e à constituição de uma sociedade de classes a situação desfavorável do negro. Também apontou alguns senões às proposições de seus antecessores, entre os quais a limitação dos estudos da problemática do segmento negro e dos mulatos àqueles da classe operária e massas populares e o demasiado otimismo de que a resolução do problema racial viria com o desenvolvimento industrial e urbano. Ele enfatizou que o problema não se reduziria somente a uma questão econômica, mas deveria espraiar-se para as oportunidades desiguais de ascensão e de práticas discriminatórias incorporadas no tecido social e reproduzidas por ele. Para Hasenbalg, o racismo apresenta-se como uma construção ideológica incorporada e realizada por meio de um conjunto de práticas materiais de discriminação racial: é o determinante primário da posição dos *não brancos* nas relações de produção e distribuição.

Após os três momentos a que nos reportamos, a discussão continua, porém, firmando-se sobre novas bases. Vejamos

Antonio Sérgio Alfredo Guimarães, (1997), em seu estudo intitulado *Racismo e restituição de direitos individuais*: a discriminação racial 'publicizada', analisa o modo como no Brasil o racismo induz à restrição de direitos de pessoas ou grupos de pessoas. Os dados examinados pelo pesquisador foram quinhentos e quarenta e sete matérias publicadas, entre 1989 e 1994, sobre as queixas de discriminação racial registradas por quarenta e quatro jornais e duas revistas, editados em vinte cidades brasileiras e quatorze Estados da Federação. Ele enfatiza que a discriminação racial, no Brasil, anda de mãos dadas com o abuso de autoridade e com a anuência de parte da sociedade e que a discriminação racial, ou pelo menos a sua divulgação, é maior nas regiões onde a renda é maior e menor o analfabetismo, tais como as Regiões Metropolitanas de Porto Alegre, São Paulo, Curitiba e Brasília. Em seu estudo, intitulado *Classes, Raças e Democracia,* Guimarães (2002) trabalha o conceito de classes sociais e raça, tecendo uma crítica ao fenômeno constituído no Brasil acerca da *pseudodemocracia* racial. Para ele, mais do que uma questão social é principalmente uma questão racial.

Esta é uma posição já defendida por Carlos Alfredo Hasenbalg (1979), que observa evidências, inclusive a partir de dados estatísticos, de que o mito da *democracia racial* foi difundindo no Brasil com o objetivo de velar as diferenças (entre outros fatores) e as oportunidades no mercado de trabalho, dependendo da pertença racial do sujeito. O autor aponta a nocividade deste discurso, assentado na crença de que brancos e negros têm a mesma possibilidade de ascensão no mercado de trabalho, dependendo unicamente do desempenho individual, quando, com relação aos negros, está associada a uma série de arquétipos pejorativos que os classificam como incapazes, preguiçosos e indolentes. Tais estereótipos são impostos, por parte da sociedade, para justificar a exclusão do negro, de maneira significativa, do mercado de trabalho.

Desse modo, torna-se impraticável ignorarmos a representação construída sobre o negro no âmbito da sociedade mais global. Hasenbalg escreveu alguns trabalhos em parceria com

Nelson Valle Silva, como *Notas sobre desigualdade racial e política no Brasil* (HASENBALG; SILVA, 1993), em que ambos propõem oferecer uma visão rápida das desigualdades raciais, no Brasil contemporâneo, por meio principalmente de um conjunto de indicadores obtidos da Pesquisa Nacional por Amostra de Domicílios (PNAD). O objetivo desse trabalho é contribuir com algumas observações sobre a relação entre raça e política, no Brasil, com a apresentação de um conjunto de dados pertinentes ao tema, até então não examinados. Neles, precisamente no texto *Raça e oportunidades educacionais no Brasil* (HASENBALG; SILVA, 1990), encontramos aspectos quanto às desigualdades entre brancos e *não brancos* no Brasil.[108] Neste texto, os pesquisadores avançam nesta discussão, quando, a partir de dados da PNAD, verificam como as chances de acesso à escolarização e à mobilidade social para *pretos* e pardos são diminutas se comparadas às dos brancos. Essas diferenças não podem ser examinadas por questões regionais e circunstâncias socioeconômicas. Os autores buscam analisá-las sob o prisma das desigualdades na apropriação das oportunidades educacionais no Brasil, em termos de componentes de sua dinâmica. As informações da PNAD (IBGE, 1982) indicam que, em relação ao acesso ao sistema escolar, uma proporção mais elevada de crianças *não brancas* ingressa tardiamente na escola. Além disso, consoante os autores, a proporção de *pretos* e pardos que não têm acesso de todo à escola é três vezes maior que a dos brancos.

> Em todas as transições escolares existe uma clara diferença entre indivíduos no grupo de cor. Brancos apresentam ritmos de transição significativamente mais rápidos do que os demais grupos de cor. A única diferenciação significativa entre pardos e pretos aparece

[108] Em 1980 a taxa de analfabetismo das pessoas de 15 a 64 anos de idade era de 14,5 % entre brancos e 36,5% para *pretos* e pardos. No extremo oposto da pirâmide educacional, 4,2 % de brancos e apenas 0,6% de *não brancos* tinham obtido um diploma de nível superior (PNAD, 1982).

quando da primeira transição, isto é, no acesso à escola (HASENBALG; SILVA, 1990, p. 88).

Essas desigualdades, para os autores, não podem ser explicadas nem por fatores regionais, nem exclusivamente pelas circunstâncias socioeconômicas das famílias. Embora não neguem que uma melhor situação socioeconômica reduziria a proporção de crianças que não têm acesso à escola, independentemente de sua cor, ainda persiste nítida diferença nos níveis gerais de acesso entre crianças brancas e *não brancas*, mesmo no nível mais elevado de renda *per capita* (HASENBALG; SILVA, 1990). Quando falamos em diferenças sociais, ampliadas pelo elemento racial, acionamos o trabalho de Nelson Valle Silva (2000), um dos autores pioneiros nos estudos demográficos, no que tange à questão racial, no estudo *Extensão e Natureza das Desigualdades raciais no Brasil*, no qual apresenta dados estatísticos acerca do contingente negro e a sua mobilidade profissional no Brasil.

Lilia K. Moritz Schwarcz (2001) apresenta as evidências sociais e econômicas, enquanto que Hasenbalg e Silva resistem em conceber os motivos das desigualdades raciais apenas por essas razões, embora não neguem sua importância. A autora apresenta sua discussão falando de uma frágil democracia, ao interpretar os dados da demografia censitária, que comprovam um *apartheid* social no país, a qual faz com que as pessoas "embranqueçam ou empreteçam, conforme a situação social e econômica e o uso escorregado da cor, que transforma raça em efeito passageiro, ou tema para exclusiva nomeação" (SCHWARCZ, p. 67). De acordo com tal *apartheid*, os indivíduos mulatos podem passar por brancos e negros por mulatos, dependendo de seu extrato social e condição socioeconômica. Schwarcz ainda lança mão do dito popular, segundo o qual "preto rico no Brasil é branco, assim como branco pobre é preto" (SCHWARCZ, p. 86). Análoga a esta posição, encontra-se a de Caio Prado Júnior (1977). Para ele, "a classificação étnica do indivíduo faz-se muito mais no Brasil pela sua posição social, e a raça, pelo menos nas classes superiores, é mais função daquela posição do que dos caracteres somáticos" (PRADO JÚNIOR, p. 109).

No grupo que discute desigualdades raciais no Brasil, já focando a questão educacional, acionamos o instigante trabalho de Luiz Cláudio Barcelos (1992), que discorre sobre as desigualdades raciais relacionadas à educação, traçando um diagnóstico da educação no final da década de 1980, utilizando dados das PNAD de 1987 a 1988. Além disso, ele faz também uma revisão da literatura que aborda essa temática, mais especificamente aquela que trata das relações raciais e da educação no Brasil. Entre suas principais conclusões, destacamos:

> Os diferenciais na realização educacional dos grupos raciais é alarmante. Menos alfabetizados, retidos em patamares educacionais mais baixos, poucos negros conseguem chegar à universidade. Um negro com curso superior é um sobrevivente do sistema educacional e, ademais enfrentará sistemática discriminação no mercado de trabalho (BARCELOS, 1992, p. 55).

Kabengele Munanga, em seu texto de 1996, desmente a posição da direita liberal, para quem a aquisição de uma boa formação e de competitividade no mercado de trabalho abririam as "portas do paraíso" e a discriminação terminaria. Para o autor, ainda que o negro ascenda para outros níveis de ocupação – como os de chefia[109] –, eles não se livrariam integralmente de práticas discriminatórias de ordem racial. A esse respeito, Edith Piza (2000) é incisiva no que tange aos diferentes destinos de um contingente estudado, cujo fator determinante é apenas a cor. A pesquisadora enfatiza "para negros/as o uso dos termos moreno/a, moreninho/a, escurinho/a é aplicado publicamente

[109] Cf. na pesquisa de Wilma de Nazaré Baía Coelho (2000), como se processam a discriminação e a exclusão do segmento negro em determinados cargos no interior da universidade. Essa constatação se deu por meio da análise das trajetórias profissionais de professores/as negros/as. O grupo entrevistado, mesmo atingido de titulação, não se livrou da discriminação no interior da academia.

para diferenciar pessoas negras de pessoas brancas com mesmo nome ou mesmo cargo" (PIZA, p. 98).

João Baptista Borges Pereira (1983) situa a questão do negro no cerne da problemática brasileira. Seu trabalho dá destaque à questão da miscigenação e ao conseqüente surgimento de um expressivo segmento mestiço, que ora se confunde com branco, ora se confunde com o negro, exemplificando com o lugar do pardo na cultura racial brasileira, na qual indivíduos assim classificados não se vêem e/ou não são vistos nem como negros e nem como brancos. Alerta para a presença preponderante do negro nos ícones culturais brasileiros, notando que, no entanto, o negro "continua marginalizado na vida nacional, a cultura a ele identificada goza de certo prestígio e, esta face do complexo, raça-cultura que o discurso ideológico do branco exibe para reforçar as suas teses democráticas" (BORGES PEREIRA, p. 96). Para ampliar esta formulação, ao referir-se à mestiçagem no Brasil, Munanga (1999, p. 18) aborda este aspecto sob "a ótica da dominação ideológica, no significado de ser 'branco ', 'amarelo', 'mestiço' e 'negro' no Brasil". Para ele, é por meio dessas categorias cognitivas, cujo conteúdo é mais ideológico do que biológico, que adquirimos o hábito de pensar nossas identidades sem nos darmos conta da manipulação do biológico pelo ideológico.

A análise dos livros didáticos elucida um pouco mais sobre a representação do negro e a discriminação que lhe é dirigida. Os trabalhos pioneiros, no que diz respeito à representação dos negros em livros didáticos e paradidáticos difundidos nacionalmente, tiveram início nos anos de 1950, entre os quais o livro intitulado *Preconceito racial e patriotismo em seis livros didáticos primários brasileiros*, de Dante Moreira Leite. A preocupação de tais estudos é denunciar as formas de expressão do preconceito, contidas nos discursos dos livros didáticos. Os trabalhos de Fúlvia Rosemberg, de 1990, e os de Regina Pahim Pinto, de 1987, marcam uma trajetória de pesquisa que desencadeou outras reflexões, as quais evidenciam a caracterização do "emissor e do receptor da produção cultural para crianças" (NEGRÃO, 1987,

p. 86). O trabalho de Regina Pahim (1987), ao analisar as ilustrações como corpo dos livros didáticos, constata que a presença negra é pequena, e, quando ocorre, o negro surge como um estereótipo do negativo, sempre de forma grotesca e subalterna, sendo recorrente à figura do escravo e dos negros destituídos de núcleo familiar.

Estudos como esses são importantes pelo valor atribuído ao livro didático,[110] tanto por conta da utilização em massa pelos professores, como também pela assimilação de conceitos e preconceitos por ele veiculados e que são incorporados pelos seus leitores, em geral, crianças e adolescentes negros que são submetidos a uma representação negativa de si mesmos. Sobre isso, Percy da Silva (1988), ao analisar o conteúdo dos livros didáticos e materiais didáticos, concluiu que os textos são em grande parte responsáveis pelo complexo de inferioridade que, com alguma freqüência, é identificado na personalidade da criança negra. Vera Moreira Figueira (1990) aborda as manifestações do racismo nas escolas municipais do Rio de Janeiro e constata que elas se originam não só do ambiente reinante nessas escolas, como também do comportamento dos professores e do conteúdo transmitido pelos livros escolares.

Esta última autora trabalhou em três etapas: verificou a intensidade do preconceito racial no corpo discente das escolas públicas; identificou as concepções do professor sobre raça e contribuições do negro na sociedade; e analisou os conteúdos[111] dos livros didáticos. De todos, ela elegeu a última como a mais im-

[110] Em trabalho recente sobre o racismo em livros didáticos brasileiros e seu combate, Fúlvia Rosemberg. et al (2003, p. 125-146) efetuam uma revisão analítica da produção brasileira sobre expressões de racismo em livros didáticos. Concluem o artigo analisando as principais ações que vêm sendo desenvolvidas tanto pelo movimento negro como pelos órgãos oficiais para combater o racismo nos livros didáticos, tais como o Programa Nacional do Livro Didático e a recente Lei nº 10.639, de janeiro de 2003, que estabelece a obrigatoriedade do ensino da história e cultura afro-brasileira na educação básica.

[111] Sobre formulações discriminatórias no currículo da educação básica e em seus componentes ante a inexperiência docente no trato dessas questões, ver em Wilma de Nazaré Baía Coelho (2001, 2003a).

portante, porque o livro didático "passa a ser sacralizado pelos alunos e, ainda nessa linha de ação, exerce um importante papel no processo de gravação e inculcamento de imagens e opiniões" (FIGUEIRA, p. 68). Ela realça a forma pejorativa como o negro é representado nesse veículo didático, advertindo para a necessidade do preparo profissional do docente para o seu emprego, pois ele funciona como "um agente de destruição da identidade do sujeito negro, do mesmo modo que confirma no branco o sentimento da supremacia da sua raça". Assim, estimula-se a internalização, tanto para negros quanto para brancos, de um "ideal de ego branco" (FIGUEIRA, p. 70). Segundo a autora, ao negro é reservado o mercado de trabalho das ocupações manuais, ao passo que as ocupações intelectuais são sempre consideradas pertencentes aos brancos.

Sobre a mesma questão, o trabalho de Mairon Escorsi Valério (2002) mostra-nos uma análise dos livros didáticos produzidos nos anos de 1980, ainda que publicados na década seguinte. Neste estudo, o pesquisador evidencia como se transmitia a imagem dos negros no Ensino Fundamental. A pesquisa, em livros de História do Brasil, apontou uma persistente visão eurocêntrica da história como um dos maiores problemas concernentes aos livros didáticos deste gênero. No que tange à participação de outros grupos, além do formado pelo contingente europeu, os livros encaminham dois argumentos: o primeiro é o de que o índio resistiu, enquanto que o negro adotou o trabalho e o modo de vida implantados pelo branco; o segundo, é o de que os brancos lucravam e usufruíam dos benefícios trazidos com a escravidão. Assim, sua conclusão é de que existe uma história que reduz a própria História (disciplina escolar) à ação de uma elite branca. Este tipo de história anula o conceito de luta de classes, pois quem age historicamente é apenas a elite, o branco. Além disso, ao negarem a participação negra nos processos históricos brasileiros, propiciando que os alunos negros pensem que sua ação e importância históricas são nulas, os livros didáticos não contribuem para a formação de uma identidade negra positiva.

Apoiando-se na mesma proposição e ampliando a questão, acerca da representação negativa apresentada pelos livros didáticos, em relação ao negro, a pesquisadora Ana Célia Silva (2004) aprofunda a discussão sobre como são disseminados e difundidos estereótipos negativos em alusão ao negro no livro didático. Para a autora, uma das conseqüências da disseminação de atributos negativos é a discriminação no mercado de trabalho para o estereotipado, "através do disfarce da exigência da 'boa aparência', baseada na falsa imagem de que o negro é feio, incapaz, mau, sujo, desonesto" (SILVA, A., p. 50). Essa expressão "boa aparência", conforme apontou Lynn Walker Huntley, "é apenas uma outra forma de identificar o branco – ou de como o conceito 'branco' é construído no Brasil" (HUNTLEY, 2000, p. 16). Em decorrência de seu estudo, Ana Célia Silva (2004) afirma que a pior das conseqüências é a "auto-rejeição ao seu outro igual, é esse ódio contra si próprio que a ideologia coloca no oprimido, um tipo insidioso de inferioridade que resulta em desagregação individual e desmobilização coletiva" (SILVA, A., p. 50). Em outro trabalho, Ana Célia (2001) ocupou-se com a desconstrução da discriminação do negro nos livros didáticos, no qual confirma a hipótese de que o livro didático constitui um veiculador de estereótipos e preconceitos, mas que pode vir a ser instrumento gerador de senso crítico. No entanto, para que isso ocorra, o professor das séries iniciais deve estar preparado para enfrentar esse desafio. Portanto, assim como Mairon Escorsi Valério (2002), a autora acrescenta outros segmentos que comumente são silenciados e estereotipados nos livros didáticos, enfatizando que o "livro didático, de modo geral, omite o processo histórico e cultural, o cotidiano e as experiências dos segmentos subalternos da sociedade, como o índio, o negro, a mulher entre outros" (SILVA, 2004, p. 51).

Anterior aos estudos de Ana Célia, a representação de inferiorização do negro também foi fecundamente abordada no trabalho de Maria de Lourdes Nosella (1978), ao examinar cento e sessenta e seis livros de *Comunicação e Expressão* da 1ª à 4ª séries do antigo 1º Grau da rede de ensino oficial do Espírito

Santo, objetivando desmascarar a ideologia subjacente nos textos, em relação a vários componentes da sociedade brasileira. A questão do negro foi assinalada pela pesquisa quando investigou temas relacionados à família e à pátria: nas descrições de famílias, de modo geral, as empregadas domésticas são negras. E, à semelhança do trabalho anterior, verificou que a ideologia de inferiorização e do branqueamento são dominantes no livro didático. Portanto, conforme pontuou Ana Célia Silva,

> "em todos os livros analisados, o branco foi o personagem predominante, quer nas ilustrações, quer nos textos, enquanto que o negro apareceu como minoria, de forma distorcida e desumanizada, estereotipada e inferiorizada e sem direitos de cidadania" (SILVA, 2004, p. 37).

Embora uma boa parcela da população ainda encare a escola como elemento de participação coletiva, *locus* para a construção da cidadania e espaço democrático, constata-se que o material didático não fora, e não tem sido, o instrumento propiciador da edificação de valores democráticos. Para que a escola cumprisse seu verdadeiro papel, seria necessária a abertura para o diálogo e para as diferenças. O que se vê nas escolas e nos livros didáticos se constitui num diálogo entre iguais. Dagoberto José Fonseca (2003) adverte que nos livros didáticos os professores e professoras, quando aparecem, são "claros". O conteúdo disseminado nos livros didáticos deveria suscitar oportunidades para que a condição mestiça da criança e do adolescente fosse discutida e valorizada, o que ocorre, todavia, é que ele acentua o despreparo dos profissionais para o trato com a realidade da comunidade escolar. No dizer de Dagoberto (2003, p. 395), não raras vezes, professores praticam ações de discriminação "nas cantigas, nas piadas e nas possíveis broncas que emitem em sala de aula, em conversas reservadas na sala dos professores", no que tange aos alunos negros.

A escola no Brasil, portanto, pode ser um veículo para a reprodução de estereótipos negativos sobre a Raça, formando – ou deformando, como queiram – crianças e adolescentes, inabilitando-os para a percepção e o respeito à diferença. O estudo de Lia Rosenberg (1989) é elucidativo nesse sentido, pois ele corrobora a tese de que a escola reproduz a segregação e o racismo velado, existente no Brasil. Tendo por base o Censo de 1980 e a PNAD de 1989, a autora chegou à conclusão de que os negros são encaminhados para as escolas com menores indicadores de qualidade. A autora constata que, aproximadamente, um em cada quatro alunos que freqüentam a rede pública é negro. Contudo, somente ratifica a insipiência da escola no tratamento das questões raciais no espaço educacional e o despreparo docente na utilização crítica dos materiais didáticos, entre esses, principalmente, o livro didático.

Não se pode falar do livro didático sem acionar aquele que se ampara nele em sala de aula: o professor. Para tratar desse agente importante, de sua formação e das relações com a escola, no trato das questões raciais, o texto de Nilma Lino Gomes (2001) apresenta aspectos importantes da escola brasileira com uma preocupação central: o tratamento que a escola tem dado à história e à cultura africana. Essa autora alerta para a ausência de discussão das questões raciais,[112] assim como para a falta de articulações entre estas e a prática pedagógica e as políticas educacionais. A autora adverte para o cuidado ao tratar desses aspectos, pois

> em alguns momentos as práticas educativas que se pretendem iguais para todos acabam sendo as mais discriminatórias. Essa afirmação pode parecer paradoxal, mas, dependendo do discurso e da prática desenvolvida, pode-se incorrer no erro da homogeneização em detrimento das diferenças (GOMES, 2001, p. 86).

A autora, como fazemos neste trabalho, também faz a opção pela categoria Raça, por considerá-la mais próxima da visão da sociedade. Para ela, pensar a articulação entre educação,

---

[112] Sobre a relação professor e a questão racial, há uma lacuna a ser trabalhada. Ver formulações a respeito em Wilma de Nazaré Baía Coelho (2003b, 2003c).

cidadania e Raça significa ir além das discussões sobre temas transversais ou propostas curriculares emergentes. Maria Aparecida da Silva, inspirada nos conceitos de preconceito e discriminação de James Jones (1973), discute a idéia de uma formação consistente sobre as relações raciais brasileiras que colabore para que profissionais da educação revertam o quadro de discriminação na sala de aula (SILVA, M., 2001). Entendemos que, refletir criticamente sobre os estereótipos construídos em torno do segmento negro, torna-se imprescindível e urgente na atual emergência social, política e educacional.[113]

Todavia, até o momento, ainda são incipientes os estudos relativos à formação de professores e à questão racial no âmbito educacional.[114] Temos notícia de trabalhos mais densos na perspectiva histórica dessa questão. Das queixas mais enfáticas que encontramos na literatura, destaca-se a de Thomas E. Skidmore (1992), a qual ressalta que não há pesquisas históricas consistentes sobre relações raciais pós-1888. Para o autor, faltam dados confiáveis e concisos que fundamentem uma discussão acalorada a esse respeito, no Brasil. No entanto, ressalta que apenas duas disciplinas estudam um pouco mais essas questões no país: a História e a Antropologia. O autor declara-se assombrado devido à falta de reação dos acadêmicos diante da constatação da discriminação racial no Brasil, bem como critica os centros de pesquisa nacionais que hoje tratam deste debate sem atentarem

---

[113] Reconhecemos, porém, que essas deformações, embutidas com a intenção de "formar", não constituem um "mérito" da estrutura sistemática específica das nossas escolas e de parcela significativa dos livros didáticos brasileiros. Joyce King ressalta que nos livros didáticos que circulam nas séries iniciais – em algumas – das escolas norte-americanas, constatam-se distorções abissais e problemas teóricos, quando tratam da história da África. Alguns desses livros apresentam, também, arquétipos pejorativos em relação aos negros e latinos. *Discurso Oral*. Conferência proferida em Poços de Caldas/MG: 26ª Reunião da ANPED, out. 2003.

[114] João Baptista Borges Pereira (2000) chama a atenção em seu texto *Diversidade, racismo e educação* para as possíveis saídas e enfatiza que o sistema de ensino brasileiro precisa ser, a um só tempo, abrangente, competente e democrático e, portanto, não excludente.

para a realidade posterior à promulgação da última constituição democrática.

Concordamos com as formulações de Skidmore e estendemos a sua crítica à área educacional, sobretudo no que respeita aos cursos de formação de professores. Regina Pahim Pinto (1999), única a enfrentar a questão nessa perspectiva, estudou o curso de formação de professores (habilitação magistério) em nível médio. Percebeu que a formação oferecida ao professor não desperta nele o comprometimento necessário para a solução do problema. A questão do racismo, do negro e das minorias é tratada como um problema menor – quando o são – de forma que, na maioria das vezes, o formando permanece com os valores que herdou de seu grupo social.

Em socorro às conclusões de Regina Pahim, trazemos à baila o trabalho da pesquisadora Julie Kailin (1999). Diante de uma situação muito similar à brasileira, com evidências de racismo nas escolas estadunidenses, ela examinou a percepção de duzentos e vinte e dois professores brancos – todos formados e atuando – por meio de questionários abertos sobre o racismo, em escolas de classe média e de Ensino Médio. Entre os achados da pesquisadora, destacamos o fato de que a maioria dos professores brancos opera a partir de uma consciência ímpar sobre o racismo: a grande maioria "culpou a vítima", remetendo as causalidades do racismo aos negros. Ela aporta, ainda, que, dos professores negros[115] que testemunharam comportamentos racistas de seus colegas brancos, a maioria permaneceu silenciosa e não criticou tal comportamento. Julie Kailin atribui tais manifestações de racismo ao despreparo das instituições de formação de docentes. Sua conclusão reforça a suspeita, transformada por nós em tese, de que na falta de qualquer diretriz, sugerida ou

[115] Destacamos aqui o trabalho de Patrícia Santana (2004), que objetivou compreender as diferentes visões e posicionamentos de professores negros ante a questão das relações raciais, atuantes na rede pública de Belo Horizonte. Entre suas reflexões, destaca que as diferentes reações estão relacionadas a eventos sofridos em decorrência do preconceito. Entre essas reações, estão: negação do preconceito; conformação ou não percepção de sua incidência.

encaminhada pelos cursos de formação de professores, cada um age como quer e, assim, acaba por reproduzir os preconceitos cultivados ao longo da vida.

Uma das responsabilidades do curso de formação de professores, portanto, seria encontrar caminhos que tornem o professor habilitado a desmantelar as representações racistas presentes no conteúdo didático, em seu comportamento e no comportamento dos alunos. Isto, no entanto, só poderá ser feito caso venhamos a entender que o professor necessita desenvolver um cabedal, um recurso intelectual que o prepare para o enfrentamento da questão.

No que tange ao professor formado para as séries iniciais, em um país miscigenado, com um grave problema de segregação racial, como foi demonstrado nas páginas anteriores, é urgente a necessidade de prepará-lo para que ele reverta, na mente da criança e do pré-adolescente, os estereótipos relacionados à questão racial.

Como veremos nos próximos capítulos, a formação de professores, oferecida nas décadas de 1970 e 1980, deixou de fora esta questão, de modo que os alunos negros e pardos, formados no IEEP, não se reconheceram em nenhuma das atividades curriculares ou extracurriculares. E pior. Todos reconhecem a formação que receberam como tendo sido de boa qualidade, todos exibem o domínio sobre alguns instrumentos do ofício, como a realização de planos de aula, de disciplina, as regras de domínio do quadro-de-giz e o controle de turma como baluartes da condição de um bom professor. No que tange à crítica dos valores racistas e segregacionistas presentes no conteúdo, no entanto, nada fazem.

Entender essa formação, portanto, é imprescindível.

Capítulo 3

Só de corpo presente

ou

de como a cor esteve ausente da formação no IEEP

Negro Forro

Minha carta de alforria
Não me deu fazendas
Nem dinheiro no banco
Nem bigodes retorcidos
Minha carta de alforria
Costurou meus passos
Aos corredores da noite
De minha pele.
(*Adão Ventura, 2001*)

Há uma anedota antiga – não tão antiga e nem tão engraçada – que tratava da forma pela qual a cor era enfrentada nos Estados Unidos. Ela contava a história de um presidente americano – fictício, notem bem – que resolvera dar um fim aos conflitos raciais daquele país. A solução era acabar com a cor discriminatória; a partir de determinado momento, não haveria mais brancos ou negros, todos seriam verdes. Pois bem, a história continuava afirmando que, depois que a lei fora colocada em prática, uma família negra entrara em um coletivo e sentara-se em um dos bancos da frente. O motorista freou o veículo violentamente, e ordenou que a família se posicionasse nos fundos do ônibus. Um dos familiares argumentou, então, que, segundo a nova lei, a segregação terminara e a ocupação dos coletivos não respeitava mais nenhum critério de separação por cores. O motorista concordou, mas esclareceu: "verde-claros na frente, verde-escuros atrás".

Apesar de desconhecida das gerações mais novas, a anedota brasileira sobre a problemática racial americana deixa evidente a forma pela qual a sociedade brasileira lida com a questão da cor. Ela pretende evidenciar um problema que não é nosso, uma disposição para o conflito que recebe, a despeito do tom bem-humorado, um sinal negativo: as tentativas de eliminar os problemas raciais os agravam porque os trazem à tona, quando deveriam permanecer no silêncio, deveriam ficar ausentes. Essa anedota, é importante que se diga, freqüentou os salões mais refinados da sociedade brasileira. Em outros ambientes, menos *sofisticados*, a verdade aparecia em ditos que, pretendendo-se espirituosos, expunham os limites da democracia racial brasileira: "Branco quando corre é cooper, preto quanto corre é ladrão"; "Preto, quando não suja na entrada, suja na saída"; "Deixa de criolice!"

A coexistência dessas duas formas de viver a questão da cor – ironizando a incapacidade americana para a harmonia e a miscigenação e, ao mesmo tempo, remetendo o negro para uma condição subalterna e indigna – fez da cor no Brasil uma instituição ausente. Ela existe e não existe. É confuso mesmo: o Brasil é mestiço, seus ícones culturais são mestiços, a maior personalidade brasileira de projeção mundial é negra – o jogador de futebol Edson Arantes do Nascimento, o Pelé – e, no entanto, somos um país onde a cor aparece pouco. Nossas novelas estão repletas de atores que parecem ter saído de uma *soap opera* norte-americana; as propagandas que abundam nos jornais, revistas e televisões são estreladas por modelos brancos, em sua maioria; as bonecas vendidas no Brasil são loiras; e um dos ícones da cultura brasileira – mestiça brasileira – neste país, com raízes na herança africana, o samba, comporta versos famosos, como aquele que diz: "O teu cabelo não nega, mulata, porque és mulata na cor, mas como a cor não pega, mulata, mulata eu quero o teu amor!" (BABO, VALENÇA, 1931).

A cor no Brasil é como aquele sujeito que está só de corpo presente: ele está ali, mas ninguém vê, ninguém nota, ninguém se interessa. Todos sabem que está, mas não há manifestação, reconhecimento, valorização ou coisa que o valha que indique que aquele sujeito está vivo, é importante, é querido. Este capítulo trata de como a cor esteve ausente da formação de professores oferecida pelo IEEP, a despeito da presença maciça de alunos mestiços de negro ou negros em seu quadro discente. Ele pretende demonstrar que os alunos mestiços de negro[116] ou negros estiveram no IEEP só de corpo presente e, mais, sua condição racial nunca ultrapassou os portões do Instituto.

3.1 - O corpo presente

> E formou o Senhor Deus o homem do pó da terra, e soprou em suas narinas o fôlego da vida; e o homem foi feito alma vivente.
>
> *Gênesis*, 2: 7

Um dos primeiros problemas para quem lida com a questão racial no Brasil é ultrapassar a problemática da cor. A profusão de denominações de cor é testemunho, segundo Thomas E. Skidmore (1999), da penetração da ideologia assimilacionista. É sabido que no Brasil existem mais de cem denominações de cor. Do branco ao negro e além dos mulatos, cafuzos e mamelucos, há bugres, burros-quando-fogem, cafés-com-leite, canelas, encerados, enxofrados, fogoiós, galegos, jambos, laranjas, lilases, marrons, meio-amarelos, meio-brancos, meio-morenos, meio-pretos, mistos, moreno-bem-chegados, pálidos, paraíbas, pouco-claros, puxa-para-brancos, queimados, retintos, ruços, sapecados, sararás, trigueiros, vermelhos e – não é brincadeira – verdes (SCHWARCZ, 2001).

Ao contrário do padrão norte-americano, do *one drop rule*, segundo o qual uma gota de sangue negro torna o indivíduo negro (PIZA, 2000; TELLES, 2002), no Brasil ocorre o contrário, pois a cor é definida pela quantidade de sangue branco; quanto

[116] O Movimento Negro tem empregado o termo negro para definir a parcela da população brasileira constituída de descendentes de africanos (pretos e pardos). Negro, então, constitui uma designação que define um grupo com traços culturais identificáveis, herdados, e, também, denota uma minoria política (MUNANGA, 1986,1990).

maior a quantidade e em acordo com a forma como essa quantidade se manifesta, mais próximo do branco e mais distante do negro se encontra o indivíduo; daí o verde. Só muito recentemente, com a intervenção política do Movimento Negro, a categoria negro foi consolidada como índice de cor e, conseqüentemente, de reconhecimento. Segundo Muniz Sodré (1999), os movimentos políticos de afro-descendentes tornaram o termo politicamente correto, de forma que o IBGE, nos últimos anos, acabou por limitar a variante da cor a ser escolhida pelos entrevistados. Normalmente, hoje, são cinco as cores dos censos: amarela, branca, preta, parda e indígena.[117]

Nós acompanhamos esta última posição, portanto, na identificação do corpo discente do IEEP. Assim, na categoria *preta*, agregamos os alunos identificados como escuros, *pretos* e mulatos, e na categoria *parda* agregamos os alunos identificados como mestiços, morenos e pardos. Nos vinte anos de que trata este trabalho, o Instituto formou 12.143 alunos. Deste universo, investigamos 1.239 fichas de alunos e os registros de nascimento que as acompanhavam, constituindo o percentual de 10% do corpo discente, formado anualmente. Importa dizer que, no período em questão, as indicações de cor eram feitas por familiares, no momento da realização do registro de nascimento, ou pelo escrivão, tendo por base as características do registrante.[118]

---

[117] A despeito da complexidade que envolve a questão da cor no Brasil, em função da enorme gama de cores indicadas pelos resultados dos censos, verifica-se uma distribuição desigual de denominações de tipos nas diversas regiões do país. Assim, o Nordeste concentra um percentual de pardos superior a todas as demais regiões (48%), enquanto que as regiões Sudeste e Sul concentram perto de 65% de brancos e pouco mais de 20% de pardos (SCHWARCZ, 2001, p. 56-7).

[118] Sobre os problemas subjacentes à heteroidentificação, ver o estudo de Edward Telles e Nelson Lim (1998); para entender detidamente os processos de auto-heteroidentificação de cor no Brasil e se perceba a sua complexidade, ver o estudo de Edith Piza (2000, p. 97-125).

Tabela 9 – Distribuição da amostra estudada do corpo discente por cor e sexo, no período de 1970–89

Sexo	Cor								Total	
	Amarela		Branca		Preta		Parda			
	abs.	%	abs.	%	abs.	%	abs.	%	abs.	%
Feminino	6	0,48	302	24,37	113	9,12	778	62,80	1.199	96,77
Masculino	0	0	16	1,30	3	0,24	21	1,69	40	3,23
Total	6	0,48	318	25,67	116	9,36	799	64,49	1.239	100

Fontes: Ficha individual de alunos e Certidão de Nascimento

O corpo discente, como se vê, era, majoritariamente, feminino e mestiço. Em média, cada turma possuía mais de 95% de mulheres e mais de 70% de alunos *não brancos*. A cor estava lá, portanto, sentada nos bancos escolares, ouvindo os professores, lendo os livros e se preparando para atuar no magistério.

Sua condição de corpo presente, ou seja, a invisibilidade da cor[119] refletia – como tudo o mais – um comportamento social brasileiro. Apesar de os estudos iniciais sobre a questão racial, no Brasil e na América Latina, apontarem para a relação havida entre raça e posição social, entre raça e classe social, todos eles reconheciam a inexistência de uma identidade social construída a partir da noção de raça (BASTIDE, FERNANDES,1965; AZEVEDO, 1955; HARRIS, 1964; PIERSON, 1971). Donald Pierson afirmava, inclusive, que a cor, no Brasil, era vista como uma "evidência natural". Podemos considerar, então, que Pierson entendia a proliferação de denominações de cor, como uma tentativa inocente de captar o gradiente que se tornara o panorama humano brasileiro.

As pesquisas posteriores, entre as quais destacamos os já citados trabalhos de Thomas E. Skidmore (1992) e Antonio Sérgio Alfredo Guimarães (2000), demonstram, todavia, que a

[119] A noção de "invisibilidade" tem sido trabalhada por antropólogos voltados para o estudo de comunidades rurais negras. Ela tem servido para compreender a estratégia do Estado e da sociedade em obliterar a manifestação e o reconhecimento da contribuição negra na constituição da cultura brasileira. Ela é vista, ainda, como um resquício do passado escravista (OLIVEIRA JÚNIOR, 1999).

proliferação de denominações corresponde não ao reconhecimento da variedade de tipos físicos – de resto homenageada no cancioneiro popular, com todas as suas musas cor de mel –, mas à tentativa de integração ao ideal de branqueamento[120] construído desde o final do século XIX. Nesse sentido, Carlos Alfredo Hasenbalg (1979) alerta que a posição social não isenta o indivíduo do preconceito, só torna o preconceito mais sutil.

A questão a que estes três autores se referem pode ser entrevista em uma série de lugares comuns, vividos ou testemunhados por grande parte de nossa população: *é negro, **mas** é bonito; é negro, **mas** é trabalhador; é negro, **mas** é honesto*. O reconhecimento da cor, quando ocorre, amiúde vem acompanhado da ressalva de algo que a ameniza, como se a cor trouxesse consigo algum mal que necessitasse de ser purgado. Ela é sempre colocada de fora, nunca está lá.

Mesmo o fato de sermos o país de maior população negra, fora do continente africano, ou do fato apontado pelo Censo de 1980,[121] o qual indicava um índice de 44% de habitantes negros ou pardos, não proporciona visibilidade positiva em relação à questão do negro. Muito freqüentemente, ele aparece como um problema social: sua condição, o lugar que ocupa na escala social seria resultado de problemas estruturais no país e não do preconceito, como defendiam as teses dos autores da escola paulista, desde a década de 1950.

Um outro fato que contribui para o nosso argumento é o de que nunca houve um censo educacional que considerasse a questão da cor. Ela está de fora da discussão sobre os rumos da Educação formal, ainda que a questão da miscigenação se constitua em um dos componentes da identidade brasileira. Na verdade, a falta de dados sobre a questão impede, inclusive, que se perceba a inserção

---

[120] Sobre a ideologia do branqueamento, ver os trabalhos de Thomas E. Skidmore (1974,1992), César Rossato e Verônica Gesser (2001), Petrônio José Domingues (2002), Maria Aparecida Silva Bento (2002) e Edith Piza (2002).

[121] No último Censo, realizado no ano 2000, "o Brasil possuía uma população de 170 milhões de habitantes, dos quais noventa e um milhões se classificaram como brancos (53,7%), dez milhões se classificaram como pretos (6,2%), setecentos e sessenta e um mil como amarelos (0,4%), sessenta e cinco milhões como pardos (38,4%) e setecentos e trinta e quatro mil indígenas (0,4%)" (IBGE, 2000, p. 35).

do negro no sistema educacional. O que a nossa pesquisa demonstra, com relação ao IEEP, é que em todo o período estudado o contingente negro ou mestiço foi preponderante.

Tabela 10 – Distribuição da amostra estudada do corpo discente por cor, no período de 1970–89

Ano	Cor								Total	
	Amarela		Branca		Preta		Parda			
	abs.	%	abs.	%	abs.	%	abs.	%	abs.	%
1970	2	2,25	17	19,10	14	15,73	56	62,92	89	100
1971	0	0	4	14,81	3	11,11	20	74,07	27	100
1972	0	0	13	44,83	2	6,90	14	48,28	29	100
1973	0	0	8	27,59	5	17,24	16	55,17	29	100
1974	0	0	7	43,75	3	18,75	6	37,50	16	100
1975	0	0	4	6,56	4	6,56	53	86,89	61	100
1976	0	0	25	28,41	8	9,09	55	62,50	88	100
1977	1	1,56	21	32,81	9	14,06	33	51,56	64	100
1978	1	1,64	24	39,34	7	11,48	29	47,54	61	100
1979	0	0	17	41,46	10	24,39	14	34,15	41	100
1980	0	0	13	23,21	2	3,57	41	73,21	56	100
1981	0	0	7	11,67	0	0	53	88,33	60	100
1982	0	0	8	14,81	1	1,85	45	83,33	54	100
1983	0	0	27	35,06	7	9,09	43	55,84	77	100
1984	0	0	21	23,60	4	4,49	64	71,91	89	100
1985	0	0	21	32,31	5	7,69	39	60	65	100
1986	0	0	14	20,29	8	11,59	47	68,12	69	100
1987	0	0	29	30,21	10	10,42	57	59,38	96	100
1988	2	1,75	23	20,18	12	10,53	77	67,54	114	100
1989	0	0	15	27,78	2	3,70	37	68,52	54	100
Total	6	0,48	318	25,67	116	9,36	799	64,49	1239	100

Fontes: Ficha individual de alunos e Certidão de Nascimento

Essa presença maciça, todavia, não pode ser tomada de forma absoluta. Negros e pardos ocupavam um lugar secundário dentro do Instituto, reflexo, aliás, da posição dispensada ao negro nas diversas instâncias sociais. As práticas de segregação manifestas em expressões da língua, tais como aquelas que acrescentam uma ressalva sempre que se atribui a alguém a condição de negro, ou evidentes na ausência de uma representação do Brasil que incorpore o negro ou os mestiços na dramaturgia nacional (ver, sobre isso, o trabalho de Joel Zito Almeida de Araújo, 2000), estendem-se para a vida econômica. Aos negros e mestiços cabem os menores salários e, conseqüentemente, as piores condições de vida.

Isto pode ser percebido pelo Censo de 2000, o qual vislumbra – como poucos instrumentos – o alcance da *democracia racial* brasileira e os lugares dispensados aos *não brancos*.

Tabela 11 – Proporção das pessoas de 10 anos ou mais de idade, ocupadas na semana de referência, com rendimento nominal de todos os trabalhos até 1 salário mínimo e com mais de 20 salários, por cor ou raça, segundo as grandes regiões – 2000.

Grandes Regiões	Proporção das pessoas de 10 ou mais anos de idade, ocupadas na semana de referência, com rendimento nominal mensal de todos os trabalhos, por cor ou raça					
	Total	Branca	Preta	Amarela	Parda	Indígena
	Até 1 salário mínimo					
Brasil	25,28	18,15	34,50	8,27	35,09	32,91
Norte	32,79	25,61	37,99	22,81	35,56	43,23
Nordeste	47,98	39,15	56,08	40,42	51,95	45,77
Sudeste	15,95	12,62	23,68	4,45	21,66	19,67
Sul	18,85	17,17	27,58	8,83	28,53	30,25
Centro-Oeste	22,27	18,61	28,01	11,52	25,70	32,71
	Mais de 20 salários mínimos					
Brasil	2,69	4,03	0,55	13,43	0,81	1,06
Norte	1,72	3,23	0,79	9,77	1,06	0,58
Nordeste	1,35	2,71	0,36	4,30	0,69	1,02
Sudeste	3,42	4,81	0,57	15,03	0,75	1,51
Sul	2,58	2,91	0,48	10,48	0,54	0,80
Centro-Oeste	3,30	5,11	1,19	12,37	1,41	0,92

Fonte: Censo 2000 – IBGE

Como se pode notar, enquanto que as regiões Norte e Nordeste concentram os maiores índices de trabalhadores com remuneração inferior ou igual a um salário mínimo, os segmentos negro e pardo são os que possuem o maior número de indivíduos nessa condição, quando comparadas com as demais, exceção feita às populações indígenas, que, na região Norte, superam todos os outros grupos raciais. O inverso se verifica, no entanto, quando se analisam os índices relativos às populações com remuneração superior a vinte salários mínimos: as regiões Norte e Nordeste são as que menos concentram indivíduos nessa categoria e, infelizmente, sem qualquer surpresa, negros e pardos estão entre os que menos alcançam essa remuneração.

A diferença percebida entre mestiços e brancos e – de forma ainda mais distante – entre negros e brancos, no plano nacional,[122] refletia-se no IEEP. Vejamos como os alunos se distribuíam pelos turnos:

Tabela 12 – Distribuição da amostra estudada de acordo com a cor e o turno, no período de 1970-89

Turno	Cor								Total	
	Amarela		Branca		Preta		Parda			
	abs.	%	abs.	%	abs.	%	abs.	%	abs.	%
Manhã	3	0,29	118	11,39	21	2,03	219	21,14	361	34,85
Tarde	1	0,10	78	7,53	30	2,90	186	17,95	295	28,48
Noite	0	0	78	7,53	38	3,67	264	25,48	380	36,68
Total	4	0,39	274	26,45	89	8,60	669	64,57	1.036	100

Fontes: Ficha individual de alunos e Certidão de Nascimento

Em primeiro lugar, importa esclarecer que a amostra estudada não possuía informações sobre o turno de todos os alunos. Em alguns casos, a deterioração causada pelo tempo dificulta a constatação do turno, de forma que a amostra perde a informação

[122] Destacamos três trabalhos que evidenciam tais aspectos. O primeiro é de Carlos Alfredo Hasenbalg (1998), o qual faz uma análise das desigualdades raciais no Brasil contemporâneo, por meio da comparação de padrões de mobilidade social dos grupos brancos e *não brancos*. Suas conclusões evidenciam que as desigualdades são constantemente recriadas por meio da oferta desigual de oportunidades a que os grupos são expostos. O segundo é uma obra conjunta de Carlos Alfredo Hasenbalg. et al. (1999), o qual traça uma relação entre raça e política no Brasil, com vistas a evidenciar as diferenças socioeconômicas entre brancos e negros, especialmente no que tange ao acesso à educação e ao emprego. O terceiro é de Ricardo Henriques (2001), a qual analisa os desdobramentos da desigualdade racial no Brasil, por meio dos níveis de escolaridade de brancos e negros e do acesso de ambos ao nível superior.

de duzentos e três alunos. No entanto, essa deficiência da fonte não impede que se perceba o que informa o nosso argumento, de que os alunos brancos eram, percentualmente, os que menos ocupavam os turnos vespertino e noturno, para os quais recorriam os alunos já inseridos no mercado de trabalho, como veremos oportunamente.

Vejamos a distribuição:

Tabela 13 – Distribuição da amostra estudada de acordo com a cor e o turno, no período de 1970-89

Turno	Cor			
	Amarela	Branca	preta	parda
Manhã	75%	43,06%	23,60%	32,74%
Tarde	25%	28,47%	33,71%	27,80%
Noite	0	28,47%	42,69%	39,46%
Total	100	100	100	100

Fontes: Ficha individual de alunos e Certidão de Nascimento

Amarelos e brancos, como se pode ver, ocupavam preferencialmente o turno da manhã, enquanto que negros e pardos tinham o seu maior contingente no turno da noite. A diferença não se deve ao acaso, mas à necessidade de conjugar trabalho e estudo. É claro que isto não ocorria somente com os negros e pardos, nem pretendemos afirmá-lo, mas era um problema que incidia com maior freqüência nestes grupos, uma vez que a diferença racial foi, sempre, acompanhada de discriminação no mercado de trabalho[123] e no acesso à Educação.

Essa diferença pode ser ainda melhor percebida, se considerarmos a idade de formação. A amostra estudada evidencia uma enorme diferença na idade de formação dos diferentes grupos. A Lei nº 5.692/71 reduziu o tempo de estudo na formação básica, de treze para onze anos de estudo, além de instituir a obrigatoriedade do ensino entre os 7 e os 14 anos de idade. Antes, a criança deveria cursar o Primário em quatro anos; a

[123] Conforme a afirmação de Carlos Alfredo Hasenbalg (1979). Com relação ao Estado do Pará, o trabalho de Assunção José Pureza Amaral (2004) constata a disparidade existente entre os grupos de cor, no tocante ao mercado de trabalho.

admissão, o Ginásio em quatro; e o Secundário em quatro, totalizando, em média, quatorze anos de estudo. Após a promulgação daquela lei, a educação básica foi divida em dois graus: o primeiro, com oito anos, comportava os antigos Primário e Ginásio; o segundo, com três anos, substituía o curso Secundário.

Alguns dos alunos que fazem parte da nossa amostra viveram a transição de um modelo para o outro. Assim, muitos dos que se formaram até o ano de 1977 iniciaram sua vida escolar aos 7 anos, em média, e a terminaram ao 20 anos, também em média, porque a iniciaram ainda sob a égide da legislação anterior. Ao passo que os alunos que iniciaram sua vida estudantil a partir de 1967 cumpriram onze anos de estudo e a terminaram por volta dos 18 anos.

Diante dessa constatação, elaboramos três faixas etárias. A primeira compreende os alunos que se formaram antes do tempo previsto, em média, bem entendido, com a idade de 16 ou 17 anos. A segunda compreende os alunos que se formaram no tempo previsto, considerando-se a coexistência das duas leis: entre os 18 e os 20 anos. A terceira abarca os alunos que se formaram após o tempo previsto. Com relação a estes últimos, decidimos subdividir a faixa, de forma a torná-la ainda mais esclarecedora.

Vejamos:

Tabela 14 – Distribuição da amostra estudada de acordo com a cor e faixa etária em relação ao total da amostra, no período de 1970-89

Faixa etária	Cor							
	Amarela		Branca		Preta		Parda	
	abs.	%	abs..	%	abs.	%	abs.	%
16-17	0	0	16	1,29	2	0,16	12	0,97
18-20	5	0,40	231	18,64	28	2,26	415	33,49
21-25	1	0,08	54	4,37	64	5,16	268	21,63
26-30	0	0	12	0,96	16	1,29	65	5,24
31-35	0	0	5	0,40	3	0,24	27	2,17
36-40	0	0	0	0	2	0,16	9	0,72
41-45	0	0	0	0	0	0	2	0,16
46-50	0	0	0	0	0	0	1	0,08
Totais	6	0,48	318	25,67	115	9,27	799	64,49

Fontes: Ficha individual de alunos e Certidão de Nascimento

Tabela 15 – Distribuição da amostra estudada de acordo com a cor e faixa etária, no período de 1970-89

Faixa etária	Cor							
	Amarela		Branca		Preta		Parda	
	abs.	%	abs.	%	abs.	%	abs.	%
16-17	0	0	16	5,03	2	1,74	12	1,51
18-20	5	83,33	231	72,64	28	24,35	415	51,94
21-25	1	16,67	54	16,98	64	55,66	268	33,55
26-30	0	0	12	3,77	16	13,92	65	8,14
31-35	0	0	5	1,58	3	2,61	27	3,40
36-40	0	0	0	0	2	1,74	9	1,14
41-45	0	0	0	0	0	0	2	0,25
46-50	0	0	0	0	0	0	1	0,13
Totais	6	100	318	25,67	115	100	799	100

Fontes: Ficha individual de alunos e Certidão de Nascimento

A Tabela 14 demonstra a distribuição dos alunos formados, por cor e faixa etária, destacando o percentual em relação ao total da amostra. Nela, verificamos que o grupo de alunos brancos foi o que mais formou professores, antes do período previsto. À exceção do grupo de alunos amarelos, aquele grupo branco teve os menores percentuais, nas faixas que indicam atraso – salvo a faixa de 31 a 35 anos – e não possuía nenhum professor formado com idade acima de 36 anos.

Os alunos pardos, que representavam a maior parte do corpo discente, apresentam os maiores percentuais, em todas as faixas, inclusive, em algumas delas, eles estão sozinhos. Os percentuais, aliás, demonstram a distância havida entre os alunos brancos e os *não brancos*. Na faixa dos alunos que se formaram com atraso, entre 21 e 25 anos, o percentual de brancos é de pouco mais de 4%, enquanto que o percentual de pardos é de mais de 20%. Apenas doze brancos, perfazendo menos de 1% do total de alunos, formaram-se com mais de 26 anos, enquanto que o percentual de pardos, na mesma condição, ultrapassa os 5%.

As diferenças tornam-se maiores quando chegamos às outras faixas. Assim, cinco alunos brancos formaram-se com mais de 30 anos e nenhum o fizera com mais de 36. Também trinta e nove alunos pardos formaram-se com idade igual ou superior a 31 anos, sendo nove com mais de 36 anos, dois possuíam mais de 41 anos e um aluno formou-se com mais de 46. A cor, como se vê, cumpria papel decisivo na vida escolar. Os percentuais relativos aos alunos negros deixam isso claramente.

Em relação ao número absoluto da amostra, os alunos negros encontram-se em melhor condição que os amarelos. Uma consideração atenta, e a Tabela 15 revelará o engano. Primeiramente, porém, consideremos a comparação entre alunos negros, brancos e pardos. Em relação aos brancos, os índices se invertem à medida que mudamos de faixa etária: nas duas primeiras – que indicam aprovação antes ou no tempo previsto –, os alunos brancos apresentam índices superiores; nas demais – as quais apontam os alunos formados com atraso – os alunos negros são campeões (sic). Em relação aos pardos, ocorre que os alunos negros se encontram em melhor posição, pois seus índices são, uniformemente, inferiores aos dos alunos pardos. Ocorre aqui, porém, o mesmo em relação aos alunos amarelos, já que a situação dos alunos negros parece ser de vantagem.

A análise da Tabela 15, todavia, mostra o contrário, pois ela considera os percentuais dentro de cada grupo de cor. Assim, descobrimos que mais de 80% dos alunos amarelos terminaram o seu curso dentro da faixa etária prevista. O mesmo ocorreu com mais de 70% dos alunos brancos e com mais de 50% dos alunos pardos, mas só pouco menos de 25% dos alunos negros conseguiram o mesmo. Assim, enquanto que mais de 70% dos alunos negros concluíram o curso de formação de professores em atraso, 16% dos alunos amarelos, 22% dos alunos brancos e 46% dos alunos pardos viveram a mesma situação.

Havia, portanto, uma enorme diferença nas condições de ensino entre alunos brancos e *não brancos*, a qual se tornava ainda mais acentuada quando se levava em consideração a diferença entre alunos brancos e negros. Estes últimos se concentravam nos cursos noturnos e se formavam com atraso. Alunos e professores do Instituto recordam-se das diferenças havidas entre os alunos dos diferentes turnos. Uma de nossas informantes foi aluna do Instituto, na década de 1970 e, depois, foi professora ali, entre 1984 e 1985. Notem o que ela tem a dizer sobre as condições socioeconômicas dos alunos:

> Eu estudava à tarde, mas na minha sala tinha senhora. Tinha um grupo que trabalhava. Havia uma diferença socioeconômica também. Tinha, então, a questão de idade, [a] questão socioeconômica, até mesmo na hora de fazer trabalho; por exemplo, estudar na casa do outro: [os] trabalhos eram sempre na minha residência. Quando tinha que fazer pesquisa na biblioteca, sempre era eu, porque sempre pesava a questão econômica – algumas não tinham dinheiro ou trabalhavam. Muitas trabalhavam no comércio, outras eram empregadas domésticas.[124]

Os turnos vespertino e noturno eram ocupados, em grande parte, por alunos que trabalhavam no comércio ou em "casas de família". Vejam o que dizem duas professoras sobre esta questão (reparem que a primeira iniciou sua experiência no IEEP, em 1966, e a segunda em 1983):

> Até 1970, nossos alunos em sua maioria pertenciam à classe média, alguns da classe média alta e outros da classe pobre. Nos turnos da manhã e da tarde, predominavam os da classe média e alguns da

[124] Entrevista concedida por Débora: depoimento [26 jan. 2004].

classe média alta. Já o turno da noite era constituído, em grande parte, por alunos que trabalhavam no comércio.[125]

> Em relação à formação dos concluintes de 1983, a gente já consegue fazer uma diferença: o turno da noite [era formado, em sua maioria,] por empregadas domésticas. [O] turno da manhã era um turno mais elitista, eram pessoas da redondeza, moças de família, podemos dizer assim, que tinham vontade e vocação de ser professoras. Bem diferente do turno da noite, que era [de] empregadas domésticas da redondeza. Elas não tinham outra opção a não ser estudar ali, pela proximidade do emprego.[126]

Notamos, então, uma outra diferença, além das que os números indicam: os alunos do turno da manhã, formado por "moças de família", segundo nossa entrevistada, geralmente brancos, estudavam no IEEP em função de uma vontade, uma vocação; os alunos dos demais turnos, o noturno especialmente, em que predominavam os alunos pardos e negros, estudavam por falta de oportunidade.

As diferenças socioeconômicas, existentes na sociedade brasileira, viam-se reproduzidas na escola. Alunos negros e pardos viviam dificuldades em grau muito maior que os alunos brancos e as condições estruturais do Instituto as acentuavam, ao invés de diminuí-las. O uso de apostilas, citado pela aluna e depois professora Débora, é elucidativo; a escola impunha a necessidade de o aluno custear uma parte fundamental do ensino, como o acesso à bibliografia.

Essas diferenças podiam ser percebidas no rendimento escolar. Vejamos a tabela seguinte:

---

[125] Entrevista concedida por Malena: depoimento [5 jul. 2004].

[126] Entrevista concedida por Ana Carolina: depoimento [2 jul. 2004]

Tabela 16 – Distribuição da amostra estudada de acordo com a cor e o rendimento escolar, no período de 1970–89

Rendimento escolar	Cor								Total	
	Amarela		Branca		Preta		Parda			
	abs.	%	abs.	%	abs.	%	abs.	%	abs.	%
Aprovação	6	100	299	98,03	104	92,86	741	98,15	1.150	97,62
Reprovação	0	0	5	1,64	8	7,14	13	1,72	26	2,21
Abandono	0	0	1	0,33	0	0	1	0,13	2	0,17
Total	6	100	305	100	112	100	755	100	1178	100

Fontes: Ficha individual de alunos e Certidão de Nascimento

Ora, apesar do baixíssimo índice de reprovação em todas as faixas de cor, negros e pardos representam 81% do total de reprovados, de forma que as dificuldades inerentes à cor se fizeram sentir no desempenho final dos alunos.

Mas não eram apenas os alunos negros e pardos que sentiam os sinais da cor, dentro dos muros do IEEP. Raiza foi aluna do Instituto. Depois de formada, atuou na mesma instituição como professora e administradora. Ela reporta um episódio elucidativo:

> Senti problema com uma colega, particularmente, [por causa d]aquela besteira de, quase todo ano, eu ser escolhida paraninfa ou patrona de uma turma. [Em] uma dessas ocasiões, essa colega resolveu entrar de sala em sala, e indagou os alunos, [perguntando] como eles tinham coragem de eleger uma negra como eu para ser paraninfa, e que, além de negra, eu andava mal vestida e não me maquiava... coisas desse tipo.[127]

O episódio não rendeu mais do que conversas nos corredores. Predominou o silêncio cúmplice, em lugar da denúncia retificadora, o que indica a concordância de muitos à reclamação da professora. A cor, como se vê, não era para ser exposta, não deveria ser valorizada, assumindo uma posição de destaque como a de paraninfo ou patrono. A professora reclamante certamente considerava que negros deveriam assumir uma

[127] Entrevista concedida por Raiza: depoimento [4 nov. 2002]

posição subalterna, nunca de liderança, muito menos de exemplo a ser perseguido, como normalmente são os paraninfos e patronos de turmas em formatura.

Mas a desvalorização da cor ia muito além disso. As condições socioeconômicas exerciam uma distinção poderosa entre os alunos do IEEP. Já vimos uma professora que distinguira as alunas em "moças de família", de um lado, e empregadas domésticas, de outro, de forma que a mensagem subliminar, corrente no Instituto, era de que negros e pardos ocupavam um lugar que não era seu e, portanto, não mereciam ser percebidos. Nada é mais significativo, nesse sentido, do que a escolha de rainhas de jogos, porta-bandeiras e *misses* caipiras.

> Para levar as bandeiras são sempre os mais bonitos. A gente faz uma seletiva: não vamos colocar dragão lá na frente. Dragão são garotas desdentadas, sorriso careca, entendeu? É uma pessoa que não tem postura.
> Já aconteceu, eu acho, de garotas negras levarem bandeiras da escola ou do [Estado] do Pará, mas do Brasil é raro! As garotas negras nem chegam perto! Elas preferem recuar. Não me lembro de nenhuma garota negra que tenha levado a bandeira nacional. Rainha dos jogos não houve nenhuma negra.[128]

Conforme indicou Lynn Walker Huntley, definições de beleza como "boa aparência",[129] ou da falta dela, como "dragão", são apenas outras formas de identificar o branco, ou de constituir o conceito de branco no Brasil (HUNTLEY, 2000, p. 16). A cor da pele, índice de destaque, continuava sendo índice de distinção na escola: quanto mais negro, menos importância. Assim, conforme a lembrança da professora Magrita, as alunas negras só portavam as bandeiras do Estado e do Instituto, ambas

[128] Entrevista concedida por Magrita: depoimento [8 jul. 2004].

[129] Maria Caetana Damasceno analisa a expressão "boa aparência", tão comum nas décadas de 1960 e 1970, e expõe o eufemismo que lhe é subjacente: o modelo da "boa aparência" pretendeu restringir o acesso da população negra ao mercado de trabalho (DAMASCENO, 2000, p. 165-199).

hierarquicamente submetidas à bandeira nacional, a qual era carregada sempre por uma aluna branca, ou tida como tal.

Outras duas professoras, no entanto, não se recordam de nenhuma aluna negra que tenha sido porta-bandeira ou *miss*.

> Eu não lembro de negra que carrega[sse] bandeira. Inclusive, uma das negras que me marcou é, hoje, funcionária da UEPA. Ela era uma negra muito bonita, desfilava, mas não era rainha dos jogos.[130]

> Havia *misses* caipiras, mas não eram negras. Nem havia rainha dos jogos negra. Geralmente, era uma moça branca, de cabelo liso – esse era o perfil da *miss*. Eu me lembro de uma moça negra que queria levar a bandeira do Brasil, e chegaram até mim, dizendo que não era bem ela que deveria levar.[131]

O ideal de branqueamento, construído no século XIX, mostrava-se vivo no IEEP. Apesar de a maior parte de seu contingente de alunos ser parda, portanto mestiça, o Instituto o pretendia se ver representado por alunos vistos e tidos como brancos. Ocorria, então o que Pierre Bourdieu (1990) denominou de processo de naturalização, ou seja, a imposição dos valores da cultura dominante na prática social. Os ideais de uma sociedade branca se viam reproduzidos nos momentos de confraternização do Instituto, posto que somente alunos brancos eram escolhidos para representar o corpo discente. Os negros representavam o antipadrão desejado, ficando ausentes de toda e qualquer representação do Instituto ou de seus alunos, exceção feita às maratonas intelectuais, quando, em duas oportunidades, o Instituto fora representado por uma aluna negra.

Todo esse contexto de discriminação, evidentemente, compôs a formação oferecida pelo Instituto. Desde a distribuição dos alunos por turno, tudo contribuía para a formação diferenciada. Os alunos daquele turno se beneficiavam do fato de serem

---

130 Entrevista concedida por Débora: depoimento [26 jan. 2004].

131 Entrevista concedida por Ana Carolina: depoimento [2 jul. 2004].

aquelas, também, as primeiras aulas dos professores, ministradas em turmas menores, nas quais o tempo e a atenção do professor podiam ser melhor aplicados. O contrário ocorria nas turmas dos turnos da tarde e da noite, quando ocorria a maior concentração de alunos negros, em que o módulo chegava a comportar sessenta e cinco alunos.

O acesso ao material didático também era rarefeito entre os alunos negros, como evidenciou o testemunho de uma de nossas informantes. E a aluna representante do IEEP, aquela que era porta-bandeira, rainha dos jogos e *miss* caipira, nada tinha de negra. Dessa forma, dentro da escola, estabeleceu-se como que diversas hierarquias, nas quais os alunos brancos despontavam como símbolos do ideal, pois eram os mais bonitos, os mais bem situados economicamente, os que possuíam família, os que expunham uma imagem *limpa* da instituição.

As formas de discriminação, no entanto, enfatizam a presença do negro. Ele era discriminado porque estava lá. Ele era maioria entre os alunos. Os corredores e salas de aula, as ruas no entorno do Instituto, diariamente, viam-se repletas daquele gradiente que caracteriza a sociedade brasileira. Da mesma forma que a sociedade, o Instituto, porém, não os enxergava, posto que a discriminação é uma negação da presença. Quando se discrimina, o que se faz, no fim das contas, é negar ao discriminado o direito de estar presente: é por isso que ele é discriminado, porque "ousou" querer se fazer presente.

Contudo as ações vivenciadas no Instituto reproduziam uma lógica presente, sobretudo, no conteúdo didático, como veremos.

3.2 - O conteúdo ausente

> Não faça como o avestruz que esconde a cabeça no solo mas não esconde o resto do corpo, ou seja, tenha cuidado para não expor seu ponto fraco quando estiver tentando proteger a si próprio.
>
> (*Provérbio japonês*)

Este segmento tratará do conteúdo de formação de professores oferecido pelo IEEP. Nosso objetivo é destacar a matriz teórica que abalizou a ação dos professores. Reconhecemos haver uma limitação em nosso objetivo, uma vez que o tratamento dado pelos professores aos pressupostos teóricos variou em cada sala de aula. No entanto, também reconhecemos que a seleção do conteúdo e da bibliografia indica as escolhas desses professores e em que matriz de pensamento eles pretendiam ser relacionados.

A base de nossa análise consiste nos planos[132] de disciplinas existentes no arquivo do Instituto, referentes ao período de estudo em questão, as décadas de 1970 e 1980. As condições de guarda e conservação de documentos naquele Instituto preservaram somente sessenta e nove planos relativos aos dois decênios. Somente três foram aplicados na década de 1970. Mesmo diante desta limitação intransponível, reconhecemos que – no que diz respeito ao objetivo deste trabalho – os sessenta e seis planos restantes satisfazem nossas expectativas. Como é do conhecimento geral, não ocorreu nenhum recuo do pensamento educacional acerca da questão racial na década de 1980, assim, muito do que se formulou naqueles dez anos foi pensado ou experimentado na década anterior.

Continuamos, na análise desses planos, a recorrer aos conceitos de *habitus* e poder simbólico de Pierre Bourdieu, já referidos anteriormente. Nosso procedimento consistiu na detecção dos seguintes aspectos dos planos: objetivo, procedimentos metodológicos e bibliografia. Estes três aspectos foram considerados como suficientes para nos indicar a matriz teórica que lhe era subjacente. Atentamos, ainda, para duas questões

---

[132] Destacamos aqui dois estudos que se dedicam à análise de programas de disciplinas: o primeiro trata-se da Análise dos programas de Didática do Estado do Rio de Janeiro, de Maria Inês Marcondes de Souza. et al. (1990, p. 19-25); o segundo é o de Maria Betânia Barbosa Albuquerque (2003), desenvolvido na PUC./SP, no qual toma *os programas* da disciplina Filosofia da Educação trabalhados pelos professores que a ministraram entre as décadas de 1940 e 1990, assim como recorreu à bibliografia que os embasou.

fundamentais para o entendimento de nosso argumento: em primeiro lugar, se a matriz teórica apontava para uma abordagem do programa que primava pela restrição ao conteúdo formal ou se ela sugeria uma abordagem contextualista, a qual relacionava o conteúdo à realidade do aluno; em segundo lugar, se havia qualquer referência no programa, ou no conteúdo abordado, que permitisse o enfrentamento da questão racial.

Atentamos, ainda, para a verificação da relação necessária que deveria haver entre os objetivos da disciplina e objetivos formulados pelo professor, de forma a perceber se havia coerência entre ambos, e se acontecia o mesmo em relação ao conteúdo e a bibliografia: verificar se a bibliografia sugerida era a adequada ao conteúdo proposto. Notamos, ainda, se a abordagem expressa nos planos condiziam com as tendências manifestas nos objetivos. Com relação à questão racial, o procedimento adotado seguiu os seguintes passos: seleção dos conteúdos relativos à questão e verificação da forma pela qual ela era abordada. Nosso objetivo, no que tange a este último ponto, era perceber o enfoque dado pelo professor à questão, se ele problematizava a questão, abordando os aspectos históricos e culturais do problema, ou se a tratava como mera questão biológica, sem qualquer desdobramento na vida social.

Os sessenta e nove planos foram selecionados segundo a sua existência nos arquivos da instituição: três do ano de 1979, onze do ano de 1984, dezesseis do ano de 1985, cinco do ano de 1986, vinte e dois de 1987 e doze de 1989. À exceção dos relativos ao ano de 1979, os quais eram todos da primeira série, os demais se distribuíam entre os três anos de formação. Mas nem todas as informações constavam dos planos: quarenta e sete não traziam a indicação de carga horária e somente doze identificavam o turno. Vinte e sete não apresentavam o nome do professor, oito só traziam o registro do conteúdo e vinte e cinco não apresentavam os objetivos. Todos, porém, continham o conteúdo proposto.

Os planos podem ser divididos em três grupos, a saber:

a) Tradicional – no qual o professor figura como o eixo central do processo pedagógico e os conteúdos são vistos como fins em si mesmos, sem qualquer relação necessária com o contexto do aluno (SAVIANI, 1986). Compõe-se das seguintes disciplinas: Didática dos Estudos Sociais (2ª série), Didática da Matemática (3ª série), Desenho Pedagógico (1ª série), Ciências Físicas e Biológicas (1ª série) e Prática de Ensino (3ª série);

b) Tecnicista – no qual os procedimentos técnicos figuram como figura central do processo pedagógico e os conteúdos são postos em segundo plano, em função da importância dispensada às técnicas de transmissão de conteúdo (GONÇALVES, 1964). Compõe-se das seguintes disciplinas: Matemática, Química e Desenho, todas da primeira série; e

c) Crítica social dos conteúdos – no qual o eixo do processo pedagógico é a relação entre o conteúdo e o contexto social, de forma a fazer emergir uma propensão para o questionamento de parte dos alunos (LIBÂNEO, 1993). Compõe-se das seguintes disciplinas: Fundamentos da Educação I (1ª série) e Fundamentos da Educação II (2ª série).

Há de se ressaltar que esta caracterização é arbitrária. Como boa parte dos planos foi elaborada na década de 1980, verifica-se em todos uma certa ambigüidade – para não dizer incoerência –, pois muitos dos objetivos não eram satisfeitos pela abordagem adotada. Logo, vinte e três dos planos analisados arrolaram objetivos que podem ser vistos como tradicionais, pois implementavam uma formação pautada na centralidade do professor. Os procedimentos metodológicos, todavia, sugeriam uma formação na qual a relação do conteúdo com o contexto social era a tônica.

Com relação à constatação da coerência entre conteúdo proposto e bibliografia, não se nota qualquer coerência. Nos planos em que a bibliografia é registrada, não existe qualquer relação entre os livros arrolados e o conteúdo proposto. O mesmo poderia ser dito com relação às abordagens. Grande parte dos planos, apesar de trazerem expressa sua filiação nas questões levantadas por uma tendência pedagógica, arrolavam uma série de procedimentos metodológicos contrários à tendência selecionada.

Já aqui, na análise dos planos, percebe-se a total ausência de qualquer referência à questão racial. O problema não existe nos planos e, ao que tudo indica, não existiu como questão na formação dos professores do IEEP, ao longo das duas décadas. Os planos não traziam qualquer conteúdo relacionado à questão racial. Ela não aparece sequer transversalmente. A disciplina Fundamentos da Educação I, por exemplo, apresentava como um dos objetivos a *formação para a diferença*. O conteúdo arrolado trata da cidadania sem cor ou raça, como se o problema não existisse no Brasil.

Todo o aporte que selecionamos para enfrentar as formas pelas quais a questão racial era abordada pelos professores não foi utilizado, em razão de a questão racial estar ausente dos planos de disciplinas do curso de formação de professores oferecido pelo IEEP. Assim, a questão da Raça, da discriminação e do preconceito – como indica a seção anterior – parece ter sido vivida dentro do Instituto como o era na sociedade, por meio da discriminação velada.

Por conseguinte, nós nos ateremos ainda um pouco mais na bibliografia expressa nos planos das disciplinas, de forma a perceber a sugestão de abordagem da questão racial. Dos sessenta e nove planos, somente dez apresentam uma relação de livros. São eles:

a) *Aprendizagem e planejamento de ensino*, de Wilson Faria;
b) *Didática*, de Claudino Piletti;
c) *Didática*, especial, *Língua portuguesa*, *Matemática*, *Estudos Sociais*, *Ciências*, de Claudino Piletti;
d) *Didática geral*, de Romanda Gonçalves Pentagna;
e) *Ensino de 2º Grau: educação geral ou profissionalização?*, de Nelson Piletti;
f) *Estrutura e funcionamento do ensino de 1º Grau*, de Nelson Piletti;

g) *OSPB, Organização Social e Política Brasileira, 1º Grau*, de Claudino Piletti;
h) *Novas tecnologias em educação*, de Lili Katsuco Kawamura;
i) *O que é Educação?*, de Carlos Rodrigues Brandão;
j) *Uma escola para o povo*, de Maria Tereza Nidelcoff.

Claudino e Nelson Piletti despontam como os autores preferidos. A perspectiva presente em seus livros – assim como no de Romanda Gonçalves, que segue a mesma linha de trabalho – é prescritiva, ou seja, eles são compostos de textos que indicavam aos professores alguns procedimentos que poderiam auxiliar ou mesmo servir de base para a atuação docente. Nenhuma das prescrições, ressalte-se, encaminhava o estabelecimento de nexos entre o conteúdo e o contexto social vivido pelos alunos.

As obras de Carlos Brandão e de Maria Nidelcoff se distinguem das anteriores, por não serem prescritivas. Ambas procuram desenvolver reflexões de base sobre o processo educacional, alertando para a necessidade do estabelecimento de nexos entre os conteúdos e os contextos socioeconômicos dos alunos.

As obras de Lili Katsuco Kawamura e de Wilson Faria estão a meio caminho entre a abordagem tecnicista, presente nas obras dos Pilettis, e a perspectiva emergente na época, que pregava uma atenção maior ao aspecto humano do processo educacional. Assim, em princípio, elas tentavam conjugar dois pressupostos contrários.

Em nenhuma das obras relacionadas acima, há qualquer referência à postura que o professor deve adotar diante da questão da diferença e – dentro dela – da questão racial. Mesmo a variação ocorrida no contexto político nacional, como a passagem do regime autoritário, conduzida pelos militares, para o regime democrático civil, introduziu qualquer alteração na postura da bibliografia relativa à formação de professores. A questão racial simplesmente não existiu.

O Pará da década de 1980 viu surgir o Centro de Estudos e Defesa do Negro no Pará (CEDENPA), o qual impulsionou uma série de discussões sobre a questão do negro e da discriminação racial. Entretanto, como na década passada, nada chegou aos bancos do IEEP. Os livros utilizados, os planos formulados e a postura dos professores mantiveram-se infensos à discussão e à consideração da questão racial.

Por quê? A repressão promovida pelo Regime Militar serve de explicação para a ausência da discussão ao longo dos anos 1970. Os anos 1980, todavia, foram anos de abertura, em que a sociedade civil ensaiou a sua organização e os movimentos sociais – o negro, especialmente – conduziram algumas discussões. Todas elas se viram representadas – em maior ou menor grau – nas discussões que envolveram a elaboração de uma *Constituição* para o país, a qual transformou em crime inafiançável a discriminação racial. Mas nada disso afetou o estado da questão racial no universo do Instituto.

A razão é que a cultura dominante instituiu a discriminação como *habitus*. Em uma década, como na outra, a questão racial não fora vista como questão relevante, em função do lugar que a cultura dominante situou o problema. Conforme pontifica o mito da *democracia racial*,[133] o Brasil não conhece o racismo. Logo, negros, brancos, amarelos, vermelhos e todas as demais tonalidades convivem na mais perfeita harmonia (sic). Assim, se o racismo não existe, se a questão racial não constitui um problema, ele não pode ser abordado.

Toda a preocupação surgida nos anos de 1980, relativa à educação para a cidadania, não referiu a questão da discriminação e do racismo como um problema a ser abordado na escola, com vistas à consolidação da democracia. O problema não era visto; fora como se nunca houvesse existido. Ele esteve ausente da produção bibliográfica educacional porque, a despeito da pretensão de muitos, essa mesma produção reproduziu o idílio da ausência do preconceito e da discriminação nos processos

[133] Sobre o mito da democracia racial, destacamos alguns autores que o discutem: Florestan Fernandes (1965), Carlos Alfredo Hasenbalg (1979, 1983, 1991) e Lilia Moritz Schwarcz (2000, 2001).

sociais brasileiros. A demanda por uma educação transformadora, crítica – para utilizar um chavão que freqüentemente é vazio de conteúdo objetivo – não fez mais do que reproduzir a cultura dominante, aquela que pretendia abolir, ao deixar de lado um problema que representa a inclusão social de quase metade da população brasileira.

Mas se a bibliografia não elegeu a questão racial como ponto de discussão necessário à formação dos professores, o que fizeram os professores formadores daquela instituição?

> Não havia discussão racial. Não havia nenhuma discussão sobre a questão racial em nossa disciplina. Não posso afirmar em outras.[134]

> Não se discutia a questão racial na década de 1970, e nem [tampouco] na de 1980.[135]

O testemunho destas duas professoras constitui um indicativo da forma pela qual o problema racial fora tratado no Instituto. Ele não fora percebido como fator relevante para a formação dos professores. Talvez, tenha ocorrido no IEEP o que normalmente ocorre na sociedade, conforme a reflexão de Carlos Alfredo Hasenbalg (1979) e Nelson Valle (1985): a consideração de que o grande problema a ser enfrentado pela sociedade eram as diferenças socioeconômicas. Elas seriam a origem dos preconceitos. Neste sentido, vale recordar o testemunho de uma professora, exposta páginas atrás, no qual as alunas eram distinguidas em "moças de família" e trabalhadoras. A referência à situação de classe – classe média, classe média alta, pobre –, em vários testemunhos, indica que o fator socioeconômico foi o que mais chamou a atenção dos professores.

A questão racial e o que lhe era subjacente – o racismo, as manifestações de preconceito e a imposição de uma posição de inferioridade ao negro – foram tratados igualmente, como

[134] Entrevista concedida por Malena: depoimento [5 jul. 2004].

[135] Entrevista concedida por Regina Alice: depoimento [12 jul. 2004].

acontecia na sociedade: de forma velada, na maioria das vezes. O Instituto permaneceu, ao longo de duas décadas, vendo seus alunos negros em posição subalterna. Com efeito, eles não lideravam pelotões, portando bandeiras, conduzindo marchas e também não se perfilavam entre as beldades escolhidas para serem rainhas de jogos ou *misses* caipiras. O ato de não escolher, não dar a liderança, não conceder o destaque substituiu a necessidade da manifestação frontal do preconceito, o que não quer dizer que ela não tenha ocorrido.

> Quando aluna, pude ver uma professora de Canto Orfeônico dizer a uma aluna com dificuldades nas aulas que lugar de negro era na cozinha, ao invés de estar na sala de aula dando trabalho à professora.[136]

A falta de discussão, no entanto, não se deu por falta de suporte bibliográfico. Havia uma razoável oferta de títulos. Além das obras clássicas de Gilberto Freyre (1963) e Florestan Fernandes (1965, 1967), havia o trabalho sobre a formação da sociedade brasileira, de Caio Prado Júnior (1977), o qual trazia uma reflexão sobre a questão racial. Obras mais recentes vieram a lume, desde o início da década de 1970, discutindo a problemática racial no Brasil, como as obras de Thomas E. Skidmore (1974), Octávio Ianni (1978, 1988), Carlos Alfredo Hasenbalg (1979), A. L. G. Faria (1984), Francisco José Pereira (1985), M. Aparecida Santilli (1987), Fúlvia Rosemberg (1985, 1987), José Saraiva (1987), Roberto Da Matta (1987), Herbert Klein (1987), Kabengele Munanga (1987), E. V. Negrão (1987, 1988) e Mário Maestri (1988).

O mesmo pode ser dito com relação à bibliografia que problematizava o lugar da escola como instituição que reproduzia as estruturas socioculturais dominantes, como os trabalhos de João Pereira Leite (1975) e Maria Tereza Ramos Dias (1979). E a sociedade civil vivia, ainda, na mesma década, a despeito de

---

[136] Entrevista concedida por Raiza: depoimento [4 nov. 2002].

toda a repressão política, um movimento de organização no qual despontara o Movimento Negro, com a criação de associações civis voltadas para a defesa dos direitos da população negra e para a luta contra o racismo. Nada disso, no entanto, afetara o universo do Instituto. A questão parecia não existir.

> Não havia discussão racial. Quando ouvi falar em CEDENPA, eu me escandalizei. Eu dizia: "Mas por que isso agora? [Pois], por incrível que pareça, eu acho que [assim] é o negro [quem] está se discriminando".[137]

Para a professora que nos concedeu a entrevista, a questão racial não era um problema relevante. Pelo menos, não era um problema a ser enfrentado. Ele deveria permanecer ausente, silencioso, uma vez que não era um problema da sociedade, mas do próprio segmento negro. O seu raciocínio é a evidência de um comportamento brasileiro, segundo as considerações de Hélio Santos. Em uma coletânea de textos que discutem o racismo brasileiro, ele apontou o fato de que, em nosso país, o preconceito é visto como um problema do discriminado e não de quem discrimina. O racismo, dessa forma, não é visto como um problema de ninguém mais, senão do próprio negro, nunca da sociedade (SANTOS, 2000).

Assim, as diferenças existentes entre os alunos eram vistas como normais; ou, no máximo, como um problema *deles*.

> Acho que o negro que está se discriminando, porque na minha casa, na minha família, eu tenho colegas negros. Aqui no Estado do Pará nunca teve essa diferença acentuada. Aqui, a maior parte é morena. Por que os que estão nascendo vão se sentir discriminados?[138]

O problema da discriminação, portanto, era visto como um problema do grupo e não do corpo social. Logo, não havia necessidade de abordá-lo. O lugar do negro estava já definido,

---

[137] Entrevista concedida por Morena: depoimento [8 jul. 2004].

[138] Entrevista concedida por Morena: depoimento [8 jul. 2004].

sem que se necessitasse de qualquer reflexão: era sempre o da inferioridade, ainda que ela não fosse percebida como tal pela maioria.

> Eu não ouvi nenhuma discussão racial no IEEP. Aqui dentro nós vivemos sob a mais perfeita ordem. Não vi situação de discriminação. Aqui [estamos] sempre um respeitando o outro.[139]

O importante a frisar aqui é que o preconceito e a discriminação racial são problemas sociais, pois eles impedem a consolidação da democracia, o fortalecimento da cidadania e a construção de uma sociedade tolerante. Quando apontamos as contradições inerentes ao discurso dos professores do IEEP, não é nossa intenção apontar o problema dos professores, mesmo porque não é um problema deles, não existe neles uma falha ou um desvio de caráter ou qualquer problema moral. Nosso objetivo é ressaltar como uma questão fundamental para a formação do cidadão, para a afirmação da nacionalidade, para a construção da auto-estima e para a edificação de uma sociedade aberta para a compreensão das diferenças esteve ausente da formação dos professores pela ausência de uma reflexão profunda sobre o problema.

O último excerto de entrevista que expusemos evidencia esse ponto. Apesar de ter notado que as questões relativas aos negros eram subdimensionadas nos livros didáticos, a professora afirma não ter percebido nenhuma situação de discriminação. Não estamos diante de um problema pessoal da professora, mas de um problema do curso de formação de professores, o qual não atentou para as reflexões necessárias à consolidação do espaço democrático e à inclusão do negro, como figura social, histórica e cultural, no escopo de debates a serem conduzidos no âmbito da formação do professor.

É significativo o fato de que a única professora a notar manifestações de racismo fosse negra:

---

[139] Entrevista concedida por Magrita: depoimento [8 jul. 2004].

> Não se falava sobre o negro, mas a discriminação estava em todo o lugar.[140]

Ela tinha razão: os negros estavam nos turnos da noite, tiravam as menores médias, apareciam de forma indigna no material didático e inexistiam no conteúdo, mesmo quando o assunto era a formação da sociedade brasileira. Neste caso, negros e índios apareciam como colaboradores secundários que teriam trazido ritmo e sabor à racionalidade e à civilização européias, implementadas pelos brancos.

A falta de uma reflexão levava a que se tomasse a presença física do negro na escola como um indicativo da inexistência de problemas raciais no Instituto.

> Evitava-se abordar questões raciais. Questão racial não era tratada, eu não percebia como professora, nem tampouco como diretora, algum problema relacionado ao racismo, a racismo puro mesmo, que a gente vê as vezes por aí dentro da escola. Tentamos puxar a questão do racismo, mas não era coisa forte dentro da escola. Era uma escola que nossa clientela era 98% feminina e 2% masculina. Pelo menos, no meio das mulheres, não se percebia essa questão. Não tenho notícia de que algum professor tenha sido depreciado pela cor; ou algum aluno tenha sido depreciado pela cor. Tínhamos funcionários negros, professores negros, alunos negros.[141]

> Tem uma professora aqui, ela é negra, ela é de Educação Física. Precisa ver o carinho que nós temos com ela! A gente brinca: "Hei, minha neguinha, senta aqui!" Mas é um termo muito carinhoso! Eu te falo isso, porque eu lido com ela no dia-a-dia, e a gente tem um carinho especial por ela. Eu não vejo esse lado de negra.[142]

---

[140] Entrevista concedida por Raiza: depoimento [4 nov. 2002].

[141] Entrevista concedida por Ana Carolina: depoimento [2 jul. 2004].

[142] Entrevista concedida por Magrita: depoimento [8 jul. 2004].

Uma reflexão aprofundada, que constituísse o currículo de formação, poderia ter levado as duas professoras a perceberem que o racismo não se constitui, única e exclusivamente, em uma ação violenta. O "racismo à brasileira",[143] como chamam os especialistas, consiste justamente na falta de confronto. Ele não promove uma segregação como a que ocorreu nos Estados Unidos ou na África do Sul,[144] em que alguns lugares eram vedados à população negra. Lá, certos clubes, restaurantes e teatros traziam na porta o aviso que proibia a entrada de "pessoas de cor". Nos Estados Unidos, foi necessária a intervenção do governo federal para que os negros fossem aceitos nas universidades, porque essas lhes eram vedadas.

Em ambos os países, os confrontos das populações negra e branca foram freqüentes. Martin Luther King, Malcom X e Nelson Mandela são personagens famosas e reverenciadas em todo o mundo, como heróis da luta contra o racismo – e uma luta aberta, na qual a violência física eventualmente se fez presente. No Brasil, muito ao contrário, a segregação é sobretudo simbólica. É verdade que os negros percebem os menores salários e habitam em condições piores que os seus concidadãos mais claros.[145] Pode-se, inclusive, dar razão aos que afirmam que as favelas, os alagados, as terras firmes são guetos onde se concentra a maior parte da população *de cor*. Todavia não houve política no Brasil que promovesse uma separação entre brancos e negros.

Essa segregação ocorre nos signos. No universo educacional, ela se manifesta a cada vez que a pobreza, a miséria, a

---

[143] João Baptista Borges Pereira sentencia que a democracia brasileira não se estende às relações raciais (1996, p. 75). Salomon Blajberg afirma que uma das manifestações do racismo no Brasil é a sua negação – ele nunca é afirmado –, de tal forma que qualquer referência a existência de racismo é repudiada (1996, p. 37)

[144] Sobre as diferenças e semelhanças do problema racial na África do Sul, Brasil e Estados Unidos ver os trabalhos de Geroge Reid Andrews (1992), Antonio Sérgio Alfredo Guimarães (1999a) e Edward Telles (2002).

[145] Sobre as condições de pobreza e as desigualdades raciais entre brancos e negros, André Augusto Brandão (2004) faz um estudo aprofundado da pobreza entre esses segmentos na sociedade brasileira, por meio da análise de áreas periféricas na Região Metropolitana do Rio de Janeiro.

marginalidade e a subalternidade são representadas por meio da imagem de um negro. Ela se consolida, periodicamente, quando os rituais estudantis, como os desfiles, os jogos, as festas recusam como destaque os alunos mais escuros. Ela se refina, quando se dispensa um tratamento condescendente ao cidadão negro, por meio de uma deferência que só ressalta a condição inferior do agraciado.

Dois testemunhos expõem os problemas que a falta de uma reflexão e de um preparo profissional acarretam:

> Com relação à questão racial, não se discutia, nem na década de 1970 e nem na de 1980. Essa questão não era ventilada dentro de uma visão crítica na formação. Quando abordada nos livros didáticos, era sempre para mostrar o negro em uma situação inferior. Os livros didáticos mostravam sempre isto. Na disciplina Psicologia, eu não abordava essa temática do negro. Não havia uma preocupação do professor que lidava com o magistério de formar pessoas para serem professores que buscassem desvelar essa questão. Nunca cheguei a perceber qualquer situação de discriminação.[146]

> Não havia qualquer discussão sobre o negro no IEEP. Eu nunca vivenciei isso no IEEP, mas nem no magistério e nem no meu curso de nível superior, eu encontrei negros. Acho que talvez, pra mim, tanto fazia ele ser preto, branco ou azul, cor nunca pesou nas minhas relações. Eu não escolho as minhas amizades por essas questões, entendeu?[147]

O primeiro deles reafirma a condição em que o negro surgia no contexto escolar: sua presença estava sempre associada a um sinal negativo. A constatação do professor – da forma indigna pela qual o negro era representado – não suscitou, no entanto, uma atuação positiva. As disciplinas de Psicologia dos cursos

---

[146] Entrevista concedida por Liz: depoimento [14 jul. 2004].

[147] Entrevista concedida por Débora: depoimento [26 jan. 2004].

de formação de professores são, normalmente, responsáveis pelo preparo do profissional no trato com as relações interpessoais, na observação de como se estabelecem as relações entre os alunos e de como os conteúdos – não apenas o programático, mas o de formação (construção de valores) – devem ser introduzidos. Ressaltamos que o professor da disciplina em questão, mesmo tendo notado a forma pela qual o negro era introduzido no universo escolar, não entendeu ser necessário abordar o problema com os seus alunos.

Perdoem-nos se nos repetimos, mas isso se deve à falta de reconhecimento da questão racial, como uma questão relevante, uma vez que ela não é vista como pauta, como fator elementar e fundamental na formação do professor que será responsável pela formação de um grupo considerável de crianças. Essa falta é a causa do despreparo, o qual acarreta o comportamento manifestado pelo segundo professor: a questão racial torna-se refém do posicionamento pessoal de cada professor. A professora Débora expressou sua recusa a qualquer forma de preconceito ou discriminação, não como resultado de uma formação recebida ao longo do curso de formação de professores, da qual era proveniente, mas como uma herança da educação familiar. A mesma educação familiar, no entanto, parece ter servido àquela professora de Canto Orfeônico, que afirmara que lugar de negro era na cozinha e não em sala de aula.

Em suma, este capítulo tratou do modo pelo qual o negro é excluído do processo educacional. O argumento central deste trabalho consiste na afirmação de que o negro está ausente do processo educacional, em função do despreparo profissional dos docentes em lidar com a complexidade da questão racial no Brasil e, conseqüentemente, em formar professores aptos a transformar preconceitos. O negro está ausente do processo escolar. Os estereótipos que lhe são atribuídos e a forma como ele é tratado – com indiferença ou condescendência –, dentro do universo escolar, falam menos do negro e mais da sociedade brasileira, da qual ele é parte e, portanto, também responsável pela situação a que é submetido.

O negro está ausente do processo escolar. Ele só está lá de corpo presente, pois sua vida, sua história, sua forma de ver o mundo, sua contribuição para a formação da sociedade brasileira, etc. não respondem à chamada. Quem participa em seu lugar são os estereótipos. E percebemos todos quais estereótipos compareciam ao Instituto: as "moças de família", de um lado, e as empregadas domésticas, os "dragões", as "neguinhas", do outro.

O Instituto, é importante que se diga, não existe num vazio. Ele é um patrimônio da sociedade paraense e um representante da estrutura de formação de professores que a sociedade brasileira construiu, nos últimos cento e cinqüenta anos anos. Ele reproduz, em larga medida, os erros e os acertos dessa mesma sociedade e dessa mesma estrutura. E não há nada de extraordinário nisto. O extraordinário é que uma questão tão importante para a consolidação da democracia e dos valores que lhe são subjacentes seja negligenciada.

Professor, como a palavra sugere, é um profissional. É um trabalhador especializado, o qual exerce o domínio de um ofício singular, com procedimentos e metodologias próprias. Como tal, lida com crianças e adolescentes, assumindo uma posição de autoridade intelectual e moral. Tamanha responsabilidade não pode ser assumida sem o preparo devido.

No próximo capítulo, lidaremos com as conseqüências de uma formação da qual o negro esteve ausente, por meio da análise da trajetória de vida de ex-alunos do IEEP. Todos negros e pardos. Vamos ver o que resultou da falta de sopro e do medo da avestruz.

Capítulo 4

Almas brancas
ou
os desdobramentos da formação sem cor

Identidade

Se o preto de alma branca pra você
É o exemplo da dignidade
Não nos ajuda, só nos faz sofrer
Nem resgata nossa identidade

Elevador é quase um templo
Exemplo pra minar teu sono
Sai desse compromisso
Não vai no de serviço
Se o social tem dono, não vai...

Quem cede a vez não quer vitória
Somos herança da memória
Temos a cor da noite
Filhos de todo açoite
Fato real de nossa história.

(*Jorge Aragão*)

Há no Brasil uma série de ditos pejorativos referentes aos negros, nenhum deles é tão pernicioso quanto àquele que se refere ao *preto de alma branca*. A expressão *preto de alma branca* consegue, como nenhuma outra, apontar o não-lugar dispensado ao negro dentro da sociedade brasileira. Ela desnuda o último grau do preconceito – se é que não é também um absurdo falar de graus –, pois ultrapassa a reação à cor da pele. *Preto de alma branca* fala de uma recusa da cultura, do *ethos*, da índole. Fala do repúdio a comportamentos: o *preto de alma branca* age em desacordo com as propensões atávicas, ele se purifica à medida que nega a própria herança, ele se torna aceito.

A idéia de uma alma branca pode ser vista como uma das alternativas da *práxis* da ideologia do branqueamento:[148]

---

[148] Destacamos dois trabalhos sobre este aspecto: o primeiro trata do branqueamento e branquitude de Maria Aparecido Silva Bento (2002) e aborda as dimensões do que podemos nomear como branquitude: traços de identidade racial do branco

na impossibilidade de tornar nulos os traços físicos do contingente negro, empreende-se a tentativa de substituir seus traços culturais, ou seja, sua alma. Essa idéia, há de se entender, é fruto da sociedade brasileira e expõe um dos traços da exclusão de que o negro é objeto: a negação de sua contribuição para a conformação social, econômica e cultural do Brasil.

Neste capítulo é nossa intenção evidenciar os desdobramentos dessa exclusão nos alunos negros do IEEP. Perseguindo a trajetória de vida de dez daqueles alunos, pretendemos demonstrar que o Instituto, ao desconsiderar a questão racial como discussão relevante para a formação do professor, aprofundou a condição de exclusão a que foram relegados aqueles alunos. O Instituto reproduziu os estereótipos e os preconceitos existentes na sociedade brasileira, em relação aos negros. Mas o Instituto, vale dizer, não existe fora das formulações de seus alunos e professores, de forma que, quando afirmamos que ele refletiu a sociedade que o mantinha, queremos dizer que seus professores e alunos – negros ou não – incorporaram, ativa ou passivamente, as concepções que relegavam o negro a uma condição subalterna.

Assim, as trajetórias dos alunos serão entendidas como instâncias inscritas em uma sociedade tangenciada por uma cultura dominante, a qual institui a discriminação como uma de suas facetas, uma discriminação, entenda-se, velada: ela segrega sem separar. Tais trajetórias reproduzem, portanto, o preconceito presente naquela cultura dominante, incorporando-o na prática social e, no caso que nos interessa aqui, na prática profissional como professores. Tendo em vista o uso da mencionada categoria trajetória, consideramos legítimas as advertências de Bourdieu para os perigos subjacentes às tentativas de transpor as noções do senso comum, como histórias de vida ou biografias, para a

---

brasileiro, a partir das idéias sobre branqueamento; e o segundo, de Edith Piza (2000), anuncia um quadro resumido das relações raciais no Brasil, marcadas por um contínuo processo de miscigenação, diferenciado histórica, social e regionalmente, pelas institucionais e pessoais de embranquecimento.

esfera acadêmica, sem uma cautelosa reflexão. Adotar a vida como um caminho, um trajeto como um curso é dotá-la de um sentido que comporta etapas que têm um começo e um fim, numa sucessão de eventos que apresentam significados *unilineares* ou *unidirecionais*. O autor defende, portanto, que se deve dotar certos acontecimentos de significados, estabelecendo entre eles conexões capazes de dar-lhes coerência, o que deve ser uma tarefa aceita pelos profissionais da interpretação como sendo uma criação artificial de sentido (BOURDIEU, 1987a).

A sociologia de Bourdieu está marcada principalmente pela busca de superação de um dilema clássico do pensamento sociológico, aquele que se define pela oposição entre subjetivismo e objetivismo (BOURDIEU, 1998). Bourdieu ressalta a fragilidade e as armadilhas das abordagens que se restringem a uma análise individual e imediata do sujeito, aquelas que se limitam prioritariamente ao universo das representações, preferências, escolhas e ações individuais. Para ele, essas abordagens são *subjetivistas* e acentuam a insuficiência, pelo fato de não considerarem as condições objetivas que explicam o percurso das experiências também objetivas, mas principalmente por atribuírem uma pseudo-autonomia ao agente, diante dos múltiplos condicionantes nos quais esse agente está envolvido. Assim, as relações de poder de violência encontram-se além da material, e espraiam-se para o plano simbólico. Nesse sentido, são imposições de valores engendradas socialmente e tidas como legítimas. Essas imposições estão organizadas por meio de sistemas simbólicos,[149] refletidos, entre outros, na mídia, na política, nas doutrinas religiosas, na prática esportiva e, inclusive, na educação escolar.

[149] Conforme Bourdieu (2000, p. 8), o poder simbólico nem sempre se apresenta de forma evidente, "é necessário saber descobri-lo onde ele se deixa menos ver, onde ele é mais completamente ignorado". Para o autor, esse poder somente poder ser exercido com a cumplicidade daqueles que não querem saber que lhe estão sujeitos ou mesmo que o exercem.

Desta maneira, devemos construir a noção de trajetória como uma série de posições sucessivamente ocupadas por um mesmo agente (ou grupo) num espaço, no qual ele mesmo deve ser submetido a incessantes transformações (BOURDIEU, 1987a). O significado desses movimentos que levam de uma posição a outra, selecionada no tempo e no espaço, define-se na relação objetiva entre o sentido e o valor atribuído, no momento considerado, a essas posições no curso de um espaço orientado. A assertiva de Bourdieu define que não se pode compreender uma trajetória – que é um envelhecimento social independente do envelhecimento biológico, ainda que, na maioria das vezes, um acompanhe o outro – desprovida da construção dos estados sucessivos do campo a partir do qual ela se desdobra. O trabalho docente, embora pautado numa dimensão objetiva do cotidiano, também se entrelaça numa rede de relações subjetivas tecidas no conjunto social ao qual se vincula, podendo compreendê-las como fruto dessa construção social. Atentos às advertências de Bourdieu (1987a), analisaremos as trajetórias do aluno do IEEP.

As trajetórias que analisaremos, a seguir, são todas de alunos negros e pardos (assim autodeclarados)[150]. Seus depoimentos serão percebidos por meio de três enucleações: família, formação e questão racial. Com relação ao grupo familiar, nossa intenção é perceber as origens familiares (sociais e culturais), os valores que foram cultivados e as expectativas de vida – especialmente a profissional – que foram formulados no seio da família. Com relação à formação recebida no Instituto, nosso objetivo é perceber a compreensão que o aluno tem de sua trajetória como aluno do IEEP e a sua prática profissional como professor oriundo

[150] Essa posição não se coaduna, por exemplo, com a de Nelson do Valle Silva (1996), para quem as pesquisas estatísticas de cor ou raça da população deveriam, para melhor clareza e objetividade, ser construídas a partir da atribuição de categorias construídas pelo investigador mais "treinado", ao invés da autoclassificação, como tem sido nas últimas décadas. No nosso caso, não adotaremos as sugestões de Silva, trabalhamos com a autodeclaração, tal qual as pesquisas oficiais do IBGE. Fizemos isso com relação aos alunos, e às professoras entrevistadas para este trabalho.

daquela instituição. Assim, perscrutaremos as concepções pedagógicas que foram trabalhadas na formação, os conteúdos que foram priorizados, a importância dispensada ao rigor acadêmico, à disciplina, às tradições institucionais e às relações interpessoais. Estaremos atentos, ainda, à visão que formulam com relação à clientela do Instituto, os professores que os formaram e os currículos em vigor no momento de sua formação (o positivo e o negativo). Por fim, analisaremos a forma pela qual se dá a sua prática profissional, a partir do seu testemunho. No que tange à questão racial, estaremos atentos às formas de percepção da problemática racial em dois momentos distintos: no momento da formação e no da prática como professor.

Dos dez alunos entrevistados, nove continuaram os estudos em nível superior, na área de licenciatura: História, Letras e Pedagogia. Dos nove, dois continuaram os estudos em nível de especialização e um em nível de mestrado. Todos eram oriundos de famílias de trabalhadores sem especialização e residentes nos bairros periféricos de Belém. Eram costureiras, doceiras, empregadas domésticas, feirantes, fiscais de ônibus e pequenos comerciantes. Os pais desses alunos tiveram vida escolar irregular: seis eram semi-alfabetizados, três cursaram parte do que hoje equivale ao Ensino Fundamental e um o completou. Todos iniciaram sua vida profissional muito cedo, como professores, tanto em função da oferta de trabalho, resultado da escassez de professores a que já nos reportamos, como em decorrência de sua condição socioeconômica.

4.1 - Duas décadas, dois alunos

Pierre Bourdieu (1987b) enfatiza que as formulações coletivas estão inseridas em cada indivíduo, sob a forma de disposições duráveis, ainda que modificáveis. Essas disposições se manifestam em ações cotidianas e se legitimam em práticas sociais coletivas. A família é o lugar no qual uma parte significativa de tais disposições se engendra.

Um dos aspectos que mais nos chamaram atenção, nesse sentido, foi o fato de o lugar social do negro ser instituído já a partir da família.

> Meu pai era negro, minha mãe era descendente de índio. Eles tomavam muito cuidado, para que fôssemos meninos educados, que não pedíssemos nada para ninguém, mesmo quando estivéssemos com fome. Eles diziam que em casa de branco não se pede nada. Para evitar a coisa do tipo: "Lá vem essa negrinha para cá, pedir". Entendeu? Sempre foi colocado para nós dentro de casa que nós éramos negros, e que nós tínhamos lugar na sociedade, mas que nós tínhamos que preservar esse lugar.[151]

A idéia de que cada coisa tem seu lugar, de que a sociedade é constituída de lugares distintos e se conforma em uma hierarquia – de múltiplos vieses, pois é racial, econômica e cultural – esteve presente na formação oferecida pelas famílias.

Todos os entrevistados provieram de famílias de baixa renda, de pais e mães trabalhadores, com baixo grau de escolarização. Famílias em que, não raramente, a única referência é a mãe. A despeito da indicação de pais, boa parte dos entrevistados se remetem às mães. Delas sabemos as profissões: lavadeira, empregadas domésticas, cozinheiras, costureiras, auxiliares de enfermagem. Dos pais, sabemos que dois eram pequenos comerciantes – feirante e dono de *venda* –, um era motorista e os demais eram de atividade incerta. A certeza na indicação da importância materna para o sustento da família aponta para o caráter temporário da atividade econômica paterna; as mães, na maior parte dos casos, garantiam os recursos necessários.

Quase todos eles tinham pouquíssima ou nenhuma escolaridade. Eram semi-alfabetizados alguns, outros tinham concluído o Primário, apenas um havia concluído o primeiro ciclo de estudos. Todos tiveram, em graus variados, a vida marcada pela

---

[151] Entrevista concedida por ALEXANDRINA: depoimento [11 out. 2002].

necessidade: pouca oferta de trabalho, na cidade natal, os levou para a capital, Belém, onde acabaram por constituir família. O mesmo se deu com seus filhos, os alunos que entrevistamos. Apesar de terem crescido em Belém, alguns começaram a vida escolar após o tempo estabelecido, outros trabalharam desde cedo, auxiliando os pais na venda de doces, tacacás e bolos ou na entrega de roupas limpas e lavadas. Um ponto comum, em todas as entrevistas, é a dignidade revelada na trajetória de vida. As descrições das adversidades são seguidas, quase sempre, de uma conjunção adversativa que informa a retidão moral, a dignidade e os valores éticos com que foram criados.

O ingresso no IEEP assumiu significados distintos na vida desses alunos. Para Lúcia, representou uma chance de autonomia. Aos 9 anos, sua mãe a matriculara no Antônio Lemos, em regime de internato. A instituição não oferecia o ginásio; diante disso, Lúcia afirma ter conjugado uma série de expectativas que a motivaram a abandonar a escola: completar o ginásio para ingressar no IEEP, ingressar no mercado de trabalho e "ver outras coisas".[152] Para outros, o Instituto foi uma imposição familiar – "já estava estabelecido: a mulher tem de ser professora, tem de casar e ter filho"[153] –, como se deu com Beatriz.[154] Há os que fizeram do magistério uma escolha e o IEEP, como única instituição de formação de professores em nível médio, constituiu-se no catalisador de um sonho pessoal, como foi o caso de João, Maria e Quitéria.[155]

Para todos, o ingresso no curso de formação de professores representava uma possibilidade de ascensão social. Senão pelo prestígio social de que gozava o professor, o qual foi diminuindo ao longo da década de 1970, o curso oferecia uma boa chance de ingressar no mercado de trabalho – ainda cedo – e em

---

[152] Entrevista concedida por LÚCIA: depoimento [15 nov. 2002].

[153] Entrevista concedida por BEATRIZ: depoimento [20 nov. 2002].

[154] Entrevista concedida por BEATRIZ: depoimento [20 nov. 2002].

[155] Entrevista concedida por JOÃO: depoimento [20 nov. 2002]; entrevista concedida por MARIA: depoimento [20 jan. 2004]; Entrevista concedida por QUITÉRIA: depoimento [28 out. 2002].

condições invejáveis no imaginário social brasileiro, pois o Estado era o empregador. Além disso, o curso viabilizava uma formação de fácil acesso à maioria das famílias: não havia exigência de aquisição de livros ou material escolar específico e de alto preço.

Assim, no momento em que ingressaram no IEEP, esses alunos traziam consigo uma história de diferença. Os indicadores sociais[156] que apresentamos nos capítulos anteriores evidenciam o que representa essa diferença, em termos sociais. Os negros exercem as funções de menor qualificação, percebem os menores salários, concentram-se nas áreas menos assistidas pelo Estado, nos centros urbanos e nas áreas rurais e usufruem as piores escolas públicas.

Sobre esse aspecto, vale citar o estudo de Nelson Valle Silva (2000), em coletânea sobre o racismo no Brasil. Neste estudo, Valle afirma que, apesar dos ganhos relativos ocorridos nas últimas décadas, as condições socioeconômicas dos agentes da raça negra permanecem inferiores que as de não negros. Ainda segundo Nelson Valle, para os negros, a mobilidade social é de difícil consecução e a discriminação não diminui com a melhoria das condições socioeconômicas. Comparando negros e não negros, o pesquisador concluiu que agentes com formação equivalente tinham desempenho diferenciado no mercado de trabalho ou mesmo na vida acadêmica: as oportunidades eram mais restritas para os negros do que para não negros.

Assim, todos os alunos, em maior ou menor grau, cruzaram os portões do Instituto sabedores das dificuldades associadas a sua condição social e de raça. Uma vez lá dentro, descobriram que deviam deixar a cor do lado de fora.

Os testemunhos da vida acadêmica são similares. Os que cursaram o IEEP, ao longo da década de 1970, são unânimes em afirmar que a tônica das disciplinas era a transmissão de técnicas de ensino. Os que o fizeram na década seguinte apontam para a falta de uma concepção predominante:

---

156 Sobre índices da exclusão social no Brasil, ver em *Atlas da Exclusão Social no BRASIL*, André Campos (2004).

> Não havia uma única concepção entre os professores lá no IEEP. Se você pegasse professores mais de esquerda, você teria uma concepção. Uns outros mais técnicos. Cada aluno poderia seguir os caminhos de alguns professores. Alguns poderiam ser mais técnicos e outros mais políticos.[157]

Assim, a desvalorização crescente sofrida pela categoria profissional foi concomitante ao que podemos chamar de uma crise de formação: de uma década para outra, o que caracterizava o professor – o domínio sobre um conjunto de ferramentas e um aporte teórico – passou por transformações, uma vez que a uniformidade prevista pelo aporte técnico foi deixada de lado em favor de uma multiplicidade de procedimentos que, embora as diferenças fossem por vezes definitivas, conviviam sem problemas aparentes.

Aparentes, bem entendido. O testemunho do aluno evidencia a autonomia que foi dispensada aos professores do Instituto, autonomia que, já demonstramos, possibilitou que as concepções pessoais em relação à raça emergissem no âmbito do curso. Aparente, ainda, porque a concomitância de concepções díspares coincidiu com uma transformação na clientela do curso, ocorrida também na década de 1980: muitos alunos procuravam o IEEP com a intenção de concluir o Ensino Médio, sem qualquer intenção de atuar no magistério.

A distinção entre uma e outra década prossegue. Os alunos da primeira década afirmam que a relação de professores e alunos, apesar de amistosa, era distante. Alunos e professores compreendiam, ao que tudo indica, a mesma relação com a autoridade e o distanciamento fazia parte do conjunto de regras de comportamento, ditas ou não.[158] O processo pedagógico

---

[157] Entrevista concedida por JOÃO: depoimento [20 nov.2002].

[158] Entrevista concedida por BETÂNIA: depoimento [14 nov. 2002]; Entrevista concedida por ALEXANDRINA: depoimento [11out. 2002]; Entrevista concedida por QUITÉRIA: depoimento [28 out. 2002]; Entrevista concedida por SOEIRO: depoimento [5 jul. 2004].

refletia esse aporte: os professores representavam a autoridade que cerceia, os que dominavam os alunos e o conhecimento; enquanto que os alunos trabalhavam para alcançar os professores. Conforme pontuou uma das entrevistadas: "Os professores tinham essa autoridade máxima em sala de aula, e a gente tinha de se submeter".[159]

Nada é mais indicativo da autoridade do professor do que o que se passava nas avaliações: os alunos deveriam apresentar o conteúdo apreendido da mesma forma como havia sido ensinado –; qualquer alteração era mal vista.[160]

> Nossa prova oral de Geografia era com mapa. Ao nos levantarmos da cadeira, ele perguntava onde fica[va] tal região, tal estado. Ele perguntava: "Aponte, aqui no mapa!" A gente olhava para o mapa e, se estivéssemos olhando para o lugar errado, ele dizia: "Pode sentar, que você não sabe!"[161]

Os entrevistados, todavia, mostram-se saudosos do *clima* educacional vivido. São unânimes em afirmar que o rigor e a autoridade tinham por objetivo a formação de um profissional qualificado, consciente de suas obrigações. Nesse sentido, destacam as recomendações normativas sobre o comportamento do professor, sobre a forma de ministrar o conteúdo, sobre o linguajar condizente com a condição de educador, sobre o que vestir, inclusive.[162]

A preocupação com o uniforme é indicativa da autoridade a que o Instituto se arrogava:

---

[159] Entrevista concedida por MARIA: depoimento [20 jan. 2004].

[160] Entrevista concedida por JÚLIA: depoimento [4 nov. 2002]; Entrevista concedida por ALEXANDRINA: depoimento [11 out. 2002].

[161] Entrevista concedida por ALEXANDRINA: depoimento [11 out. 2002].

[162] Entrevista concedida por JÚLIA: depoimento [4 nov. 2002]; Entrevista concedida por ALEXANDRINA: depoimento [11 out. 2002]; Entrevista concedida por LÚCIA: depoimento [15 nov.2002]; Entrevista concedida por BETÂNIA: depoimento [14 nov. 2002]; Entrevista concedida por BEATRIZ: depoimento [20 nov.2002]; Entrevista concedida por QUITÉRIA: depoimento [28 out. 2002]

> Tínhamos de usar o uniforme, de modo que não podíamos mexer no cumprimento da saia. Tínhamos de usar o distintivo. Caso nós viéssemos sem ele, não entrávamos.[163]

> Em relação ao uniforme, tinha uma inspetora, D. Iracema. Ela assumia essa ditadura da escola. Ela cansou de desmanchar a bainha das saias das alunas. Da minha, ela desmanchou várias vezes. Se você não estivesse com o uniforme completo, com aquele emblema do IEEP, não entrava. Se chegasse atrasada um minuto, o portão estava fechado e você não entrava.[164]

O Instituto entendia que a formação do professor ultrapassava o domínio do conteúdo, quer dizer, o professor deveria ser reconhecido, já após ingressar no curso, pelo cuidado consigo e com a imagem da instituição. Na década seguinte, muita coisa mudou. Conforme já apontamos, aqueles que procuravam o IEEP já não o faziam em função do interesse exclusivo no magistério. A condição de curso profissionalizante, cuja formação representava uma garantia relativa de ingresso no mundo do trabalho, fez com que algumas questões sofressem inflexão.

> Eu penso que quem passou pelo IEEP, um pouco antes de mim, não teve aquela separação de escada, separação de série, de gênero. Na banda, só entrava mulher. Pegou um pouco mais dessa tradicionalidade. O meu tempo foi de lutar por mudança. As turmas da minha época foram turmas que enfrentaram a alteração. Foram posições de mudar e de avançar, de mudar até a saia, de tirar o tergal para usar o *jeans*, de tirar a saia para usar a calça, de misturar homens e mulheres na banda. A minha época foi mais nesse sentido, foi mais audaciosa, do que necessariamente, do que os que

---

163 Entrevista concedida por JÚLIA: depoimento [4 nov. 2002].

164 Entrevista concedida por LÚCIA: depoimento [15 nov.2002].

> passaram antes por lá. Isso eu pude perceber, porque eu conversava com pessoas que passaram pelo IEEP, antes de mim.[165]

Muitos alunos da década de 1980, tal como o nosso entrevistado, percebiam o Instituto como um espaço de afirmação de sua identidade,[166] a qual não era necessariamente a do professor. As separações, os interditos, os rituais, etc. foram sendo deixados de lado em favor da afirmação das vontades de alunos, e também de professores, como indica a ambigüidade a que já nos reportamos. Uma compreensão muito particular do que seria a *crítica* e a democracia predominou naquele momento, tornando secundários os modelos construídos na década anterior.

4. 2 - A discriminação pelo discriminado

Pimenta, nos olhos dos outros, é refresco.
(*Dito popular*)

Ao longo das décadas em estudo, o curso de formação de professores do IEEP sofreu inflexões. Os estudos sobre educação apontam a transformação ocorrida nas discussões sobre a

[165] Entrevista concedida por JOÃO: depoimento [20 nov. 2002].

[166] Para aprofundamento da discussão de identidade, conferir nos estudos de Andrew Edgar; e Peter Sedgwick (2003), acerca da origem da terminologia identidade e seus desdobramentos nos estudos culturais. Destacamos alguns trabalhos que têm tido destaque na literatura especializada sobre a identidade, em diferentes matrizes teóricas: Erik Erickson (1968,1987,1972), Kathryn Woodward (2000), Peter Berger e Thomas Luckman (1987), Thomas Tadeu da Silva (2000b). Em relação aos estudos sobre a construção da identidade racial positiva de negros – a negritude –, intensificaram-se em meados da década de 1970 e 1980. Um dos estudiosos sobre essa construção pode se encontrado em William Cross Jr. (1991), o qual revisa a bibliografia mais expressiva dedicada ao estudo da identidade negra, por meio da qual o sujeito toma consciência de sua origem racial e incorpora uma nova identidade. Sobre identidade em perspectivas étnicas e culturais, ver os trabalhos de Roseli Fischmann (2000), Maria Salete Joaquim (2001), Jeffrey Lesser (2001) e Joanildo Albuquerque Burity (2002).

questão no Brasil e no mundo. No IEEP, alunos e professores perceberam-nas quase da mesma forma: um comprometimento com a preparação técnica do professor, na década de 1970, e a coexistência de aportes distintos na década de 1980.

A concordância de alunos e professores não se estende, no entanto, às considerações sobre como a questão racial era vista no Instituto. Da mesma forma que os professores, os alunos concordam que a questão não fora contemplada. Para Alexandrina, aluna do Instituto entre os anos de 1966 e 1972, não deixava de ser irônico que o enorme número de alunos negros não tivesse despertado os professores para a discussão.[167]

Lúcia, formada em 1979, considerou que a questão racial esteve ausente do repertório de questões abordadas, porque ela fazia parte de um rol de assuntos relacionados às diferenças sociais. Assim, gênero, raça e sexo eram assuntos proibidos.[168] O que Lúcia acaba por expor é menos a ausência de determinados tópicos e a ausência de um fator fundamental para a formação do professor: a preparação para lidar com a diferença,[169] de gênero, credo, raça, sexo, etc. Mais do que o negro, estiveram ausentes do Instituto as leituras sobre a questão da diferença, a discussão sobre temas a ela relacionados e a preparação do aluno para uma prática pedagógica na qual as diferenças sociais e culturais se constituíssem em objeto de discussão.

O aluno João, formado no período 1986-89, não se recorda de ver a questão racial ser tratada em sala de aula.[170] Ele não esteve sozinho; as alunas Soeiro, Júlia e Maria disseram o mesmo.[171] Todas se recordam, por outro lado, de situações de discriminação.

---

[167] Entrevista concedida por ALEXANDRINA: depoimento [11 out. 2002].

[168] Entrevista concedida por LÚCIA: depoimento [15 nov.2002].

[169] Sobre as questões relativas ás diferenças e seu trato pedagógico na sala de aula, ver na coletânea organizada por Marli Eliza Dalmazo Afonso de André (1999).

[170] Entrevista concedida por JOÃO: depoimento [20 nov.2002]

[171] Entrevista concedida por SOEIRO: depoimento [5 jul. 2004]; Entrevista concedida por JÚLIA: depoimento [4 nov. 2002] Entrevista concedida por MARIA: depoimento [20 jan. 2004].

> Nós, as pretinhas, nós jogávamos! Mas não éramos o destaque da banda, nós íamos para o bumbo. Nós não carregávamos a bandeira da escola, nem a bandeira do Estado, nem a bandeira do Brasil, por conta da boa aparência, e boa aparência queria dizer ser branco. Rainha dos Jogos, nunca foi uma negra, nem *miss* caipira. A única coisa que negro podia fazer para participar dos jogos[172] era jogar[173].

A ausência de discussão refletia a falta de preparação do corpo docente para lidar com as questões da diferença e acabava por facultar situações como essa. Jogos, festas, momentos rituais, enfim, eram vistos sem qualquer preocupação pedagógica; tornavam-se quase que um fim em si mesmo e reproduziam os valores que a sociedade cultivava. As festas juninas, ocorridas no Instituto, nesse sentido, não se diferenciavam das ocorridas pelas ruas de Belém, nas quais o único objetivo era o entretenimento. Tanto nelas como nas festas promovidas pelo Instituto, o "racismo à brasileira" se manifestava: ele não acusava o negro, simplesmente o recusava como negro.

> Quando se necessitava de um aluno para marchar, como [nas festas do] Sete de Setembro, ou [nos] jogos internos escolares, sempre se escolhia as mais bonitas. Ou seja, as mais clarinhas. As mais bonitas, geralmente, eram as mais claras.[174]

A *boa aparência*[175], essa instituição do preconceito a que já nos referimos, não era pensada, criticada ou discutida no IEEP.

---

172 Maria Alice Rezende Gonçalves (2003) reflete, em seu trabalho, sobre a incidência do segmento negro no esporte, como forma de neutralização da desagregação familiar e social, em geral, sofrida por esse grupo no Brasil.

173 Entrevista concedida por ALEXANDRINA: depoimento [11 out. 2002].

174 Entrevista concedida por EDUARDA: depoimento [20 jan. 2005].

175 Edith Piza (2000) trabalha o processo de substituição de categorias raciais mais explícitas pela noção moral de "boa aparência", como metáfora da cor (presente nos discursos das elites desde o final do século XIX).

Seu conteúdo e tudo o que ele implicava era, simplesmente (mais uma vez), incorporado e reproduzido. Da mesma forma que em instituições que não estão preocupadas em formar para a cidadania, que não se constituem em lugares de formação de valores civis e nacionais, como clubes, associações de rua, grêmios musicais, etc., o Instituto se permitia uma atitude negligente com relação à questão racial.

Como afirmou a mesma aluna, as disciplinas que deveriam tratar das diferenças "ficava só em Piaget e Vygotsky". Como se vê, as disciplinas de formação para a diferença não cumpriam o seu papel fundamental. Piaget e Vygotsky[176] pontuam aqui os referenciais teóricos presentes naquela formação. O problema exposto pela aluna – ainda que ela não tenha percebido – não foi, como ela acredita, ter-se limitado aos dois autores, mas não utilizar as reflexões que ambos desenvolvem para a construção de instrumentos pedagógicos que preparassem os futuros professores para lidar com a diversidade. Mais que isso, a presença de ambos no currículo não contribuía para a reversão das manifestações de preconceito dentro do próprio Instituto.

A incorporação e a reprodução foram eficientes. Vejamos o que nos disse uma das alunas, sobre a mesma questão do parâmetro de beleza:

> [De todas as] discriminações, havia uma delas que me chateava muito! Durante a minha prática pedagógica ou durante o desfile escolar, sabe o que acontecia? Eles nunca escolhiam negras para carregar as bandeiras, para puxar os pelotões. Tinha que ser aquelas meninas bonitinhas! Ficávamos com vontade, não só eu, como as outras negras existentes. Nós ficávamos tristes, mas não nos davam oportunidade. Não dava para dizer: "Eu quero ser! Entendeu?" O problema era receber a resposta.[177]

---

[176] Na obra *Preconceito e Autoconceito,* da pesquisadora Ivone Martins de Oliveira (1994), a autora utiliza os princípios teóricos metodológicos de Vygotsky para ir além da simples abordagem e apresenta um foco na constituição social e histórica da identidade do aluno.

[177] Entrevista concedida por QUITÉRIA: depoimento [28 out. 2002].

Devemos seguir adiante com cuidado. O depoimento de Quitéria nos permite compreender a extensão do trabalho – ou da ausência dele – realizado pelo Instituto. Uma aluna negra convenceu-se de que ela e suas colegas da mesma cor não eram bonitas. O depoimento é claro: bonitas eram *aquelas* meninas, não as negras.

O sentimento de identificação social, de pertencimento a uma etnia ou raça, associa-se, inevitavelmente, ao coletivo. Assim, é o coletivo, o todo social que formula processos pelos quais a sociedade define e reconhece os sujeitos, pelos quais ela engendra modelos ideais de comportamento e de condição, o que consiste nas chamadas "lutas de classificação", no dizer de Pierre Bourdieu e Loïc J. D. Wacquant (1992, p. 143). A cultura dominante – aquela *vitoriosa* nas lutas em questão – acaba por impor os seus ideais a toda a sociedade, por meio do que os dois autores denominam de violência simbólica.

> É, para falar tão simplesmente quanto possível, essa forma de violência que se exerce sobre um agente social com a sua cumplicidade. Para dizer isso mais rigorosamente, os agentes sociais são agentes cognoscentes que, mesmo quando submetidos a determinismos, contribuem para produzir a eficácia daquilo que os determina, na medida em que eles estruturam aquilo que os determina. E é quase sempre nos ajustes entre os determinantes e as categorias de percepção que os constituem como tais que o efeito de dominação surge. Chamo de desconhecimento o fato de reconhecer uma violência que se exerce precisamente na medida em que ela é desconhecida como violência; é o fato de aceitar esse conjunto de pressupostos fundamentais, pré-reflexivos, que os agentes avalizam, pelo simples fato de tomar o mundo como óbvio, isto é, como ele é, e de achá-lo natural porque eles lhe aplicam as estruturas cognitivas que são originárias das próprias estruturas desse mundo. Por termos nascido num mundo social, aceitamos um certo número de axiomas, que são óbvios e não requerem

> condicionamento. É por isso que a análise da aceitação dóxica do mundo, em razão da concordância imediata das estruturas objetivas e estruturas cognitivas, é o verdadeiro fundamento de uma teoria realista da dominação e da política (BOURDIEU; WACQUANT, 1992, p. 143).

A reflexão de Pierre Bourdieu e Loïc J. D. Wacquant nos faz refletir sobre o depoimento da aluna. Quitéria, como suas colegas negras, viveu (e vive) em uma sociedade que elegeu um padrão fenotípico de beleza. Ela cresceu sendo bombardeada por imagens de mulheres bonitas. A cor da pele, o tipo de cabelo, as dimensões do corpo e a cor dos olhos dessas mulheres eram diferentes das dela e de suas colegas. Todas essas meninas aprenderam, desde cedo, que a beleza era tanto maior, quanto mais próxima daquele padrão. E aproximar-se dele significa, em grande parte dos casos, recusar-se. Há de transformar o corpo – ou o que é possível nele – para tornar invisíveis as marcas que o distanciam do padrão dominante.

No Brasil, esse padrão dominante foi formulado há muitos anos e ele é parte de um processo que pretendeu tornar o país e a sua cultura infensos à participação negra em sua trajetória. A cultura dominante brasileira foi, com relação à questão racial, sempre a cultura do tornar claro o escuro, do embranquecer. Neste sentido, atribuir cor à beleza é um dos desdobramentos da ideologia do branqueamento, segundo Joel Zito Almeida de Araújo (2000). O alcance dos ditames desse desdobramento pode ser vislumbrado no recurso à "boa aparência", como requisito para inserção no mercado de trabalho. Um dos traços da cultura racial brasileira é de que a beleza é um atributo de brancos – fora deles ela só se manifestaria nos mestiços de branco. A figura do mulato – da mulata, no caso –, cultuada pelo cancioneiro popular como uma representação da beleza brasileira, possui, na cultura brasileira, um caráter mais sexual do que estético. Sua figura não se presta ao prazer estético, mas à satisfação da carne, à luxúria (QUEIROZ JÚNIOR, 1982).

Edimilson de Almeida Pereira (apud FONSECA, 2000, p. 113) expõe a violência subjacente à representação da figura da mulher mulata e do homem negro na cultura dominante. Enquanto que a mulata – "que passa com graça, fazendo pirraça, fingindo inocência e tirando o sossego da gente" – desperta o desejo sexual masculino, o negro, o *negão*, habita o imaginário sexual feminino como símbolo de virilidade, potência e dote. Ambas as representações, no entanto, falam menos do negro e mais dos desejos da cultura dominante, pois eles só são percebidos como objetos de satisfação dos desejos de outrem. As figuras do negro e da mulata não existem em si mesmas; elas não são vistas como próprias para a contemplação, mas para o uso. Suas figuras não são pensadas, da mesma forma que a conformação do padrão de beleza dominante, como um reflexo de uma qualidade interior, uma vez que podemos ver nas representações dos heróis brasileiros: todos brancos (ou quase).[178] Suas figuras são destituídas de valor próprio e só ganham razão de ser no prazer que proporcionam aos outros. Elisa Larkin Nascimento (2003) chama isso de "hegemonia do supremacismo branco", ao tratar do que chama de *sortilégio da cor*, e afirma estar presente em todos os campos sociais no Brasil.

Pois vejamos o que ocorreu no IEEP: Quitéria não percebeu que a discriminação que sofrera fora um problema do Instituto. Ela não cogitou então, e não cogita agora, que o que houve de nocivo foi a compreensão de que o belo e o branco são complementares. Seu incômodo, sua frustração se deveu e se deve ao fato de que o Instituto selecionava as alunas bonitas e deixava as outras de fora. Ela não atentou para o fato de que a questão não era a seleção de alunas bonitas, mas a própria conceituação do belo e a consideração de que ele se restringia a uma cor.

O Instituto, então, reproduziu a idéia corrente na cultura racial brasileira. Ele a adotou sem submetê-la ao crivo dos

---

178 Ver o estudo que faz José Murilo de Carvalho (1999) sobre a construção do heroísmo em Tiradentes.

instrumentos teóricos de que o pensamento educacional é dotado. Ele não utilizou os referenciais existentes para transformar o senso (ou falta dele) comum em objeto de discussão e distinguir os profissionais que formava, a partir do cidadão comum. O Instituto, neste caso, furtou-se de diferenciar o professor, de capacitá-lo para problematizar a realidade com vistas à formação de uma criança e um adolescente tolerantes para a diferença.[179] Ele não preparou seus professores para educarem crianças brasileiras e, no processo pedagógico, evitar que boa parte delas se vejam como destituídas de valores positivos, entre os quais a beleza.[180] Ainda que Quitéria não tenha percebido toda a extensão do problema, ela o sentiu e o expressou de maneira lapidar:

> Ser negra significou[e significa] estar sendo sempre questionada pela sua capacidade. É [lidar continuamente com pessoas] que acham que você jamais vai fazer um bom trabalho, ou jamais vai se sair bem. Era um pouco assim, lá dentro, e é assim aqui fora.[181]

Quitéria percebeu que o Instituto, uma instituição educacional, reproduzia a sociedade. E não há nada de novo nisso. Certamente as instituições educacionais brasileiras se distinguem das guatemaltecas. E não é só a política educacional da Guatemala que torna a educação dispensada lá diferente da oferecida aqui. Há certamente um conteúdo nacional – uma marca, por assim dizer – que imprime uma forma brasileira de se fazer educação. Mas não é disso que falamos.

Nós nos referimos a uma deficiência dos processos de formação de professores, evidenciada no depoimento de Quitéria.

---

179 Para uma reflexão aprofundada sobre educar para a tolerância e o respeito à diferença, ver em Marcelo Gustavo Andrade de Souza (2002).

180 Nilma Lino Gomes (2002, 2003) defende a necessidade de articular, na formação de professores, temas que dêem conta de relações entre educação, cultura, identidade negra, tendo como enfoques principais a corporeidade e a estética.

181 Entrevista concedida por QUITÉRIA: depoimento [28 out. 2002].

Quando ela afirma que o Instituto não se distinguia da sociedade, ela destaca o fato de que o IEEP não cumpria o seu papel de instituição educacional de contribuir para fomentar valores que facultem a convivência e a integração dos diversos agentes que constituem a sociedade. Ao reproduzir preconceitos, o IEEP demonstrava não somente uma inaptidão para lidar com um problema que o mundo ocidental repudia, mas expunha sua dificuldade em transformar os aportes teóricos da disciplina em instrumentos de educação. Ele viabiliza a compreensão de que a formação oferecida se limitou aos procedimentos formais da profissão: controle de turma, uso do quadro, elaboração de planos de aula e de curso, etc.

É significativo, nesse sentido, o que demonstra a prática desses mesmos alunos, como professores. Dos dez alunos entrevistados, quatro são professores do próprio IEEP, quatro são professores do Ensino Fundamental em escolas da rede pública de ensino do Estado do Pará, um é professor do Ensino Fundamental, porém no exercício de atividade administrativa na Rede Municipal, e uma das alunas está desempregada. Vejamos o que eles têm a dizer.

4.3 - Filho de peixe...

> Quem sai aos seus, não degenera.
> (*Dito popular*)

Os alunos que hoje são professores do IEEP afirmam não haver qualquer procedimento no trato da questão racial. Soeiro, que é professora da disciplina Prática de Ensino e de Estágio Supervisionado, assegura não haver um projeto institucional que sugira um encaminhamento para a questão. A iniciativa de incluir a questão como uma das temáticas de discussão, na disciplina, partiu dela própria.[182]

---

[182] Entrevista concedida por SOEIRO: depoimento [5 jul. 2004].

Maria, professora de Psicologia da Educação, indica que as discussões que procedem sobre a temática racial são por iniciativa dela, pois não configuram o exercício de uma proposição curricular, ou um desdobramento da ementa da disciplina. Ela divide a turma em grupos, cada grupo pesquisa um aspecto da questão e o socializam depois em sala de aula, por meio de exposições e dramatizações.[183]

Alexandrina, professora de Estágio Supervisionado, afirma que as discussões ocorridas no Instituto são pontuais e resultado da iniciativa individual de alguns professores. A abordagem do problema ocorre, quase sempre, em datas comemorativas,[184] como o Dia da Consciência Negra. Alexandrina pondera, no entanto, que uma parte significativa do problema é a resistência dos professores, incluindo alguns professores negros que, segundo ela, se "autodiscriminam": "Se eles não se vêem como negros, você imagina como eles vão tratar essas crianças!"[185]

Júlia, professora de Língua Portuguesa, considera haver um pequeno avanço, uma vez que as discussões sobre a questão racial ocorrem, ainda que tímidas e esparsas. No entanto, Júlia aponta um entrave. Segundo ela, a dificuldade de lidar com a questão está na preocupação de não discriminar os alunos negros: "A preocupação é de que eles não pensem que a gente está discriminando".[186]

Os quatro professores situam aspectos do problema que merecem consideração. O primeiro deles diz respeito

---

183 Entrevista concedida por MARIA: depoimento [20 jan. 2004].

184 A referência aqui é também ao 13 de Maio. As pesquisas históricas desenvolvidas na academia, sobretudo, dos anos de 1980 e 1990, têm enfatizado a proposição de que não havia nada para celebrar no dia 13 de Maio. Muito ao contrário. Célia Maria diz que, de meados de 1860 até o dia 13 de maio de 1888, os escravos lançaram mão de todos os recursos pela libertação. Mais detalhes sobre este aspecto na obra de Célia Maria Marinho de Azevedo (2004), especialmente no capítulo intitulado *13 de Maio e Anti-Racismo*.

185 Entrevista concedida por ALEXANDRINA: depoimento [11 out. 2002]

186 Entrevista concedida por JÚLIA: depoimento [4 nov. 2002].

ao problema que vimos apontando: a falta de uma diretriz curricular[187] e de uma abordagem sistemática da problemática da diferença e da questão racial. As discussões que hoje ocorrem são fruto da vontade individual de cada professor, o qual não se vê na obrigação de trabalhá-la por meio do suporte teórico-metodológico adequado.[188]

O segundo aspecto, decorrente do primeiro, é o fato de que as abordagens em curso se dão de forma improvisada: os alunos pesquisam a questão em suportes de mídia – como jornais e revistas – e apresentam os resultados no Instituto. Em que pese a importância da iniciativa, ela não evita problemas tão graves quanto à ausência de discussão, pois a falta de um suporte teórico e da formação da massa crítica necessária ensejam que os dados recolhidos sejam percebidos de forma muito próxima do senso comum. Logo, as iniciativas existentes não se prestam ao desenvolvimento de um *olhar* profissional sobre a questão racial, como também ao desenvolvimento de procedimentos didáticos para tratá-lo na educação fundamental.

O terceiro aspecto diz respeito ao fato de a questão ser encarada como um problema do negro e não do sistema educacional. A falta de preparo para o enfrentamento da questão

---

[187] Embora saibamos da existência da *Constituição Federal de 1988*, que estabelece que os conteúdos do Ensino Fundamental devem assegurar o respeito aos valores culturais afro-brasileiros, bem como as obrigatoriedades de serem consideradas as diferentes contribuições das culturas e etnias formadoras do povo brasileiro no ensino de História; da Lei nº 7. 716 de 5 de janeiro de 1989, que define os crimes resultantes de preconceito de raça ou de cor; e da Lei nº 10.639 de janeiro de 2003, que estabelece as Diretrizes e Bases da Educação Nacional, para incluir no currículo oficial da rede de Ensino a obrigatoriedade da Temática "História e Cultura Afro-Brasileira", nada disso ainda se transformou em política institucional.

[188] Destacamos dois encaminhamentos pedagógicos sobre a questão racial e a escola, e o terceiro é a obra referente a experiências étnico-culturais para a formação de professores. São eles: o primeiro refere-se ao livro de Kabengele Munanga e Nilma Lino Gomes (2004), no qual apresentam um aporte teórico-metodológico, na obra *Para Entender o negro no Brasil hoje*; e o segundo ao texto de Nilma Lino Gomes 2004b; e o terceiro, trata-se de livro organizado por Nilma Lino Gomes e Petronilha Beatriz Gonçalves e Silva (2002).

acarreta a reprodução dos valores culturais dominantes, no que eles têm de mais nocivos, como o preconceito racial. Como pontua Hélio Santos, no Brasil, o preconceito e seus desdobramentos são vistos como um problema de quem o sofre e não de quem o exerce (SANTOS, 2000). Assim, uma das ex-alunas e hoje professora do Instituto, mesmo reconhecendo a importância da questão, considera-a um problema do negro e não da sociedade e, portanto, do sistema de ensino mantido por ela.

Dos quatro ex-alunos que, hoje, atuam na Rede Estadual de Ensino, dois afirmaram não realizar qualquer procedimento em relação à questão racial. Dois reportam a inexistência de qualquer procedimento encaminhado pela rede, à exceção dos eventos ocorridos na Semana da Consciência Negra. Estes dois últimos afirmam abordar a questão em sua prática pedagógica, da seguinte forma:

> Hoje, vejo coisas do tipo: "Hei, carvão, sai da frente!" Eu intercedo com a aluna, e digo: "Respeite seu colega!" Aí ela diz: "Professora, é brincadeira, eu tô brincando com ele!" Aí eu digo: "Você está brincando com uma coisa extremamente séria, você está humilhando seu colega". Aí os que estão por perto dizem: "Professora, ele está acostumado, ele até acha graça!" Aí eu pergunto ao aluno: "Você não se sente ofendido?" Ele diz: "Não!" Eu digo: "Não tenha vergonha de dizer que você se sente ofendido!"[189]

> Na sala de aula, sempre que uma criança negra brigava com outra criança, a mãe vinha e dizia: "Será que a senhora não viu aquele negrinho bater no meu filho?" Aquilo era uma punhalada para mim, porque eu sou negra também. Aí eu deixava a mãe terminar. Quando eu falava, ela dizia: "Mas você não é preta!" Eu dizia: "Eu sou preta sim!"[190]

[189] Entrevista concedida por LÚCIA: depoimento [15 nov. 2002].
[190] Entrevista concedida por QUITÉRIA: depoimento [28 out. 2002]

Mais uma vez, percebe-se a falta de preparo docente. A despeito da boa vontade e da iniciativa louvável de enfrentar a questão sempre que ela se apresenta, o encaminhamento acaba por retirar do evento todo o seu componente social e histórico. O preconceito, no caso, manifestação do racismo, é visto como um problema pessoal, isto é, uma ofensa pessoal, uma afronta feita por um indivíduo para atingir o outro, enfim, uma tentativa de humilhação. A abordagem pedagógica não é acionada, pois a consideração de como o racismo se construiu historicamente, os seus desdobramentos sociais e as suas implicações para a construção de uma sociedade democrática são deixados de lado. O tratamento dado não difere do que se vê no mundo extramuros escolares. Os dois outros ex-alunos não puderam tecer considerações sobre a questão porque não atuam em sala de aula. O professor, da Rede Municipal, exerce atividade administrativa.

Nas décadas de 1970 e 1980, duas autoras propuseram caminhos para a abordagem da questão da cidadania no processo educacional. A primeira, Romanda Gonçalves Pentagna, afirmava que a noção de cidadania deveria ser trabalhada a partir da elaboração de uma "Unidade de Trabalho" (PENTAGNA, 1964, p. 52-53). Esta unidade deveria desenvolver-se em torno de um tema central, de forma que todas as discussões convergissem para esse tema. Ela deveria incorporar atividades a serem realizadas pelos alunos, sempre respeitando as diferenças individuais, levando-os a adquirir conhecimentos, formar atitudes e desenvolver habilidades.

Vejamos como Francisca Alba Teixeira define "Unidade de Trabalho", fonte inspiradora para Romanda Gonçalves (apud PENTAGNA, 1964, p. 52):

> É um conjunto de conteúdo e atividades, em torno de um assunto, tendo como objetivo ajudar a criança a adquirir conhecimentos, atitudes e habilidades necessários a sua integração ao meio físico e social e a sua formação como cidadão democrático do país e do mundo.

Em primeiro lugar, a formulação de Francisca Alba, fonte inspiradora de Romanda Gonçalves, possui uma fragilidade: sua formulação tem por objetivo a integração do aluno ao meio social; logo, ele não almeja a preparação do aluno para a percepção do mundo, sua compreensão e análise, as quais são etapas fundamentais do processo de transformação social. A idéia de cidadania subjacente a sua proposição corresponde a uma concepção que compreende cidadania como a submissão do indivíduo às instituições já estabelecidas.

Sua formulação trabalha uma idéia de cidadania que não comporta a diferença. Ela investe, em maior grau, no preparo das aptidões individuais do aluno, para que ele se torne um membro útil do corpo social – um cidadão. Assim, a escola cumpriria, segundo o aporte em questão, o papel de instituição que acomodaria o futuro cidadão às estruturas sociais existentes.

Vera Maria Candau (1984) introduziu questões novas na discussão sobre a formação para a cidadania. Segundo ela, os procedimentos didáticos eram fundamentais para a conformação da escola como um espaço para essa formação. Seu trabalho pontua a didática mais como uma expectativa de trabalho, um aporte, do que uma série de procedimentos técnicos com vistas ao condicionamento intelectual do aluno.

Assim, o aporte proposto por ela entendia ser necessário à reflexão sobre os diversos grupos que compunham o universo escolar, considerando-os, todos, múltiplos. Desta forma, a escola deveria estar preparada para receber alunos com diferentes modos de vida, arcabouço cultural e situação econômica e estar preparada para agir sobre eles.

Vejamos de que forma ela conceitua essa nova didática:

> A perspectiva fundamental da Didática assume a multidimensionalidade do processo de ensino-aprendizagem e coloca a articulação das três dimensões, técnica, humana e política no centro configurador de sua temática (CANDAU, 1984, p. 21).

A proposição de Vera Candau (1984) suscita duas questões: em primeiro lugar, ela não aponta como o aporte teórico se desdobra em procedimentos didáticos; em segundo lugar, boa parte do eventual sucesso de sua proposta depende do comprometimento pessoal do educador. Com relação ao primeiro aspecto, a ausência de desdobramentos dificulta a transformação do aporte em práticas efetivas por professores com formação já concluída, e inseridos há algum tempo no mercado de trabalho. Com relação ao segundo aspecto, sua formulação subordina a prática profissional a um comprometimento pessoal ou ideológico, o que, em certa medida, implica retorno à consideração do magistério como missão ou sacerdócio.

As proposições de ambas representam, ainda, um impedimento para o trato da questão racial na escola e, no caso que tratamos, nos cursos de formação de professores. A concepção de cidadania de Romanda Gonçalves pressupõe a inexistência de problemas raciais no âmbito da sociedade. Sua idéia de que os procedimentos didáticos devem contribuir para a integração do aluno à sociedade, na melhor das hipóteses, desconhece o problema racial, porque, na pior, ele acaba por reiterar a possibilidade de reprodução dos preconceitos, uma vez que, para determinados segmentos, a idéia de que negros, judeus, árabes, homossexuais, umbandistas, etc. são inferiores, errados ou doentes é absolutamente natural.

Sua concepção compreende que a cidadania se restringe ao conhecimento e ao cumprimento de direitos e deveres. O exercício da cidadania, como uma intervenção no corpo social, não parece ter feito parte de seu horizonte teórico. O inverso, no entanto, ocorreu com a formulação de Vera Candau. Sua concepção de cidadania, relacionada ao conceito de multidimensionalidade, compreende a cidadania de forma diversa. Cidadania, para ela, é o exercício da convivência dos diferentes.

Mas, ainda assim, sua formulação não contempla a questão racial. Suas considerações, evidentemente, aplicam-se ao trato da questão racial no âmbito do processo educacional e, por extensão, no âmbito dos cursos de formação de professores. Todavia, ela não parece estar atenta para a complexidade do problema, o que faz com que sua reflexão e a de Romanda Gonçalves contribuam para que, ainda que o negro vá à escola, ele deixe sua *alma*, sua condição de negro, do lado de fora.

Isto é importante considerar. Os estudiosos da questão racial afirmam que a cidadania no Brasil não será vivida plenamente, caso as diferenças raciais não sejam resolvidas. E as razões são várias. A questão racial é fundamental para a conformação da identidade nacional e, no Brasil, a questão da identidade passa pela questão da miscigenação, o que significa dizer que passa pela necessidade da reversão do caráter negativo atribuído aos *não brancos*. O chamado *racismo à brasileira* acaba por conformar cidadãos de segunda categoria, os quais têm acesso restrito não apenas à riqueza, mas à dignidade: negros são os mais sujeitos a erros policiais, mau atendimento hospitalar e desrespeito em instituições públicas e privadas. O preconceito constitui uma violência simbólica – a qual não exime a violência física, como a crônica policial demonstra – que torna, ao contrário do que acreditam alguns, piores os preconceituosos. Queiram ou não, o preconceito representa um problema moral, uma questão ética, os quais informam muitos dos procedimentos adotados socialmente.[191]

> Por cerca de três séculos e meio o negro foi escravizado: de 1534 a 1888. Esse período, tão longo, estigmatizou o negro como uma subpessoa. A verdade é que o negro foi colocado como alguém incapacitado para plena cidadania. Por outro lado, o negro foi compelido a crer, efetivamente, nisso. Temos a partir daí a contra-mão já citada: a não-identidade do não-branco (preto + pardo) brasileiro. O exemplo mais notável desse reforçamento da não-identidade dos não-brancos ocorre nas escolas de

[191] Sobre esta questão ver: Kabengele Munanga (1996, p. 79-94), Cláudio de Carvalho Silveira (1999, p. 44-59), João Baptista Borges Pereira (2002, p. 65-71) e Luiz Fernando Martins da Silva (2003).

> primeiro grau, quando se estuda a abolição da escravidão. Nessa ocasião, a criança negra se vê vinculada às "pobres criaturas" (os escravos) que não têm história; isto na versão da historiografia oficial. O torpor que a criança tem ao se saber presa a essa história, na verdade uma história que nega a sua própria história, é muito grande. Se por um lado isso constrange, humilha e reduz a criança negra, outros efeitos ocorrem nas demais crianças. As mestiças vão ter mais "razões" para se afastarem do seu lado negro. Quanto às brancas e amarelas, vão "entender" que a origem negra é esse engodo; aliás, oficial. Enfim, a historiografia brasileira e os demais estudos sociais não trazem às crianças, como um todo, o que elas efetivamente são em termos de raça, cultura e história. Isto vale tanto para as não-brancas (pretas e pardas) como para as demais. As práticas escolares definem a "concepção de mundo" das crianças. É o que podemos chamar de "ritual pedagógico". Tal ritual exclui a luta das populações negras na sociedade brasileira. Mais ainda: o ideal de ego branco é o que as crianças negras passam a reivindicar para si na ausência de uma identidade que as possa fortalecer (SANTOS, 2000, p. 63).

Conforme aponta Hélio Santos (2000), a forma como a questão racial é tratada no sistema educacional de ensino conduz a uma deformação da identidade nacional e a uma conformação cruel da idéia de cidadania. Conforme ele bem situa, a forma equivocada como a questão racial vem sendo tratada não atinge só aos negros, ela age sobre o corpo social como um todo: reforça injustiças por um lado e forma injustos por outro.

O que o professor Hélio Santos não aponta, porque não é sua área de atuação, são as razões que alimentam essa postura. Nós o fazemos. Tendo o Curso de Formação de Professores do IEEP como base, assumimos que há uma deficiência na formação: os aportes teóricos adotados na formação dos professores não consideram a questão racial como o problema candente que ele é. Esse *pecado original* induz a que as manifestações de preconceito sejam tratados como problemas pontuais, como desvios de disciplina e não como problemas de formação, em relação aos quais os professores têm enorme responsabilidade.

Não podemos esquecer que este é um trabalho sobre formação docente. Pois bem, a formação docente é deficiente em relação à questão racial, porque ela se esquiva de assumir-se como um processo de formação profissional. Os cursos de formação de professores não se têm ocupado com a formação de um profissional que trabalhe em acordo com determinados padrões de comportamento e atuação profissional. Uma parte significativa da formação é gasta com discussões que não encaminham procedimentos objetivos e não avançam naquilo que pretendiam, que é a formação de um profissional independente.

E aqui entramos em um outro problema. Os cursos de formação de professores cultivam a idéia de que os professores são senhores de suas salas de aula. Nelas eles podem – respeitando as diretrizes curriculares – trabalhar da forma que entendem ser a mais correta. O que vimos demonstrando, ao longo desta pesquisa, é que, em relação à questão racial, isto só tem incentivado a reprodução do preconceito e da discriminação.

> A instituição fez a recomendação para trabalharmos os Parâmetros Curriculares Nacionais, a escola usa muito a palavra autonomia. Acho que é aí que a escola se perde. Aí o professor faz aquilo que ele acha melhor.[192]

Este é certamente o maior problema. Pois, como sabemos, de boas intenções o abismo está cheio! Vale lembrar o fato de que, para alguns dos maiores intelectuais brasileiros – para ficarmos entre nós –, do século XIX, a solução para os problemas brasileiros passava pela eliminação, contínua e sistematicamente, da presença negra na vida social brasileira, por meio do branqueamento. Professor é, como diz a etimologia da palavra, profissão e, por conseguinte, a questão racial, como todas as demais, deve ser tratada com aporte teórico e metodologia, sem preconceitos.

[192] Entrevista concedida por MARIA: depoimento [20 jan. 2004]

Conclusão

A cor, no Brasil, é questão polêmica. Se não fosse assim, não teríamos tantas denominações. Cor e Raça são duas questões candentes na agenda brasileira porque falam da nossa identidade, da identidade de um país de passado colonial, formado com a contribuição desigual de povos, culturas e tipos diversos. Cor e Raça têm ocupado a pauta de reflexões sobre o país, seu futuro e suas possibilidades, por mais de um século, iniciada que foi no Império, ao tempo da substituição do trabalho escravo pelo livre.

Desde então, muito se discutiu sobre a natureza das *raças*, suas características e a contribuição que cada uma delas poderia trazer à nação (STROZENBERG, 1997). Essa contribuição foi pensada na perspectiva cultural, técnica e eugênica. Com relação ao negro, a discussão realizada foi, na avassaladora maioria das vezes, negativa. Salvo a reflexão de Karl Friedrich Philipp von Martius, o *pai* do mito da *democracia racial*, realizada na década de 40 do século XIX, pouco foi dito em favor do negro. Von Martius, na verdade, não teceu nenhum argumento favorável ao negro. No entanto, em trabalho apresentado a um concurso instituído pelo Instituto Histórico e Geográfico Brasileiro, com vistas a premiar o trabalho que elaborasse o melhor plano para a escrita de uma história do Brasil, von Martius considerou que a História do Brasil deveria ser a história da interação de três agrupamentos raciais: o branco, o índio e o negro.

> Portanto devia ser um ponto capital para o historiador reflexivo mostrar como no desenvolvimento sucessivo do Brasil se acham estabelecidas as condições para o aperfeiçoamento de três raças humanas, que nesse país são colocadas uma ao lado da outra, de uma maneira desconhecida na história antiga... (MARTIUS, 1845, p. 384)

Martius foi, portanto, o responsável pela memória de que o povo brasileiro se formou da contribuição de brancos, índios e negros. O primeiro teria introduzido a civilização, enquanto que os demais participaram com o caráter festivo. A reflexão de Martius, se não detrata negros e índios, relega-os à condição de coadjuvantes quase decorativos do processo de construção da nacionalidade.

Depois de Martius, foi a obra de Gilberto Freyre que, paradoxalmente, tentou recuperar índios e negros da condição que lhes foi relegada, desde o século XIX. Em obra que tratava da construção do patriarcado brasileiro, instituição vista por Freyre como a base estrutural da vida social brasileira, o autor pernambucano percebeu e valorizou contribuições importantes de índios e negros na forma como a família – a base do patriarcado – constituiu-se (FREYRE, 1963).

A produção bibliográfica subseqüente, relacionada à questão racial, tratou mais do escravo que do negro. Ela se ocupou, prioritariamente, com a análise das estruturas econômicas da sociedade escravista. É verdade que um dos desdobramentos importantes dessa produção foi a recuperação da condição de agente histórico do negro escravo, algo que lhe havia sido recusado pela historiografia anterior (exceção feita a Gilberto Freyre). De acordo com essa produção, o negro deixava a condição de agente passivo nas relações escravistas e surgia como agente ativo, resistente em muitos casos.

Paradoxalmente, no entanto, a despeito do caráter da questão racial, ela tem sido pouco visitada por intelectuais da educação. Já nos referimos ao montante de trabalhos e ao estado atual da discussão sobre a questão racial em educação e, em que pese sua importância, ainda estamos no início de uma reflexão urgente. Urgente, porque, como acreditamos ter deixado claro nas páginas anteriores, a escola se tem constituído em uma instância de propagação e reprodução de discriminação e preconceito.

Os intelectuais da Educação, especialmente aqueles ocupados com a formação de professores, têm-se ocupado com a análise de indicadores socioeconômicos, de formas de avaliação, de aportes teóricos e de procedimentos didáticos. Muito da reflexão que desenvolvem tem por objetivo a capacitação da escola para a formação da cidadania: esse avatar que se pretende superior às diferenças de cor, raça, credo, gênero e orientação sexual.

No entanto, o que muitos desses intelectuais não consideram e o pensamento sobre a educação relega a um plano secundário são o fato de que, no Brasil, a cidadania passa pela Cor e pela Raça. Conforme afirma Hélio Santos, o negro ocupa sempre as posições menos favoráveis no universo social brasileiro, inclusive no que tange ao exercício da cidadania (SANTOS, 2000). E, portanto, vive uma cidadania de segunda categoria, regulada, para usar um conceito de Wanderley Guilherme dos Santos (1987), pela sua condição inferior.

Este trabalho teve o objetivo refletir sobre como a escola, por meio dos cursos de formação de professores, contribui para a reprodução da discriminação e do preconceito, nas formas em que eles se manifestam na sociedade. Vimos, aqui, o que acarreta a falta de reflexão sobre a questão racial: a segregação sofrida pelos alunos negros do IEEP vem sendo reproduzida por eles, como professores. Isto se deve ao fato de que o IEEP, como instituição de formação de docentes, não preparou seus alunos para lidar como uma questão crucial, como é a questão racial.

O IEEP, como a quase totalidade das instituições de formação de professores tem feito, furtou-se a desenvolver nos seus alunos um novo *habitus*. Ele não desenvolveu neles uma prática profissional que viabilizasse o enfrentamento da questão racial e a sua abordagem como um problema do sistema de ensino. Ao agir dessa forma, permitiu que as concepções incorporadas dos diversos agentes sociais se manifestassem recorrentemente, por meio de ações de discriminação e práticas de preconceito. O IEEP, portanto, acabou por permitir que o preconceito fosse incorporado ao conteúdo.

Evidentemente, que não ocorreu como política. Isto decorreu, justamente, da falta dela. É a falta de enfrentamento da questão, a consideração de que ela se ajustará, de que meia dúzia de frases *politicamente corretas* resolverão o problema, é o que faculta a reprodução. Só a intervenção conscienciosa, resultado da constituição de uma massa crítica relacionada à questão e incorporada à formação, poderá apontar uma luz no fim do túnel.

Referências Bibliográficas

DEPOIMENTOS

Ex-alunos do Instituto de Educação do Estado do Pará:

ALEXANDRINA: depoimento [11 out. 2002]. Entrevistadora: Wilma de Nazaré Baía Coelho. Belém, 2002. 1 fita cassete (60 min).

BEATRIZ: depoimento [20 nov. 2002]. Entrevistadora: Wilma de Nazaré Baía Coelho. Belém, 2002. 1 fita cassete (60 min).

BETÂNIA: depoimento [14 nov. 2002]. Entrevistadora: Wilma de Nazaré Baía Coelho. Belém, 2002. 1 fita cassete (60 min).

EDUARDA: depoimento [20 jan. 2005]. Entrevistadora: Wilma de Nazaré Baía Coelho. Belém, 2005. 1 fita cassete (60 min).

JOÃO: depoimento [20 nov. 2002]. Entrevistadora: Wilma de Nazaré Baía Coelho. Belém, 2002. 1 fita cassete (60 min).

JÚLIA: depoimento [4 nov. 2002]. Entrevistadora: Wilma de Nazaré Baía Coelho. Belém, 2002. 1 fita cassete (60 min).

LÚCIA: depoimento [15 nov. 2002]. Entrevistadora: Wilma de Nazaré Baía Coelho. Belém, 2002. 1 fita cassete (60 min).

MARIA: depoimento [25 jan. 2004]. Entrevistadora: Wilma de Nazaré Baía Coelho. Belém, 2004. 1 fita cassete (60 min).

QUITÉRIA: depoimento [28 out. 2002]. Entrevistadora: Wilma de Nazaré Baía Coelho. Belém, 2002. 1 fita cassete (60 min).

SOEIRO: depoimento [5 jul. 2004] Entrevistadora: Wilma de Nazaré Baía Coelho. Belém, 2004. 1 fita cassete (60 min).

Professores e ex-professores do Instituto de Educação do Estado do Pará:

ANA Carolina: depoimento [2 jul. 2004]. Entrevistadora: Wilma de Nazaré Baía Coelho. Belém, 2004. 1 fita cassete (60 min).

CÉLIA: depoimento [5 jul. 2004]. Entrevistadora: Wilma de Nazaré Baía Coelho. Belém, 2004. 1 fita cassete (60 min).

DÉBORA: depoimento [26 jan. 2004]. Entrevistadora: Wilma de Nazaré Baía Coelho. Belém, 2004. 1 fita cassete (60 min).

GISELLE Cristiane: depoimento [2 jul. 2004]. Entrevistadora: Wilma de Nazaré Baía Coelho. Belém, 2004. 1 fita cassete (60 min).

MALENA: depoimento [5 jul. 2004]. Entrevistadora: Wilma de Nazaré Baía Coelho. Belém, 2004. 1 fita cassete (60 min).

MAGRITA: depoimento [8 jul. 2004]. Entrevistadora: Wilma de Nazaré Baía Coelho. Belém, 2004. 1 fita cassete (60 min).

MORENA: depoimento [8 jul. 2004]. Entrevistadora: Wilma de Nazaré Baía Coelho. Belém, 2004. 1 fita cassete (60 min).

LIZ: depoimento [14 jul. 2004]. Entrevistadora: Wilma de Nazaré Baía Coelho. Belém, 2004. 1 fita cassete (60 min).

RAIZA: depoimento [4 nov. 2002]. Entrevistadora: Wilma de Nazaré Baía Coelho. Belém, 2002. 1 fita cassete (60 min).

REGINA Alice: depoimento [12 jul. 2004]. Entrevistadora: Wilma de Nazaré Baía Coelho. Belém, 2004. 1 fita cassete (60 min).

FUNDAÇÃO CULTURAL DO PARÁ TANCREDO NEVES - CENTUR

1.200 querem as 340 vagas de professor. A Província do Pará, Belém, 26 jan. 1973. Caderno 1, p. 6.

Classificados: Ainda há 86 vagas no último dia de uma longa espera. A Província do Pará, Belém, 19 jan. 1973. Caderno 1, p. 3.

11 mil concluintes de 1 grau fora da rede estadual. A Província do Pará, Belém, 23 jan. 1977. Caderno 1, p. 7.

140 mil alunos nas escolas de primeiro grau. A Província do Pará, Belém, 12 jan. 1977. Caderno 1, p. 7.

2.000 bolsas para escolas da capital e do interior do Pará. A Província do Pará, Belém, 14 jan.1971. Caderno 1, p. 1.

2.000 garotos lutam pelas 500 vagas no "Alfredo Chaves". A Província do Pará, Belém, 21 nov. 1970. Caderno 1, p. 5.

21 Centros Interescolares vão ser criados em Belém e Icoaraci. A Província do Pará, Belém, 27 jan. 1976. Caderno 1, p. 5.

22 concluíram o curso de alimentação escolar. A Província do Pará, Belém, 28 nov. 1970. Caderno 1, p. 6.

300 ficarão sem escola em Marabá. A Província do Pará, Belém, 23 jan. 1977. Caderno 1, p. 5.

430 educadores reunidos em Santarém. A Província do Pará, Belém, 18 nov. 1970. Caderno 1, p. 5.

700 estão na alfabetização. A Província do Pará, Belém, 13 nov. 1970. Caderno 1, p. 5.

900 participando do encontro de educadores. A Província do Pará, Belém, 18 maio 1970. Caderno 1, p. 10.

A ESCRAVIDÃO no Brasil. A Província do Pará, Belém, 14 maio 1970. Caderno 1, p. 4.

A FBESP promove seminário pré-escolar. A Província do Pará, Belém, 3 out. 1986. Caderno 1, p. 11.

ACADÊMICOS de agronomia fazem estágio no interior. A Província do Pará, Belém, 8 jan. 1971. Caderno 1, p. 5.

ADMISSÃO abre inscrição com menos de 4 mil vagas. A Província do Pará, Belém, 12 jan. 1971. Caderno 2, p. 1.

ADMISSÃO abriu ontem com quase três mil vagas. O Liberal, Belém, 18 jan. 1972. Caderno 1, p. 1.

ADMISSÃO é gratuita no clube Alegria. A Província do Pará, Belém, 21 jan. 1977. Caderno 1, p. 7.

ADMISSÃO não precisa mais de atestado. A Província do Pará, Belém, 18 nov. 1970. Caderno 1, p. 5.

AINDA terão de criar 1.096 no vestibular. A Província do Pará, Belém, 16 jan. 1971. Caderno 1, p. 1.

ALACID diz a Calmon de analfabetismo nas crianças caiu para apenas 9%. A Província do Pará, Belém, 1 maio 1970. Caderno 1, p. 8.

ALACID nega aumento e APEPA confirma passeata para hoje. O Liberal, Belém, 5 set. 1979. Caderno Local, p. 11.

ALBUQUERQUE deixa o Mec e assume na prefeitura. O Liberal, Belém, 1 abr. 1975. Caderno 1, p. 8.

ALUNOS dos "próprios colégios" da FEP encerram matrícula. O Liberal, Belém, 4 jan. 1974. Caderno 1, p. 4.

ANCHIENTINHA saudará negros. O Liberal, Belém, 1º set. 1987. Caderno 1, p. 21.

ANTIGA escola do Basa foi adquirida pelo governo. O Liberal, Belém, 11 jan. 1973. Caderno 1, p. 6.

APENAS português no exame do CEAM. O Liberal, Belém, 5 jan. 1971. Caderno 1, p. 7.

APERFEIÇOAMENTO em educação tem curso a 15 de fevereiro. A Província do Pará, Belém, 31 jan. 1974. Caderno 1, p. 9.

APROVADO aumento de 75% reagem os professores. O Liberal, Belém, 15 set. 1989. Caderno Cidade, p. 5.

APROVEITAMENTO de toda a capacidade de colégios "vestibular-mirim". A Província do Pará, Belém, 14 jan. 1971. Caderno 1, p. 1.

AS FILAS das matrículas no 2º grau. A Província do Pará, Belém, 19 jan. 1973. Caderno 1, p. 10.

AS OPINIÕES sobre o encontro. A Província do Pará, Belém, 19 maio 1970. Caderno 1, p. 8.

ASPECTOS qualitativos do estudante devem preponderar sobre a freqüência. A Província do Pará, Belém, 7 nov. 1970. Caderno 1, p. 2.

ATÉ macumba no vestibular de 1974. A Província do Pará, Belém, 10 jan. 1974. Caderno 1, p. 9.

ATESTADO de antecedentes para matrícula no supletivo. A Província do Pará, Belém, 19 jan. 1977. Caderno 1, p. 8.

BASA inaugura escola. A Província do Pará, Belém, 28 nov. 1970. Caderno 1, p. 6.

BELÉM vai ganhar dez escolas de 1º grau. A Província do Pará, Belém, 28 ago. 1989. Caderno Cidade, p. 9.

BIBLIOTECAS em todas as escolas. O Liberal, Belém, 9 maio 1989. Caderno Cidade, p. 8.

BRASILEIROS reunidos em Belém. A Província do Pará, Belém, 12 jan. 1971. Caderno 1, p. 6.

CALMON desperta a consciência nacional para o futuro. A Província do Pará, Belém, 19 maio 1970. Caderno 1, p. 10.

CASA do estudante: descaso surpreende Reitor. A Província do Pará, Belém, 28 fev. 1985. Caderno 1, p. 15.

CENTENÁRIO do IEP em noite de muita alegria e saudade. A Província do Pará, Belém, 14 abr. 1971. Caderno 1, p. 6.

CENTENÁRIO do IEP em noite de muita alegria. A Província do Pará, Belém, 14 abr. 1971. Caderno 1, p. 8.

CENTRO de formação de mestres nos municípios. A Província do Pará, Belém, 12 jun. 1974. Caderno 1, p. 12.

CIÊNCIA – Adolescente em feira. A Província do Pará, Belém, 4 nov. 1970. Caderno 1, p. 1.

CLASSIFICAÇÃO de professores para o ensino médio. A Província do Pará, Belém, 20 nov. 1970. Caderno 1, p. 5.

COLÉGIOS podem prorrogar aula para cumprir a Lei. A Província do Pará, Belém, 15 maio 1970. Caderno 1, p. 2.

COMEÇA dia 16 o curso de Orientação Pedagógica. A Província do Pará, Belém, 15 jan. 1970. Caderno 1, p. 5.

COMISSÃO desenvolverá na SEDUC trabalho integrado. O Liberal, Belém, 24 abr. 1975. Caderno 1, p. 7.

COMPUTADOR dirá em 24h quem passou no Vestibular. A Província do Pará, Belém, 5 jan. 1971. Caderno 1, p. 5.

CONCURSO de Monografias sobre a cultura indígena brasileira. A Província do Pará, Belém, 8 jan. 1974. Caderno 1, p. 6.

CONCURSO para preencher inúmeras vagas no quadro de professores do Estado. A Província do Pará, Belém, 6 jan. 1971. Caderno 1, p. 5.

CONGREGAÇÃO: CEE vai decidir sobre recurso. A Província do Pará, Belém, 27 fev. 1985. Caderno 1, p. 11.

CONSELHO espera dados para aumentar anuidades. A Província do Pará, Belém, 5 jan. 1971. Caderno 1, p. 5.

CONSELHO já fixou normas para as matrículas de 1º grau. O Liberal , Belém, 4 jan. 1973. Caderno 1, p. 2.

CONTRIBUIÇÕES da caixa escolar serão menores para pagar água e luz. A Província do Pará, Belém, 6 jan. 1971. Caderno 1, p. 5.

COORDENAÇÃO tratará da educação na região. A Província do Pará, Belém, 18 out. 1986. Caderno 1, p. 16.

CRIANÇAS abandonam as aulas: acabou a merenda. O Liberal, Belém, 15 set. 1989. Caderno Cidade, p. 5.

CURSINHO: Quanto vale na guerra de amanhã? A Província do Pará, Belém, 6 jan. 1973. Caderno 1, p. 7.

CURSO formará professoras de deficientes. A Província do Pará, Belém, 5 abr. 1971. Caderno 1, p. 5.

CURSO para pesquisa na área de educação. A Província do Pará, Belém, 4 jan. 1974. Caderno 1, p. 7.

CURSO para professores não titulados em Santarém. O Liberal, Belém, 12 jan. 1971. Caderno 1, p. 1.

CURSO voltado à área do Pré-escolar começa dia 8. A Província do Pará, Belém, 28 jan. 1982. Caderno 1, p. 10.

DA Escola Normal ao IEP centenário. A Província do Pará, Belém, 13 abr. 1971. Caderno 1, p. 8.

DA escola Normal ao IEP centenário. A Província do Pará, Belém, 13 abr. 1971. Caderno 1, p. 8.

DE primeiras letras, muito especial. A Província do Pará, Belém, 5 nov. 1970. Caderno 1, p. 1.

DECISÃO do MEC surpreendeu os professores. A Província do Pará, Belém, 7 out. 1989. Caderno 1, p. 9.

DETERIORAÇÃO da escola pública. O Liberal, Belém, 22 nov. 1987. Caderno 1, p. 29.

DIREÇÃO do Arthur Porto não quer isentar taxas dos alunos carentes. O Liberal, Belém, 7 jan. 1982. Caderno 1, p. 11.

DIRETOR do MEC diz que reforma é um desafio. O Liberal, Belém, 23 jan. 1972. Caderno 1, p. 2.

E MAMÃE de nove filhos e entrou na Universidade. A Província do Pará, Belém, 26 jan. 1972. Caderno 1, p. 8.

EDUCAÇÃO ambiental pode entrar no currículo. O Liberal, Belém, 13 ago. 1989. Caderno Cidade, p. 8.

EDUCAÇÃO montessoriana tem curso no Arapitanga. A Província do Pará, Belém, 27 jan. 1982. Caderno 1, p. 10.

EDUCAÇÃO nas escolas deve começar já. A Província do Pará, Belém, 18 maio 1971. Caderno 1, p. 8.

EDUCAÇÃO para a paz. A Província do Pará, Belém, 25 out. 1986. Caderno 1, p. 9.

EDUCAÇÃO. O Liberal, Belém, 27 maio 1989. Caderno Cidade. Caderno Cidade, p. 3.

EDUCAÇÃO: nem serviço nem atividade essencial. O Liberal, Belém, 28 maio 1989. Caderno Cidade, p. 9.

EM BARCARENA MOBRAL entrega diploma a 132. A Província do Pará, Belém, 4 jan. 1972. Caderno 1, p. 8.

ENCONTRO de educadores vai começar dia 16. A Província do Pará, Belém, 7 maio 1970. Caderno 1, p. 5.

ENCONTRO também discute a função social da escola. O Liberal, Belém, 1 set. 1989. Caderno Cidade, p. 7.

ENSINO primário para os municípios só em longo prazo. A Província do Pará, Belém, 26 jan. 1973. Caderno 1, p. 6.

ENSINO público começa a ser pago em 73. O Liberal, Belém, 4 jan. 1973. Caderno 1, p. 2.

ENSINO superior apresenta decréscimo desde 1974. O Liberal, Belém, 11 maio 1980. Caderno 1, p. 13.

ENTORPECENTES é palestra para alunos do CEPC. A Província do Pará, Belém, 5 nov. 1970. Caderno 1, p. 6.

ESCOLA de pais pode ser implantada em Belém, 1980. O Liberal, Belém, 1º set. 1979. Caderno 1, p. 12.

ESCOLA no Jurunas para 300 alunos. A Província do Pará, Belém, 9 jan. 1973. Caderno 1, p. 2.

ESCOLA promove seminário sobre Reforma do ensino. O Liberal, Belém, 14 jan. 1972. Caderno 1, p. 3.

ESCOLA Técnica Federal do Pará moderniza o ensino. O Liberal, Belém, 23 abr. 1975. Caderno 1, p. 8.

ESCOLAS não estão cumprindo portaria baixada pela SEDUC. O Liberal, Belém, 21 abr. 1978. Caderno 1, p. 8.

ESTÁ chegando a hora e vez das mulheres nos exames vestibulares. A Província do Pará, Belém, 19 jan. 1973. Caderno 1, p. 6.

ESTADO já pode abrir medicina. A Província do Pará, Belém, 15 jan. 1971. Caderno 1, p. 1.

ESTUDANTES de medicina contra liminar. O Liberal, Belém, 22 ago. 1989. Caderno Cidade, p. 5 .

ESTUDANTES preocupados com o problema do uso de entorpecentes. A Província do Pará, Belém, 8 abr. 1971. Caderno 2, p. 2.

ESTUDANTES querem decisão sobre carro dos milagres. O Liberal, Belém, 6 maio 1980. Caderno 1, p. 13.

ESTUDANTES querem mudar a Santa Casa. A Província do Pará, Belém, 3 fev. 1985. Caderno Cidade, p. 16.

ESTUDANTES reúnem em Portel. A Província do Pará, Belém, 2 ago. 1986. Caderno 1, p. 10.

ESTUDANTES vão debater novo modelo para a universidade. A Província do Pará, Belém, 14 jan. 1982.

EXIGÊNCIA do CFE para os cursinhos. A Província do Pará, Belém, 4 jan. 1974. Caderno 1, p. 9.

FALTA de recursos de sindicatos no concurso de alfabetização. A Província do Pará, Belém, 6 jan. 1971. Caderno 1, p. 5.

FCAP promove encontro a partir do dia 27. A Província do Pará, Belém, 18 out. 1986. Caderno 1, p. 9.

FEP abre inscrições para o 2º grau. O Liberal, Belém, 6 jan. 1981. Caderno 1, p. 11.

FEP define as habilitações para o 2º grau. A Província do Pará, Belém, 22 jan. 1977. Caderno 1, p. 7.

FILAS para a admissão. A Província do Pará, Belém, 20 nov. 1970. Caderno 1, p. 5.

FILHOS de funcionários estão isentos do teste. O Liberal, Belém, 10 jan. 1972. Caderno 1, p. 4.

FIM da guerra. A Província do Pará, Belém, 24 jan. 1972. Caderno 1, p. 9.

FIM do vestibular: próxima meta. A Província do Pará, Belém, 19 maio 1970. Caderno 1, p. 8.

FUNCIONAMENTO de dois cursos no Instituto Lauro Sodré. A Província do Pará, Belém, 11 maio 1970. Caderno 1, p. 10.

FUNDAÇÃO aciona cursos para professores de escola de aplicação. A Província do Pará, Belém, 16 maio 1970. Caderno 1, p. 8.

FUNDAÇÃO IBGE oferece curso a professores paraenses. A Província do Pará, Belém, 17 nov. 1970. Caderno 1, p. 5.

GENTIL abre matrículas e organiza sua banda. A Província do Pará, Belém, 22 jan. 1973. Caderno 1, p. 4.

GERES colhe sugestões para projeto. A Província do Pará, Belém, 16 out. 1986. Caderno 1, p. 16.

GINÁSIO da vigia ganha o seu curso pedagógico. A Província do Pará, Belém, 14 maio 1971. Caderno 1, p. 7.

GOVERNO recuperando 50 escolas. A Província do Pará, Belém, 12 jan. 1974. Caderno 1, p. 12.

GRATIFICAÇÃO será idêntica para Diretores de escolas de 1º grau. A Província do Pará, Belém, 27 jan. 1977. Caderno 1, p. 8.

GUILHON e Nélio inauguram a nova escola do Mosqueiro. O Liberal, Belém, 9 jan. 1972. Caderno 1, p. 6.

HABILITAÇÃO para o 2º ciclo do ensino médio. A Província do Pará, Belém, 21 nov. 1970. Caderno 1, p. 7.

HISTÓRIA medieval e migrações germânicas. A Província do Pará, Belém, 21 nov. 1970. Caderno 1, p. 5.

HSE nada sabe a respeito da escola de medicina do Estado. A Província do Pará, Belém. 5 jan. 1971. Caderno 1, p. 4.

IEP faz promoções para comemorar aniversário. A Província do Pará, Belém, 7 jan. 1971. Caderno 1, p. 6.

IEP faz promoções para comemorar aniversário. A Província do Pará, Belém, 16 jan. 1971. Caderno 1, p. 6.

IEP vai formar professores no interior. A Província do Pará, Belém, 20 jan. 1974. Caderno 1, p. 12.

IGNORÂNCIA e a grande ameaça. A Província do Pará, Belém, 16 maio 1970. Caderno 1, p. 2.

INAUGURAÇÃO do novo IEP será 32 de janeiro com lotação para 1.500 alunos. A Província do Pará, Belém, 20 jan. 1970. Caderno 1, p. 5.

INSCRIÇÕES em colégios do Estado abertas de 11 a 15. A Província do Pará, Belém, 5 jan. 1971. Caderno 1, p. 5.

INSCRIÇÕES para participantes do encontro de educadores da Amazônia se encerram hoje. A Província do Pará, Belém, 6 maio 1970. Caderno 1, p. 5.

INSCRIÇÕES prorrogadas para o vestibulinho. O Liberal, Belém. Caderno 1, p. 9.

JADER estuda contra-proposta dos professores. A Província do Pará, Belém, 14 out. 1986. Caderno 1, p. 8.

LEI estadual dá mais força à SEDUC/73. A Província do Pará, Belém, 6 jan. 1973. Caderno 1, p. 5.

LIONS ouve sobre o Mobral e alfabetização. A Província do Pará, Belém, 14 nov. 1970. Caderno 1, p. 7.

MAIS 3.900 vagas em 1971 nas escolas da prefeitura. A Província do Pará, Belém, 13 jan. 1970. Caderno 1, p. 5.

MAIS de 15 mil jovens disputam amanhã o Admissão. A Província do Pará, Belém, 30 jan. 1972. Caderno 1, p. 1.

MAIS escolas e a reforma. A Província do Pará, Belém, 2 jan. 1971. Caderno 1, p. 1.

MAIS escolas particulares para a rede do Estado. O Liberal, Belém, 7 maio 1980. Caderno 1, p. 11.

MATRÍCULA em escola do Estado não deverá pagar taxa alguma. A Província do Pará, Belém, 20 jan. 1976. Caderno 1, p. 3.

MATRÍCULAS abertas para inscrição no primário. A Província do Pará, Belém, 18 nov. 1970. Caderno 1, p. 5.

MATRÍCULAS na SEDUC só a partir do dia 20. O Liberal, Belém, 4 jan. 1973. Caderno 1, p. 6.

MATRÍCULAS nas escolas municipais. O Liberal, Belém, 10 jan. 1981. Caderno 1, p. 8.

MATRÍCULAS para o pré-escolar em 4 unidades da SEMEC. A Província do Pará, Belém, 23 jan. 1982. Caderno 1, p. 10.

MEC avalia vestibular. A Província do Pará, Belém, 13 jan. 1974. Caderno 1, p. 5.

MEC confirma discriminação ao Pará. O Liberal, Belém, 13 jan. 1983. Caderno 1, p. 4.

MEC não impedirá empresas de manterem escolas, diz Pasquali. O Liberal, Belém, 9 jan. 1982. Caderno 1, p. 13.

MEC pede urgência para reestruturação do magistério. O Liberal, Belém, 6 maio 1980. Caderno 1, p. 13.

MEC processa prefeituras que não prestam contas. A Província do Pará, Belém, 14 jan. 1971. Caderno 1, p. 2.

MEC utiliza vagas excedentes. A Província do Pará, Belém, 19 maio 1970. Caderno 1, p. 8.

MEDALHAS para ex-alunos e personalidades do IEP. A Província do Pará, Belém, 12 abr. 1971. Caderno 1, p. 6.

MENINA já entra em colégio de Padre. A Província do Pará, Belém, 14 e 15 jun. 1973. Caderno 1, p. 5.

MERENDA escolar faz a alegria da estudantada. A Província do Pará, Belém, 7 jun. 1986. Caderno 1, p. 10.

MERENDA escolar sem data para ser normalizada. O Liberal, Belém, 9 jun. 1989. Caderno Cidade, p. 4.

MOBRAL com 1,3 milhão de alunos. A Província do Pará, Belém. 7 jan. 1971. Caderno 1, p. 5.

MOBRAL começa a alfabetizar 160 em três bairros. A Província do Pará, Belém, 5 nov. 1970. Caderno 1, p. 8.

MOBRAL entregou diplomas a 1.181 concluintes. A Província do Pará, Belém, 31 jan. 1976. Caderno 1, p. 2.

MOBRAL festeja 15 anos de fundação. O Liberal, Belém, 9 set. 1979. Caderno 3, p. 2.

MOBRAL para o Amapá, Maranhão, Piauí e o Pará em Coordenação. A Província do Pará, Belém, 24 jan. 1973. Caderno 1, p. 6.

MORAL e Cívica nas séries das escolas. A Província do Pará, Belém, 20 jan. 1974. Caderno 1, p. 12.

NÃO existe merenda há mais de 8 meses em Belém e Breves. O Liberal, Belém, 5 maio 1989. Caderno Cidade, p. 7.

NECESSÁRIA uma definição para a escola particular. O Liberal, Belém, 14 maio 1980. Caderno 1, p. 8.

NEGROS renegam o dia 13 de Maio e lançam cartilha com denúncias. O Liberal, Belém, 13 maio 1987. Caderno 1, p. 27.

NEM todos conseguirão vagas nos estabelecimentos do governo. A Província do Pará, Belém, 12 jan. 1977. Caderno 1, p. 7.

NEY BRAGA quer saber o que há sobre os cursos livres. O Liberal, Belém, 3 abr. 1975. Caderno 1, p. 5.

NOVO sistema para distribuição de merenda. A Província do Pará, Belém, 24 fev. 1985. Caderno 1, p. 14.

O IEP vai formar professores no interior. A Província do Pará, Belém, 20 jan. 1974. Caderno 1, p. 12.

OITENTA mil professores terão curso de formação. O Liberal, Belém, 14 jan. 1971. Caderno 1, p. 6.

ORÇAMENTO para a educação: Declínio. A Província do Pará, Belém, 8 jan. 1974. Caderno 1, p. 7.

OS LONGOS caminhos para ser auxiliar de ensino. A Província do Pará, Belém, 24 jan. 1973. Caderno 1, p. 8.

POUCOS ausentes aos testes para professor: SEDUC. A Província do Pará, Belém, 15 maio 1970. Caderno 1, p. 7.

PREFEITO trouxe mais verbas para novas escolas municipais. A Província do Pará, Belém, 12 jan. 1971. Caderno 2, p. 1.

PROCARTA: Pará com 500.00 alunos. A Província do Pará, Belém, 23 jan. 1974. Caderno 1, p. 8.

PROEG abre curso de treinamento. A Província do Pará, Belém, 28 jan. 1982. Caderno 1, p. 10.

PROFESSOR lança livro dia 17 sobre a região Amazônica. A Província do Pará, Belém, 2 out. 1986. Caderno 1, p. 9.

PROFESSOR paraense ganha o concurso sobre José Veríssimo. A Província do Pará, Belém, 31 out. 1986. Caderno 1, p. 10.

PROFESSOR primário tem 400 vagas e o concurso abre hoje. A Província do Pará, Belém, 22 jan. 1971. Caderno 1, p. 8.

PROFESSORA da UFPA treina bibliotecários do Maranhão. O Liberal, Belém, 16 abr. 1978. Caderno 1, p. 8.

PROFESSORAS chegam para fazer curso. O Liberal, Belém, 17 jan. 1974. Caderno 1, p. 2.

PROFESSORAS. O Liberal, Belém. 1º jan. 1972. Caderno 1, p. 3.

PROFESSORES da UFPA aderem à greve. O Liberal, Belém, 5 maio 1989. Caderno Cidade, p. 4.

PROFESSORES da UFPA rejeitam apoio da ADFPA. A Província do Pará, Belém, 27 jun. 1986. Caderno 1, p. 10.

PROFESSORES de Santarém recebem com atraso. A Província do Pará, Belém, 12 ago. 1986. Caderno 1, p. 8.

PROFESSORES decidem, hoje, adesão à greve. O Liberal, Belém, 4 maio 1989. Caderno Cidade, p. 7.

PROFESSORES discutirão hoje a Lei de Diretrizes e Bases. A Província do Pará, Belém, 14 jan. 1971. Caderno 1, p. 5.

PROFESSORES do colégio Nazaré mantêm greve. A Província do Pará, Belém, 14. ago. 1986. Caderno 1, p. 9.

PROFESSORES Municipais entram em greve. O Liberal, Belém, 20 set. 1989. Caderno Cidade, p. 7.

PROPOSTA do GERES será debatida hoje na UFPA. A Província do Pará, Belém, 31 out. 1986. Caderno 1, p. 9.

PROPOSTAS da PMB poderá ser aceita pelos professores. A Província do Pará, Belém, 10 jan. 1986. Caderno 1, p. 13.

QUADRO funcional das escolas será mudado. A Província do Pará, Belém, 28 jan. 1976. Caderno 1, p. 5.

QUATRO municípios do interior firmam convênios com o MOBRAL. A Província do Pará, Belém, 8 jan. 1976. Caderno 1, p. 7.

QUATRO novas escolas este ano: SEDUC. O Liberal, Belém, 25. jan. 1974, p. 4.

REFORMA completa vai mudar todo o sistema educacional do Pará. A Província do Pará, Belém, 19 maio 1971. Caderno 1, p. 8.

REFORMA no Primário-médio abole exame de admissão. A Província do Pará, Belém, 19 maio 1970. Caderno 1, p. 8.

REGULAMENTAÇÃO é discutida por supervisores no MEC. O Liberal, Belém, 7 jul. 1979. Caderno 1, p. 11.

REITOR diz que Vestibular não será anulado. A Província do Pará, Belém, 18. jan. 1976. Caderno 1, p. 8.

REITOR justifica redução de carga horária de professores. A Província do Pará, Belém, 22. ago. 1986. Caderno 1, p. 11.

REITOR prestigia o I Encontro de educadores da Amazônia. A Província do Pará, Belém, 11 maio 1970. Caderno 1, p. 5.

REUNIÃO decidirá a escola convênio. A Província do Pará , Belém, 23 jan. 1974. Caderno 1, p. 8.

SECDET faz reunião com professoras da Zona Rural. A Província do Pará, Belém, 8 set. 1984.

SECRETÁRIOS de educação oferecem fim do MOBRAL. A Província do Pará, Belém, 15 fev. 1985. Caderno 1, p.11.

SEDUC assina convênio para ampliar escolas. A Província do Pará, Belém, 25 jan. 1977. Caderno 1, p. 7.

SEDUC baixa diretriz para a rede de ensino. A Província do Pará, Belém, 12 jan. 1982. Caderno 1, p. 11.

SEDUC conclui estudos sobre admissão. A Província do Pará, Belém, 4 jan. 1973. Caderno 1, p. 8.

SEDUC confirma: aulas recomeçam na segunda. A Província do Pará, Belém, 2 jun. 1986. Caderno 1, p. 10.

SEDUC determinou os critérios para matrículas. A Província do Pará, Belém, 23 jan. 1973. Caderno 1, p. 6.

SEDUC divulga 1 listão do ensino fundamental. A Província do Pará, Belém, 20 jan. 1973. Caderno 1, p. 2.

SEDUC diz que há vagas para todos no 2º grau. O Liberal, Belém, 7 jan. 1982. Caderno 1, p. 11.

SEDUC faz treinamento visando à melhoria do ensino no interior. A Província do Pará, Belém, 7 jan. 1977. Caderno 1, p. 8.

SEDUC indica também livros para o PLIDEF. A Província do Pará, Belém, 26 jan. 1982. Caderno 1, p. 10.

SEDUC não fará este ano a classificação dos alunos. A Província do Pará, Belém, 22 jan. 1974. Caderno 1, p. 7.

SEDUC nega fechamento de escola: vai abrir outras. O Liberal, Belém, 12 jan.1974. Caderno 1, p. 7.

SEDUC oferta quase 400 mil livros. A Província do Pará, Belém, 19 jan. 1982. Caderno 1, p.10.

SEDUC paga todo o funcionalismo em atraso. A Província do Pará, Belém, 13 ago. 1986. Caderno 1, p. 10.

SEDUC procurando sanar o problema da falta de aulas. O Liberal, Belém, 9 abr. 1975. Caderno 1, p. 7.

SEDUC realiza cursos para diretores e professores primários. O Liberal, Belém, 15 jan. 1970. Caderno 1, p. 5.

SEDUC recebe pedidos para autorização ao magistério. A Província do Pará, Belém, 27 jan. 1977. Caderno 1, p. 8.

SELEÇÃO para segundo grau vai ser dia 1. O Liberal, Belém, 7 jan. 1987. Caderno 1, p. 7.

SEMANA da Educação teve início com filme: Mobral. O Liberal, Belém, 23 abr. 1975. Caderno 1, p. 8.

SEMEC acaba com taxas e uniformes. O Liberal, Belém, 24 jan. 1987. Caderno 1, p. 8.

SEMINÁRIO definirá o magistério. A Província do Pará, Belém, 30 jan. 1974. Caderno 1, p. 7.

SEMINÁRIO vai mostrar como será a reforma de ensino. O Liberal, Belém, 12 jan. 1972. Caderno 1, p. 6.

SENADOR vai lutar contra escravidão. O Liberal, Belém, 6 maio 1980. Caderno 1, p. 11.

SERVIDORES da UFPA em greve farão passeata. A Província do Pará, Belém, 7 out. 1986. Caderno 1, p. 9.

SITUAÇÃO do magistério já definida: Conselho Aprova. A Província do Pará, Belém, 31 jan. 1974. Caderno 1, p. 9.

SOLIDARIEDADE aos alunos do CESEP movimenta assembléia. O Liberal, Belém, 13 maio 1980. Caderno 1, p. 4.

SOLUÇÕES racionais para a Educação. A Província do Pará, Belém, 16 maio 1970. Caderno 1, p. 4.

SOMENTE 3 escolas da PM 3 ainda têm vagas. A Província do Pará, Belém, 9 jan. 1971. Caderno 1, p. 5.

SOS será estendido a 12 outras escolas. O Liberal, Belém, 18 maio 1989. Caderno Cidade, p. 5.

SUPLETIVO começou inscrições. O Liberal, Belém, 4 jan. 1974. Caderno 1, p. 4.

SUPLETIVO funcionará nas escolas de 1º grau. A Província do Pará, Belém, 21 jan. 1977. Caderno 1, p. 7.

SUPLETIVO, a nova "guerra" dos estudantes. A Província do Pará, Belém, 27 jan. 1978. Caderno 1, p. 2.

TABELA para os professores ficará pronta antes de março. O Liberal, Belém, 7 jan. 1981. Caderno 1, p. 8.

TAXAS irregulares estariam sendo cobradas. A Província do Pará, Belém, 18 jan. 1976. Caderno 1, p. 3.

TÉCNICAS pedagógicas de dinâmica de grupo atraiu 200 estudantes e mestres. A Província do Pará, Belém, 8 jan. 1971. Caderno 1, p. 5.

TEORIA do desenvolvimento em curso da Universidade para alunos de economia. A Província do Pará, Belém, 8 jan. 1971. Caderno 1, p. 5.

TRÊS colégios para os não classificados. A Província do Pará, Belém, 28 jan. 1972. Caderno 1, p. 8.

UFPA cria curso de extensão sobre língua portuguesa e comunicação para este ano. A Província do Pará, Belém, 8 jan. 1971. Caderno 1, p. 5.

UFPA desmente as acusações de Zenaldo. O Liberal, Belém, 10 maio 1989. Caderno Cidade, p. 7.

UFPA faz vestibular diferente para quem quiser ser cantor. A Província do Pará, Belém, 13 jan. 1971. Caderno 1, p. 1.

UFPA realiza concurso para professor dia 24. A Província do Pará. Belém, 14 fev. 1985. Caderno 1, p. 9.

UM protesto que é muito mais a favor da faculdade. O Liberal, Belém, 22 ago. 1989. Caderno Opinião, p. 6.

UMA coleção vai às escolas. O Liberal, Belém, 19 ago. 1989. Caderno Cidade, p. 11.

UNIVERSIDADE não vai parar agora. A Província do Pará, Belém, 5 fev. 1985.

UNIVERSIDADE programa festas da Independência. A Província do Pará, Belém, 14 jan. 1971. Caderno 1, p. 5.

UNIVERSITÁRIOS fazem treino para pesquisa. O Liberal, Belém, 21 abr. 1978. Caderno 1, p. 8.

VAGAS já preenchidas impedem classificação na área da FEP. O Liberal , Belém, 23 jan. 1974. Caderno 1, p. 7.B.

VÃO começar em abril provas de madureza do segundo grau. A Província do Pará, Belém, 22 jan. 1974. Caderno 1, p. 7.

VESTIBULAR começa hoje 5.075 inscritos. A Província do Pará, Belém, 5 jan. 1971. Caderno 1, p. 5.

VICENTE sugere critério novo para os candidatos ao 2º grau. A Província do Pará, Belém, 23 jan. 1977. Caderno 1, p. 5.

VINAGRE retoma as críticas ao Senador Jarbas Passarinho. A Província do Pará, Belém, 3 abr. 1975. Caderno 1, p. 7.

ZENALDO pede auditagem na UFPA pelo Ministério. O Liberal, Belém, 9 maio 1989. Caderno Cidade, p. 8.

INSTITUTO BRASILEIRO DE GEOGRAFIA E ESTATÍSTICA

INSTITUTO BRASILEIRO DE GEOGRAFIA E ESTATÍSTICA. Pesquisa Nacional por Amostra de Domicílios (PNAD) 1976/1987. Rio de Janeiro: Cor da População, v. 1.

INSTITUTO BRASILEIRO DE GEOGRAFIA E ESTATÍSTICA. Censo Demográfico, 1991. Características da População Residente, situação por domicílio, segundo alfabetização. Disponível em: «http://www.ibge.gov.br/home/estatistica/populacao/censodem/default.shtm». Acesso em: 1º abr. 2005.

INSTITUTO BRASILEIRO DE GEOGRAFIA E ESTATÍSTICA. Censo Demográfico, 2000. Características Gerais da População. Resultados da Amostra. Rio de Janeiro: IBGE, 2000.

Instituto de Educação do Estado do Pará

Planos de Disciplinas.

Fichas Individuais de alunos do Instituto de educação do Estado do Pará, décadas de 1970 e 1980 (3ª séries).

Certidões de Nascimentos de alunos do Instituto de Educação do Pará, décadas de 1970 e 1980.

Relação dos Professores em Exercício das décadas de 1970 e 1980.

OLIVEIRA, Maria Alice Cordeiro de. Palavras da Diretora. Revista do IEP, Belém, ano 10, n. 50, p. 1, 1º ago. 1983.

MATERIAL DIDÁTICO

MARTOS, Cloder Rivas. Viver e aprender – Português 4. São Paulo: Saraiva, 2000. (Viver e aprender).

PERIÓDICOS

VILLAMÉA, Luiza. Pesadelo dos coronéis. Isto é, São Paulo, n. 1.847, p. 66-67, 9 mar. 2005.

JUÍZA. Isto é, São Paulo, n. 1.849, p. 12-15, 23 mar. 2005.

REFERÊNCIAS:

ABRAMO, Perseu. Padrões de manipulação na grande imprensa. São Paulo: Fundação Perseu Abramo, 2003.

ACCÁCIO, L. de Oliveira. Instituto de Educação do Rio de Janeiro: a história do professor primário (1927-1937). 1996. Dissertação (Mestrado em Educação) – Universidade Federal do Rio de Janeiro, Rio de Janeiro, 1996.

ACEVEDO, Rosa, CASTRO, Edna. Negros do Trombetas: guardiães de Matas e Rios. 2.ed. Belém: Editora CEJUP/UFPA-NAEA, 1998.

ALBUQUERQUE, Maria Betânia Barbosa. Por entre as trilhas e os temas da Filosofia da educação, as décadas de 40 e 90. In: ARAÚJO, Ronaldo Marcos de (Org.). Pesquisa em Educação no Pará. Belém: EDUFPA, 2003. p. 179-191.

ALMEIDA, Fernando H. M, BARRETO, Carlos E. (Orgs.). Constituições. São Paulo: Saraiva, 1967.

ALMEIDA, Jane Soares de. "Nada sei; nunca li letras": as mulheres na educação escolar brasileira. In: ALMEIDA, Jane Soares de (Org.). Estudos sobre a profissão docente. Araraquara, S P: UNESP, 2001. p. 117-151.

ALMEIDA, Jane Soares de. Mulher e Educação: a paixão pelo possível. São Paulo: Editora UNESP, 1998.

ALMEIDA, José Ricardo Pires de. Instrução pública no Brasil (1500-1889): história e Legislação. Tradução: Antonio Chizzotii. 2. ed. São Paulo: EDUC, 2000.

ALTHUSSER, Louis. Sobre a reprodução. Tradução: Guilherme João de Freitas Teixeira. Petrópolis: Vozes, 1999.

AMARAL, Assunção José Pureza. "Chama Verequete": etnografia da trajetória artística e das vicissitudes de um compositor negro paraense. Belém: UFPA/CFCH, 1995.

______. Da Senzala à Vitrine: relações raciais e racismo no mercado de trabalho em Belém. Belém: CEJUP, 2004.

AMARAL, Assunção José Pureza. Mercado de trabalho branco! Racismo? Na virada do século XXI? In: JUSCULTURA – Revista Internacional de Justiça e Cultura, publicação da Pós-Graduação da ULBRALES – Santarém/PA, ano I, n. 2, dez. 2000.

ANDRÉ, Marli Eliza Dalmazo Afonso de (Org.). Pedagogia das diferenças na sala de aula. Campinas: Papirus, 1999.

ANDREWS, George Reid. Desigualdade racial no Brasil e nos Estados Unidos: uma comparação estatística. Estudos Afro-Asiáticos, Rio de Janeiro, n. 22, p. 47-83, set. 1992.

APPLE, Michael W. A presença ausente da raça nas reformas educacionais. In: CANEN, Ana, MOREIRA, Antonio Flávio Barbosa (Orgs.). Ênfases e omissões no currículo. São Paulo: Papirus, 2001. p. 147-161.

AQUINO, Luciene Chaves de. A Escola Normal de Natal (1908-1938). 2002. Dissertação (Mestrado em Educação) – Universidade Federal do Rio Grande do Norte, Natal, 2002.

ARAÚJO, Joel Zito Almeida de. A Negação do Brasil: o negro na telenovela brasileira. São Paulo: SENAC, São Paulo, 2000.

ARAÚJO, José Carlos Souza. Para uma análise das representações sobre as técnicas de ensino. In: VEIGA, Ilma Passos Alencastro. (Org.). Técnicas de Ensino: por que não?. Campinas: Papirus, 1991. p. 11-34.

ARIZA, Marina, OLIVEIRA, Orlandina de. Gênero, Trabalho e exclusão social. In: OLIVEIRA, Maria Coleta (Org.). Demografia da Exclusão Social: temas e abordagens. Campinas: Unicamp, Nepo, 2001. p. 77-98.

AZEVEDO, Célia Maria Marinho de. Anti-racismo e seus paradoxos: reflexões sobre cota racial, raça e racismo. São Paulo: Annablume, 2004.

AZEVEDO, Fernando de. A cultura brasileira: introdução ao estudo da cultura no Brasil. 2. ed. São Paulo: Companhia Editora Nacional, 1944.

AZEVEDO, Thales de. As elites de cor: um estudo de ascensão social. São Paulo: Cia. Editora Nacional, 1955.

BANKS, James. An Introduction to multicultural education. 2. ed. [S.l.]: Allyn an Bacon, 1999.

______. Multiethinic education: theory and practice. 3. ed. [S.l.]: Allyn an Bacon, 1994.

BANKS, James, BANKS, C. Multicultural education: issues and perspectives. 2. ed. [S.l.]: Allyn an Bacon, 1997.

BANTON, Michael. Race. In: CASHMORE, Ellis. Dictionary of race and ethnic relations. Third edition. London: [S.n.], 1994.

______. The idea of race. Boulder: Westview Press, 1977.

BARBOSA, M. À procura da história das mulheres. As mulheres, a identidade cultural e a defesa nacional. Cadernos da Condição Feminina, Lisboa, n. 29, 1989.

BARCELOS, Luiz Cláudio. Educação: um quadro de desigualdades raciais, Estudos Afro-Asiáticos, Rio de Janeiro, n. 23, p. 37-69, dez. 1992.

BARDIN, Laurence. Análise de conteúdo. Tradução: Luis Antero Reto e Augusto Pinheiro. Lisboa: Capa Edições 70, 2000.

______. L'analyse du contenu. 7ème ed. Paris: Presses Universitaires de France, 1993.

BARRETO, E. de S. Professores de periferia: soluções simples para problemas complexos. Cadernos de Pesquisa, São Paulo, n. 14, p. 97-102, set. 1975.

BASTIDE, Roger; FERNANDES, Florestan. Relações raciais entre negros e brancos em São Paulo. São Paulo: Editora Nacional, 1959.

BENEVIDES, M. V. de M. Cidadania e democracia. Lua nova. Revista de Cultura e Política. São Paulo: Cedex, n. 33, p. 5-7, 1994.

BENTES, Raimunda Nilma de Melo. Negritando. Belém: Graphitte, 1993.

BENTES, Nilma, AMADOR, Zélia. Raça Negra: a luta pela liberdade. 3. ed. Centro de Estudos e Defesa do Negro do Pará. Belém: FCPTN, 2005.

BENTO, Maria Aparecida Silva. Branqueamento e branquitude no Brasil. In: CARONE, Iray;_____. (Orgs.). Psicologia Social do Racismo: estudos sobre branquitude e branqueamento no Brasil. Petrópolis: Vozes, 2002. p. 13-57.

BERGER, Peter, LUCKMAN, Thomas. A construção social da realidade. Trad. Floriano Souza Fernandes. Petrópolis: Vozes, 1987.

BERQUÓ, Elza Salvatori et al. Estudo da dinâmica demográfica da população negra no Brasil. Campinas: UNICAMP, 1986.[Textos Nepo, 9].

BLAJBERG, Salomon. As idiossincrasias raciais brasileiras na formulação das políticas públicas em vista da eliminação do *apartheid* formal na África do Sul. In: MUNANGA, Kabengele (Org.). Estratégias e políticas de combate à discriminação racial. São Paulo: Editora da USP, 1996, p. 35-57.

BLOOM, Benjamin S. (Org.). Taxonomy of educational objectives. Nova Iorque: David Mckay, 1971.

BORGES PEREIRA, João Baptista. "Racismo à Brasileira". In: MUNANGA, Kabengele. Estratégias e Políticas de Combate à Discriminação Racial. São Paulo: EDUSP, 1996. p. 75-94.

______. Diversidade, racismo e educação. In: OLIVEIRA, Iolanda. (Org.). et al. Relações raciais e educação: a produção de saberes e práticas pedagógicas. Niterói: EDUFF, 2000, p. 13-30.

______. Negro e cultura negra no Brasil atual. Rio de Janeiro: IUPERJ, 1983.

______. O negro e a identidade racial brasileira. In: Vários Autores (Orgs.). Racismo no Brasil. São Paulo: Peirópolis: ABONG, 2002. p. 65-71.

BOURDIEU, Pierre. A dominação masculina. Trad. Maria Helena Kühner. 2. ed. Rio de Janeiro: Bertrand Brasil, 1999.

______. A economia das trocas lingüísticas: o que falar quer dizer. Prefácio Sérgio Miceli. Trad. Sérgio Miceli et al. São Paulo: Ática, 1996.

______. A escola conservadora: as desigualdades frente à escola e à cultura. In: NOGUEIRA, Maria Alice, CATANI, Afrânio (Orgs.). Pierre Bourdieu: escritos da Educação. Petrópolis: Vozes, 1998. p. 39-63.

______. As regras da arte: gênese e estrutura de campo literário. Trad. Maria Lúcia Machado. São Paulo: Companhia das Letras, 2002 a.

______. *Choses dites. Paris: Minuit, 1987 b.*

______ Espaço social e poder simbólico. In: ______. Coisas ditas. Trad. Cássia R. da Silveira e Denise Moreno Pegorin. São Paulo: Brasiliense, 1990. p. 149-68.

______. La distinction. Paris: Minuit, 1979.

______. Le sens pratique. Paris: Minuit, 1980.

______. L'Illusion Biographique. Actes de la recherche em sciences sociales, n. 62-63, p. 69-72. jun. 1987a.

BOURDIEU, Pierre. O Poder simbólico. Trad. Fernando Tomaz. 4. ed. Rio de Janeiro: Bertrand Brasil, 2000.

______. Pierre Bourdieu entrevistado por Maria Andréa Loyola. Rio de Janeiro: EDUERJ, 2002b.

______. Raisons pratiques: sur la théorie de l'action. Paris: Seuil, 1994.

BOURDIEU, Pierre; WACQUANT, Loïc J. D. Réponses: pour une anthropologie réflexive. Paris: Le Seuil, 1992.

BOURDIEU, Pierre, PASSERON, Jean Claude. A reprodução: elementos para uma teoria do sistema de ensino. Trad. Reynaldo Bairão; revisão de Pedro Benjamim Garcia, Ana Maria Baeta. 2. ed. Rio de Janeiro: Francisco Alves, 1982.

BRANDÃO, André Augusto Pereira. Os novos contornos da pobreza urbana. Espaços sociais periféricos na Região Metropolitana do Rio de Janeiro. 2002. Tese. (Doutorado) – Universidade do Estado do Rio de Janeiro, Rio de Janeiro, 2002.

______. Miséria da Periferia: desigualdades raciais e pobreza na metrópole do Rio de Janeiro. Rio de Janeiro: Pallas, 2004.

BRANDÃO, Carlos Rodrigues. O que é educação? 43. ed. São Paulo: Brasiliense, 2004. (Coleção Primeiros Passos.)

BRITO, Ana Rosa Peixoto. LDB: da "Conciliação" possível à Lei "proclamada". Belém: Grafitte, 1997.

BRITO, Daniel Chaves de. Extração mineral na Amazônia: a experiência da exploração de manganês da Serra do Navio no Amapá. 1994. Dissertação (Mestrado em Desenvolvimento Sustentável) – Núcleo de Altos Estudos Amazônicos, Universidade Federal do Pará, Belém, 1994.

BROTZ, Howart. Negro Social and Political Thought. New York: Oxford University Press, 1975.

BRUSCHINI, Cristina, AMADO, Tina. Estudos sobre mulher e educação: Algumas questões sobre o magistério. Cadernos de Pesquisa, São Paulo, n. 64, p. 4-13, fev. 1988.

BRZEZINSKI, Iria. A formação do professor para o início da escolarização. Goiânia: UCG/SE, 1987.

BRZEZINSKI, Iria. Notas sobre o currículo na formação de professores: teoria e prática. In: SERBINO, Raquel Volpato et al. (Orgs.). Formação de professores. São Paulo: UNESP, 1998, p. 161-174.

______. Pedagogia, Pedagogos e Formação de Professores: busca e movimento. Campinas: Papirus, 1996.

BURITY, Joanildo Albuquerque (Org.). Cultura e Identidade: perspectivas interdisciplinares. Rio de Janeiro: DP & A, 2002.

CAMPANHOLE, Adriano, CAMPANHOLE, Hilton Lobo. Todas as constituições do Brasil – Compilação dos textos, notas, revisão e índices. São Paulo: Atlas, 1976.

CAMPOS, André et al. Atlas da exclusão social no Brasil: dinâmica e manifestação territorial. 2. ed. São Paulo: Cortez, 2004.

CANCLINI, Néstor García. Culturas Híbridas. 3. ed. Trad. Heloisa Pezza Cintrão e Ana Regina Lessa. São Paulo: EDUSP, 2000.

CANDAU, Vera Maria. (Org.). A Didática em questão. Petrópolis: Vozes, 1984.

______ (Org.). Sociedade, Educação e Cultura(s): questões e propostas. Petrópolis: Vozes, 2002.

______ et al. (Coord.). Somos tod@as iguais?: escola, discriminação em direitos humanos. Rio de Janeiro: D&PA, 2003.

CANEN, Ana, MOREIRA, Antonio Flávio Barbosa. Reflexões sobre o multiculturalismo na escola e na formação docente. In: ______ (Org.). Ênfases e omissões no currículo. São Paulo: Papirus, 2001. p. 15-44.

CARDOSO, Ciro Flamarion. Economia e sociedade em áreas coloniais periféricas: Guiana Francesa e Pará. Rio de Janeiro: Graal, 1984.

CARVALHO, José Murilo de. A Formação das Almas: o imaginário da República no Brasil. 8. ed. São Paulo: Companhia das Letras, 1999.

CATANI, Denice Barbara (Org.). et al. Docência, Memória e gênero: estudos sobre formação. 2. ed. São Paulo: Escrituras Editora, 2000.

CAVALLEIRO, Eliane dos Santos. Do silêncio do lar ao silêncio escolar: racismo, preconceito e discriminação na educação infantil. São Paulo: Contexto, 2000.

CHAGAS, Valnir A. Educação brasileira o ensino de 1º e 2º graus: antes, agora e depois. São Paulo: Saraiva, 1982.

CHARLOT, Bernard. Da relação ao saber: elementos para uma teoria. Porto Alegre: Artmed, 2000.

______. O sujeito e a relação com o saber. Trad. Vicente Emídio Alves. In: BARBOSA, Raquel Lazzari Leite (Org.). Formação de educadores: desafios e perspectivas. São Paulo: UNESP, 2003. p. 23-33.

CHARTIER, Roger. A História Cultural: entre práticas e representações. Trad. Maria Manuela Galhardo. Lisboa: DIFEL; Rio de Janeiro: Bertrand, 1990.

______. O mundo como Representação. Estudos Avançados, São Paulo, v. 5, n. 11, p. 173-191, jan./abr. 1991.

COELHO, Wilma de Nazaré Baía. A criança negra nos currículos da Educação Básica. Revista Presença Pedagógica, Belo Horizonte, v. 7. n. 38, p. 67-73, 2001.

______. As diferenças que fazem a diferença. Revista Abceducatio, São Paulo, v. 23. n. 3, p. 6-7, 2003a.

______. Docência e relações étnico-raciais no ensino superior. Revista Olhar, São Carlos, v. 4, n. 7, p. 89-94, 2003b.

______. O estado de falência da educação atual, Revista Amazônia Hoje, Belém, v. 1, p. 22-23, 1988.

______. O estado de pré-falência da Educação. Dionísio na Constituinte, Brasília, v.1, n. 1, p. 102-106, 1987.

______. O professor negro na universidade: notas preliminares. Revista Trilhas, Belém, ano 4. n. 1, p. 29-35, 2003c.

______. Retrato em Negro e branco: trajetórias profissionais de professores/as negros/as na UFPA. 2000. Dissertação (Mestrado em Educação)-Universidade da Amazônia, Belém, 2000.

CORDEIRO, Jaime Francisco Parreira. Falas do novo, figuras da tradição: o novo e o tradicional na educação brasileira (anos 70 e 80). São Paulo: UNESP, 2002.

CORRÊA, Arlindo Lopes (Ed.) Educação de massa e ação comunitária. Rio de Janeiro: AGGS/MOBRAL. 1979.

______. Educação permanente e educação de adultos no Brasil. Rio de Janeiro: Bloch. Ministério da educação e Cultura/ Movimento Brasileiro de Alfabetização. [1973?].

COSTA PINTO, L. A. O negro no Rio de Janeiro: relações de raças numa sociedade em Mudança. São Paulo: Editora Nacional, 1952.

COSTA, Emília de Sousa. A mulher: educação infantil. Rio de Janeiro: Álvaro Pinto, 1923.

COSTA, J. Monteiro. Planejamento estadual no Brasil: a experiência do Pará. Belém: UFPA, 1986.

COSTA, Maria das Graças P. et al. A formação do professor para a escola Básica no Pará. Belém. UFPA, 1988.

COSTA, Sérgio, WERLE, Denílson. reconhecer as diferenças: liberais, comunitaristas e as relações raciais no Brasil. Novos Estudos Cebrap, São Paulo, n. 49. p. 159-78, nov. 1997.

COULON, Alain. A Escola de Chicago. Trad. Escola de Chicago. Campinas: Papirus, 1995.

CROSS JR, William. Shades of black: Diversity in African- American indentity. Philadelphia: Temple University, 1991.

CUCHE, Denys. A noção de culturas nas ciências sociais. Trad. Viviane Ribeiro. Bauru: EDUSC, 1999.

CURY, Jamil. Notas acerca do saber e do saber fazer da escola. Cadernos de Pesquisa, São Paulo, n. 40, p. 58-60, fev. 1982.

DA MATTA, Roberto. Relativizando: uma introdução à antropologia social. Rio de Janeiro: Rocco, 1987.

DAMASCENO, Maria Caetana. "Em casa de enforcado não se fala em corda": notas sobre a construção da "boa aparência no Brasil. In: GUIMARÃES, Antonio Sérgio Alfredo, HUNTLEY, Lynn Walker (Orgs.). Tirando a máscara: ensaios sobre racismo no Brasil. São Paulo: Paz e Terra, 2000. p. 165-199.

DAMASCENO. A, SANTOS, E. A Educação na Constituição Paraense de 1989. In: _____. A educação nas constituições paraenses: um estudo introdutório. Belém: UFPA, 1997.

DANTAS, Otília Maria Alves da Nóbrega Alberto. A Pedagogia na visão dos formadores de professores do curso normal superior. 2003. Dissertação (Mestrado em Educação) - Universidade Federal do Rio Grande do Norte. Natal, 2003.

DAVIS, Darien. Afro-brasileiros hoje. São Paulo: Selo Negros Edições, 2000.

DEMARTINI, Zeila; ANTUNES, Fátima F. Magistério primário, profissão feminina, carreira masculina. Cadernos de Pesquisa, São Paulo, n. 86, p. 5-14, ago. 1993.

DEMO, Pedro. Instituto para formação de professores de educação básica. Idéias preliminares. Instituto Superior de Educação do Pará. Fundamentos de Professores para implantação. Belém: [S.n], 1989.

______. Ironias da Educação - mudanças e contos sobre mudanças. Rio de Janeiro: DP & M., 2000.

DIAS, Maria Tereza Ramos. Desigualdades sociais e oportunidade educacional: a produção do fracasso. 1980. Dissertação (Mestrado) – Instituto Universitário de Pesquisas do Estado do Rio de Janeiro, Rio de Janeiro,1980.

DOMINGUES, Petrônio José. Negros de Almas Brancas?A Ideologia do Branqueamento no Interior da Comunidade Negra em São Paulo. Estudos Afro-Asiáticos, Rio de Janeiro, ano 24. n. 3, p. 563-599, 2002.

DURKHEIM, Émile. As regras do método sociológico. Trad. Paulo Neves. 2. ed. São Paulo: Martins Fontes, 1999.

EDER, Klaus. A nova política de Classes. Trad. Ana Maria Sallun. Bauru. SP: EDUSC, 2002.

EDGAR, Andrew, SEDGWICK, Peter. Teoria Cultural de A a Z: Conceitos-chave para entender o mundo contemporâneo. Trad. Marcelo Rollemberg. São Paulo: Contexto, 2003.

EGHARARI, Iradj Roberto. Participações especiais. In: RAMOS, Sílvia (Org.). Mídia e racismo. Rio de Janeiro: Pallas, 2002, p. 152-160.

ERIKSON, Eric. Identidade, juventude e crise. Trad. Álvaro Cabral. Rio de Janeiro: Guanabara, 1987.

______. Identity: Youth and crisis. London: Faber & Faber, 1968.

ERIKSON, Eric. Adolescence et crise: la quéte de l´identité. Paris: Flamarion, 1972.

FARIA, A. L. G. Ideologia no livro didático. São Paulo: Cortez: Autores Associados, 1984.

FARIA, Wilson de. Teorias de Ensino e Planejamento Pedagógico: ensino-não diretivo-ensino libertário-ensino por descoberta - ensino personalizado. Teorias de ensino e planejamento pedagógico. São Paulo: EPU, 1987.

FÁVERO, Osmar (Org.). A Educação nas Constituintes Brasileiras 1823-1988. Campinas, SP: Autores Associados, 1996.

FERNANDES, Florestan. A integração do negro na sociedade de classes. v. 2. Capítulo II. A Ascensão social do negro e do mulato. 2. ed. São Paulo: Editora Ática, 1965.

______. Fundamentos empíricos da explicação sociológica. São Paulo: Companhia Editora Nacional, 1967.

______. O negro no mundo dos brancos. São Paulo: DIFEL, 1972.

FERNANDES, João Viegas. A Escola e a Desigualdade Sexual. Lisboa: Livros Horizonte, 1987.

FERRETTI, Celso João. A reforma do ensino médio: uma crítica em três níveis. In: BARBOSA, Raquel Lazzari Leite (Org.). Formação de Educadores: desafios e perspectivas. São Paulo: UNESP, 2003. p. 319-334.

______. Considerações sobre a apropriação das noções de qualificação profissional pelos estudos a respeito das relações entre trabalho e educação. Educação & Sociedade, Campinas, SP, v. 25. n. 87, p. 299-302, maio/ago. 2004.

FIGUEIRA, Vera Moreira. O preconceito racial na escola. Estudos Afro-Asiáticos, Rio de Janeiro, n. 18, maio, p. 63-71, 1990.

FIGUEIREDO, Aldrin Moura de. A liturgia das cores: relações interétnicas e contatos culturais nas irmandades religiosas da Amazônia no século XIX. Estudos Afro-Asiáticos, Rio de Janeiro, n. 34, p. 137-154, dez. 1998.

______. O negro na Fala do Branco: o discurso de Madamme Coudreau sobre os mocambeiros do Curuá, Belém: UFPA, 1989 (mimeo).

FIGUEIREDO, Napoleão. Amazônia, tempo e gente. Secretaria Municipal de Educação e Cultura. Belém: SEMEC, 1997.

FISCHMANN, Roseli. Identidade, identidades – indivíduo, escola: passividade, ruptura, construção. In: TRINDADE, Azoilda L. da, SANTOS, Rafael dos (Org.). Multiculturalismo mil e uma faces da escola. Rio de Janeiro: DP&A, 2000, p. 91-113.

FONSECA, Dagoberto José. Diversidade cultural e educação: In: BARBOSA, Raquel Lazzari Leite (Org.). Formação de educadores: desafios e perspectivas. São Paulo: UNESP, 2003. p. 387-402.

FONSECA, Maria Nazareth Soares. Visiblidade e Ocultação da Diferença: imagens de negro na cultura brasileira. In: _____ (Org.). Brasil Afro-Brasileiro. Belo Horizonte: Autêntica, 2000. p. 88-115.

FONTANA, Roseli A. Cação. Como nos tornamos professoras? Belo Horizonte: Autêntica, 2000.

FRANCISCO, Dalmir. Comunicação, identidade e racismo. In: FONSECA, Maria Nazareth Soares. Brasil (Org.). Brasil afro-brasileiro. Belo Horizonte: Autêntica, 2000, p. 117-151.

FREIRE, Paulo. Pedagogia do oprimido. 17. ed. São Paulo: Paz e Terra, 1987.

FREIRE, Paulo. Professora sim, tia não – cartas a quem ousa ensinar. São Paulo: Olho D'água, 1993.

FREITAG, Bárbara. Escola, estado & sociedade. 6. ed. São Paulo: Moraes, 1986.

FREITAS, Anamaria Gonçalves Bueno. Vestidas de Azul e Branco: um estudo sobre as representações de ex-normalistas (1920-1950). São Cristóvão: NPGED, 2003. (Coleção Educação é História, 3).

FREITAS, Helena Costa Lopes de. Formação de professores no Brasil: 10 anos de embate entre projetos de formação. Educação & Sociedade, Campinas, SP, v 23, n. 80, p. 137-168, set. 2002.

FREYRE, Gilberto. Casa grande & Senzala: formação da família brasileira sob o regime de economia patriarcal. 12. ed. Brasília: UNB, 1963.

GADOTTI, Moacir. Pensamento Pedagógico Brasileiro. 7. ed. São Paulo: Ática, 2000.

GALVÃO, Maria Cristina da Silva. A jubilação no Colégio Pedro II, Que Exclusão é Essa?. 2003. Dissertação (Mestrado em Educação) - Universidade Federal do Rio de Janeiro, Rio de Janeiro, 2003.

GERMANO, José Willington. Estado Militar e Educação no Brasil (1964-1985). 4. ed. São Paulo: Cortez, 2005.

GILROY, Paul. "Race ends here". Abingdon, Oxford. Ethnic and Racial Studies, [S.l.]: v. 21, n. 5, p. 838-47, 1998.

______. Against race. Cambridge: Belknap Press/Harvard, 2000.

GIMENO SACRISTÀN, José. Poderes inestables en educación. Madrid: Morata, 1998.

GIROUX, Henry. Cruzando as fronteiras do discurso educacional: novas políticas em educação. Trad. Magda França Lopes. Porto Alegre: A. M. 1999.

______. O pós-modernismo e o discurso da crítica educacional In: SILVA, Tomaz Tadeu da (Org.). Teoria educacional crítica em tempos pós-modernos. Porto Alegre: Artes Médicas, 1993.

______. Pedagogia radical: subsídios. São Paulo: Cortez, 1983.

GOMES, Nilma Gomes, MUNANGA, Kabengele. Para entender o Negro no Brasil de Hoje: história, realidades, problemas e caminhos. São Paulo: Global: Ação Educativa, 2004.

GOMES, Nilma Lino. Corpo e cabelo como ícone de construção da beleza e da identidade negra nos salões étnicos de Belo Horizonte. 2002. Tese (Doutorado). Faculdade de Filosofia, Letras e Ciências Humanas da Universidade de São Paulo, São Paulo, 2002.

______. A mulher negra que vi de perto. Belo Horizonte: Mazza Edições, 1995.

______. Educação cidadã, etnia e raça: o trato pedagógico da diversidade. In: CAVALLEIRO, Eliane dos Santos (Org.). Racismo e anti-racismo na educação: repensando nossa escola. São Paulo: Summus, 2001. p. 83-96.

______. Educação, identidade negra e formação de professores/as: um olhar sobre o corpo negro e o cabelo crespo. Educação e Pesquisa, Campinas, SP, v. 29, n. 1, p. 167-182, jan./jun. 2003.

______. Escola diversidade étnica cultural: um diálogo possível. In: DAYRELL, Juarez (Org.). Múltiplos olhares sobre a educação e cultura. Belo Horizonte: UFMG, 1996. p. 86-91.

______. Práticas pedagógicas e questão racial: o tratamento é igual para todos/as? In: DINIZ, Margareth, VASCONCELOS, Renata Nunes (Org.). Pluralidade cultural e inclusão na formação de professoras e professores: gênero, sexualidade, raça, educação especial, educação indígena, educação de jovens e adultos. Belo Horizonte: Formato Editorial, 2004a. p. 80-106.

______. Levantamento bibliográfico sobre relações raciais e educação: uma contribuição aos pesquisadores e pesquisadoras da área. In: MIRANDA, Cláudia et al. (Org.). Bibliografia básica sobre relações raciais e educação. Rio de Janeiro: DP&A, 2004b. p. 7-21.

GOMES, Nilma Lino, SILVA, Petronilha Beatriz Gonçalves e (Org.). Experiências étnico-culturais para a formação de professores. Belo Horizonte: Autêntica, 2002.

GONÇALVES, Luiz Alberto Oliveira, SILVA, Petronilha Beatriz Gonçalves. O jogo das diferenças: o multiculturalismo e seus contextos. Belo Horizonte: Autêntica, 1998.

GONÇALVES, Maria Alice Rezende. A Vila Olímpica da Verde-e-Rosa. Rio de Janeiro: FGV, 2003.

GONDIM, Leite. A invenção da Amazônia. São Paulo: Marco Zero, 1994.

GOUVEIA, Aparecida Joly. Professoras de amanhã: um estudo de escolha ocupacional. 2. ed. São Paulo: Pioneira, 1970.

GRIN, Mônica. Políticas de ação afirmativa e ajustes normativos: o Seminário de Brasília. Novos Estudos Cebrap, São Paulo, n. 59, p. 172-192, mar. 2001.

GUILLAUMIN, Colette. L'ideologie raciste: genèse et language actuel. Paris: Mouton, 1972.

GUIMARÃES, Antonio Sérgio Alfredo. Apresentação. In: ______, HUNTLEY, Lynn Walker (Org.). Tirando a mascara: ensaios sobre o racismo no Brasil. São Paulo: Paz e Terra, 2000. p. 17-30.

______. Classes, raças e democracia. São Paulo: Editora 34, 2002.

______. Combatendo o racismo no Brasil, África e Estados Unidos. RBC, v. 14, n. 39, p. 103-116, fev. 1999a.

______. Como trabalhar com "raça" em sociologia. Educação e Pesquisa, Campinas,SP, v. 29, n. 1, p. 93-107, jan./jun. 2003.

______. 'Raça', racismo e grupos de cor no Brasil. Estudos Afro-Asiáticos, Rio de Janeiro, n. 27, p. 45-63, abr. 1995.

______. Racismo e anti-racismo no Brasil. São Paulo: Editora 34, 1999b.

______. Racismo e restrição de direitos individuais: a discriminação racial 'publicizada'. Estudos Afro-Asiáticos, Rio de Janeiro, n. 31, p. 51-78, out. 1997.

GUIMARÃES. Manoel Luis Salgado. Nação e civilização nos trópicos: o Instituto Histórico e Geográfico Brasileiro e o Projeto de uma História Nacional. Estudos Históricos, Rio de Janeiro, n. 1. p. 5-27, 1988.

GUSDORF, Georges. Professores para quê: para pedagogia. 4. ed. Lisboa: Moraes, 1978.

HALL, Stuart. Old and New identities, Old and New Ethnicities. In: KING, Anthony D. (Ed.). Culture Globalization and the World-system. Londres, LacMilan, Nova York: State University of New York, 1993.

HANCHARD, Michael. Orfeu e o poder: movimento negro no Rio de Janeiro e São Paulo. Rio de Janeiro (1945-1988). Trad. Vera Ribeiro. Rio de Janeiro: EDUERJ, 2001.

HARRIS, Marvin. Patterns of race in the Americas. New York, Walker and Company edição brasileira: padrões raciais nas Américas. Rio de Janeiro: Civilização, 1964.

HARRIS, Marvin, KOTAK, Conrad. The structural significance of Brazilian racial categories. Sociologia, [S.l.], v. 25, p. 20, 1963.

HASENBALG, Carlos Alfredo. 1988: discurso sobre a raça – pequena crônica de 1988, Estudos Afro-Asiáticos. Rio de Janeiro, n. 20, p. 187-195, jun. 1991.

______. A discriminação e desigualdades raciais no Brasil. Trad. Patrick Beurglion. Rio de Janeiro: Graal, 1979.

______. Anotações sobre a classe média negra no Rio de Janeiro. Rio de Janeiro: IUPERJ, 1983.

______. Estrutura Social, mobilidade e raça. Revista dos Tribunais, São Paulo, Instituto Universitário de Pesquisas do Estado do Rio de Janeiro, 1998.

______. Notas sobre relações de raça no Brasil e na América Latina. Rio de Janeiro: [S.l.], 1992. Mimeo.

HASENBALG, Carlos Alfredo et al. Cor e estratificação social. Rio de Janeiro: Contra Capa, 1999.

HASENBALG, Carlos Alfredo, SILVA, Nelson Valle. Raça e oportunidades educacionais no Brasil. Estudos Afro-Asiáticos, Rio de Janeiro, n. 18, p. 73-91, maio 1990.

______. Notas sobre desigualdade racial e política no Brasil. Estudos Afro-Asiáticos, Rio de Janeiro, n. 25, p. 141-159, dez. 1993.

HENRIGER, Rosana. Mapaeamento das Ações e Discursos de Combate às Desigualdades Raciais no Brasil. Estudos Afro-Asiáticos, Rio de Janeiro, ano 23, n. 2, p. 1-43, 2001.

HENRIQUES, Ricardo. Desigualdade racial no Brasil: evolução das condições de vida na década de 90. Rio de Janeiro: IPEA, 2001.

KLEIN, Herbert. A escravidão africana: América latina e Caribe. São Paulo: Brasiliense, 1987.

HORTA, José Silvério Baía. O hino, o sermão e ordem do dia: regime autoritário e a educação no Brasil (1930-1945). Rio de Janeiro: UFRJ, 1994.

HUNTLEY, Lynn Walker. Prefácio. In: GUIMARÃES, Antonio Sérgio Alfredo, ______. Tirando a máscara: ensaios sobre racismo no Brasil. São Paulo: Paz e Terra, 2000. p. 11-16.

HYPOLITO, Álvaro Moreira. Trabalho Docente: classe social e relações de gênero. Campinas: Papirus, 1997.

IANNI, Octávio. As metamorfoses do escravo. São Paulo: HUCITEC, 1988.

______. Escravidão e Racismo. São Paulo: HUCITEC, 1978.

IBIAPINA, Ivana Maria Lopes de Melo. Docência Universitária: um romance construído na reflexão dialógica. 2004. Tese (Doutorado em educação) - Universidade Federal do Rio Grande do Norte, Natal, 2004.

JAPIASSU, Hilton. O mito da neutralidade científica. Rio de Janeiro: Imago, 1975.

JELIN, E. Construir a cidadania: uma visão desde baixo. Lua Nova, Revista de Cultura e Política, São Paulo, n. 33, p. 39-57, 1994.

JOAQUIM, Maria Salete. O papel da liderança religiosa feminina na construção da identidade negra. Rio de Janeiro: Pallas; São Paulo: EDUC, 2001.

JONES, James. Racismo e preconceito. Trad. Dante Moreira Leite. São Paulo: EDUSP, 1973.

KAILIN, Julie. Haw white teachers perceive the problem of racism in their schools: a case study in "Liberal" Lakeview. Teachers College Record, New York, v. 100, n. 4, p. 724-750, Summer. 1999.

KAWAMURA, Lili Katsuco. Novas tecnologias e educação. São Paulo: Ática, 1990.

KING, Joyce Elaine. A Questão Racial e a formação de professores. In: REUNIÃO ANUAL DA ANPED, 26, 2003, Poços de Caldas (Trabalho Encomendado).

KRAMER, Sonia. A política do pré-escolar no Brasil: a arte do disfarce. 3. ed. Rio de Janeiro: Dois Pontos, 1987.

KREUTZ, Lúcio. Magistério e imigração alemã. 1985. Tese (Doutorado). Pontifícia Universidade Católica, São Paulo, 1985.

______. Magistério: Vocação ou profissão? Educação em Revista, Belo Horizonte, n. 3, p. 12-16, jun. 1986.

LAHIRE, Bernard. Homem plural: os determinantes da ação. Trad. Jaime A. Clasen. Petrópolis: Vozes, 2002.

______. Le travail sociologique de Pierre Bourdieu. Paris: La Découverte, 1999.

______. Sucesso escolar nos meios populares: as razões do improvável. Trad. Ramon Américo Vasques e Sonia Goldfeder. São Paulo: Ática, 1997.

LARAIA, Roque de Barros. Cultura: um conceito antropológico. 13. ed. Rio de Janeiro: Zahar, 2000.

Lei de Diretrizes e Bases da Educação Nacional: texto aprovado na Comissão de educação, Cultura e Desporto da CD/ com comentários de Dermeval SAVIANI et al. São Paulo: Corte; ANDE, 1990.

LEITE, Dante Moreira. Preconceito racial e patriotismo em seis livros didáticos primários brasileiros. Psicologia, São Paulo, n. 3, p. 207-231, 1950.

LEITE, João Carlos Pereira. Cor do aluno e reação da professora na escola primária de Salvador. 1975. Dissertação (Mestrado em Educação) – Universidade Federal da Bahia, Salvador, 1975.

LESSER, Jeffrey. A negociação da identidade nacional: imigrantes, minorias e a luta pela etnicidade no Brasil. Trad. Patrícia de Queiroz Carvalho Zimbres. São Paulo: UNESP, 2001.

LÉVI-STRAUSS. Claude. A noção de estrutura em etnologia, Raça e história; Totemismo hoje. Trad. Eduardo P. Graeff. et al. 2. ed. São Paulo: Abril Cultural, 1980. (Os Pensadores)

______. Antropologia cultural. Trad. Chaim Samuel Katz e Eginaldo Pires. Rio de Janeiro: Tempo Brasileiro, 1975.

LIBÂNEO, José Carlos. Democratização da escola pública: a pedagogia crítico-social dos conteúdos. 11. ed. São Paulo: Loyola, 1993.

______. Didática. 6. ed. São Paulo: Cortez, 1994.

LIMA, Emília Freitas de. O curso de Pedagogia e a nova LDB: vicissitudes e perspectivas. In: BARBOSA, Raquel Lazzari Leite (Org.). Formação de educadores: desafios e perspectivas. São Paulo: UNESP, 2003. p. 185-199.

LIMA, Maria da Glória Soares Barbosa. O Desenvolvimento profissional dos(as) professores(as) pelas histórias de vida: revisando percursos de formação inicial e continuada. 2003. Tese (Doutorado em educação) – Universidade Federal do Rio Grande do Norte, Natal, 2003.

LINHARES, C. F. S. O direito ao saber com saber. Supervisão e formação de professores na Escola Pública. Niterói: UFF, 1995. Mimeo.

LIRA, André Augusto Diniz. Entre os retratos e as formas de retratar: a identidade social do professorado. 2003. Dissertação (Mestrado em educação) - Universidade Federal do Rio Grande do Norte, Natal, 2003.

LOPES, Eliane Marta T. A educação da mulher: a feminização do magistério. Teoria & Educação, Porto Alegre, n. 4. p. 22-40, 1991.

LOURO, Guacira Lopes. Gênero, Sexualidade e Educação: uma perspectiva pós-estruturalista. 7. ed. Petrópolis, RJ: Editora Vozes, 2004.

LUCKESI, Cipriano Carlos. O papel da didática na formação do educador. In: CANDAU, Vera Maria. A didática em questão. Petrópolis: Vozes, 1985.

MAESTRI, Mário. História da África Pré-Colonial. Porto Alegre. Mercado Aberto, 1988.

MANACORDA, Mario Alighiero. Marx e a pedagogia moderna. Trad. Newton Ramos de Oliveira, prefácio de Dermeval Savianni. São Paulo: Cortez, 1991.

MARSHALL, T. S. Class, citizenship and social development. New York: Doubleday, 1965.

MARTINO, Luís Mauro Sá. Mídia e poder simbólico. São Paulo: Paulus, 2003.

MARTINS, José de Souza. Vida privada nas áreas de expansão da sociedade brasileira. In: SCHWARCZ, Lilia Moritz (Org.). História da vida privada no Brasil: contrastes da intimidade contemporânea. São Paulo: Companhia das Letras, 1998. p. 659-726.

MARTIUS, Karl Friedrich Philipp von. Como se deve escrever a história do Brasil. Revista do Instituto Histórico e Geográfico Brasileiro, Rio de Janeiro, v. 6, n. 24, p. 381-403, jan. 1845.

MAUÉS, R. Heraldo . Etnias. A miscigenação. In: MARQUES, Joaquim Campelo. et. al. (Org.). O livro da profecia: o Brasil no terceiro milênio. Brasília: [S.l.], 1997. p. 723-731.

MAZZOTTI, Tarso Bonilha. Estatuto de Cientificidade da Pedagogia. In: PIMENTA, Selma Garrido (Org.). Pedagogia, Ciência da Educação? 3. ed. São Paulo: Cortez, 2001.

McLAREN, Peter. A vida nas escolas: uma introdução à pedagogia crítica nos fundamentos da educação. Trad. Lúcia Pellanda Zimmer et. al. Porto Alegre: Artes Médicas, 1997.

______. Multiculturalismo crítico. Trad. Bebel Orofino Schaefer. São Paulo: Cortez, 1997.

______. Multiculturalismo revolucionário: pedagogia do dissenso para o novo milênio. Trad. Márcia Moraes, Roberto Cataldo Costa. Porto Alegre: Artes Médicas, 2000.

MELLO, Guiomar Namo de. Magistério de 1º grau: da competência técnica ao compromisso político. São Paulo: Cortez, 1982.

MIRANDA, Claudia. Bibliografia básica sobre relações raciais e educação. In: ______. et al. (Org.). Bibliografia básica sobre relações raciais e educação. Rio de Janeiro, DP&A, 2004. p. 23-29.

MIRANDA, Wander Melo. Brutalidade jardim: tons da nação na música brasileira. In: CAVALCANTE, Berenice. et al. (Org.) Decantando a República: inventário histórico político da canção popular moderna brasileira. Retrato em Branco e Preto da nação brasileira. v.2. Rio de Janeiro: Nova Fronteira; São Paulo: Fundação Perseu Abramo, 2004. p. 61-72.

MORAIS, Grinaura Medeiros de. Abraço de Gerações: memórias de professoras no Seridó. Uma viagem pelo século XX. 2004. Tese (Doutorado em Educação) – Universidade Federal do Rio Grande do Norte, Natal, 2004.

MORAIS, J. F. Regis de. Ciência e tecnologia: introdução metodológica e crítica. São Paulo: Cortez e Moraes, 1977.

MOREIRA, Antonio Flávio Barbosa (Org.). Currículo: políticas e práticas. Campinas: Papirus, 1999.

______. Currículo, diferença cultural e diálogo. Educação & Sociedade, Campinas, SP, ano 23, n. 79, p. 15-38, ago. 2002.

MORIN, Edgar. Introdução ao pensamento complexo. Trad. Dulce Matos. 2. ed. Paris: ESF Éditeur, 1990.

MOTTA-MAUÉS, Maria Angélica. Da 'branca senhora' ao 'negro herói': a trajetória de discurso racial. Estudos Afro-Asiáticos, Rio de Janeiro, n. 21, p. 119-129, dez. 1991.

______. Lugares da cor (e do gênero): imbricações entre raça e gênero na imprensa belemense. In: 23ª Reunião Brasileira de Antropologia, 2002, Gramado. CDROM da 23ª Reunião Brasileira de Antropologia. Gramado: ABA, 2002b.

______. Negro & negritude na berlinda: percorrendo caminhos de um debate. Cadernos do Centro de Filosofia e Ciências Humanas, Belém/PA, v. 21, p. 69-83, 1990.

______. Pensando na raça/inventando a cor: Intelectuais paraenses do final do XIX e a criação da mulata no Brasil. In: SIMÕES, Maria do Socorro (Org.). Entre Rios e Florestas: o Marajó, um arquipélago sob a ótica da cultura e da biodiversidade. Belém: UFPA, 2002a. v. 1, p. 85-112.

MOTTA-MAUÉS, Maria Angélica. Trabalhadeiras e Camarados: relações de gênero, simbolismo e ritualização numa comunidade amazônica. Belém: UFPA, 1993.

MUNANGA, Kabengele (Org.). O anti-racismo no Brasil. In:______. Estratégias e políticas de combate à discriminação racial. São Paulo: EDUSP, 1996. p. 79-94.

______. Racismo: da desigualdade à intolerância. São Paulo em perspectiva, São Paulo, v. 2, n. 2, p. 51-4, 1990.

______ (Org.). Superando o racismo na escola. Brasília: Ministério da Educação, 2001a.

______. Debates: livros didáticos: análises e propostas. Cadernos de Pesquisa, São Paulo, n. 63, p. 103-15, nov. 1987.

______. Negritude: usos e sentidos. São Paulo: Ática, 1986.

______. O anti-racismo no Brasil. In: ______ (Org.). Estratégias e Políticas de Combate à Discriminação Racial. São Paulo: Editora da Universidade de São Paulo: 1996. p. 79-94.

______. Prefácio. In: D' ADESKY, Jacques. Pluralismo étnico e multiculturalismo: racismo e anti-racismos no Brasil. Rio de Janeiro: Pallas, 2001b. p. 13-15.

______. Rediscutindo a mestiçagem no Brasil: identidade nacional versus identidade negra. Petrópolis, RJ: Vozes, 1999.

MUNANGA, Kabengele, GOMES, Nilma Lino Gomes. Para entender o negro no Brasil de hoje: história, realidades, problemas e caminhos. São Paulo: Ação Educativa, Global, 2004.

NASCIMENTO, Elisa Larkin. O Sortilégio da Cor: identidade, raça e gênero no Brasil. São Paulo: Summus, 2003.

NEGRÃO, E. V. A discriminação racial em livros didáticos e infanto-juvenis. Cadernos de Pesquisa, São Paulo, n. 63, p. 86-87, nov. 1987.

______. Preconceitos e discriminações raciais em livros didáticos. Cadernos de Pesquisa, São Paulo, n. 65, p. 52-65, maio 1988.

NÉRICE, Imídio Giuseppe. Atividades extraclasse na Escola Média. [S.l.]: Fundo de Cultura, 1967.

______. Didática Geral. [S.l]: Editora do Brasil, 1959.

______. Introdução à Didática Geral. Rio de Janeiro: Editora Fundo de Cultura, 1961.

NIDELCOFF, Maria Tereza. A escola e a compreensão da realidade: ensaio sobre a metodologia das Ciências Sociais. Trad. Marina C. Celidônio. São Paulo: Editora Brasiliense, 1979.

NOGUEIRA, Cláudio Marques Martins, NOGUEIRA, Maria Alice. A sociologia da educação de Pierre Bourdieu. Limites e contribuições. Educação & sociedade, Campinas, SP, ano 23, n. 78, p. 15-36, abr. 2002.

NOSELLA, Maria de Lourdes. As belas mentiras: as ideologias subjacentes aos textos didáticos de leitura das quatro primeiras séries do primeiro grau. 1978. Dissertação (Mestrado em educação) - Pontifícia Universidade Católica de São Paulo, São Paulo, 1978.

NOSELLA, Paolo. Compromisso político como horizonte da competência técnica. Educação & sociedade, Campinas, SP, n. 14, p. 91-7, 1983.

______. Educação tradicional e educação moderna: debatendo com Saviani. Educação & sociedade, Campinas, SP, n. 23, p. 106-35, 1986.

NOVAES, Maria Eliana. Professora primária, mestra ou tia. 5. ed. São Paulo: Cortez, 1992.

NÓVOA, Antonio. Relação escola – sociedade: "Novas respostas para um velho problema". In: SERBINO, Raquel Volpato et al. Formação de professores. São Paulo: UNESP, 1998, p. 19-39.

OLIVEIRA, Ivone Martins de. Preconceito e Autoconceito: identidade e interação na sala de aula. Campinas: Papirus, 1994.

OLIVEIRA, JÚNIOR. Adolfo Neves. A invisibilidade Imposta e a estratégia da Invisibilização entre Negros e Índios: uma comparação. In: BACELAR, Jeferson, CAROSO, Carlos (Orgs.). Brasil, um país de negros?. 2. ed. Rio de Janeiro: Pallas; Salvador: CEO, 1999. p. 165-174.

PACHECO, Moema de Poli. A questão da cor nas relações de um grupo de baixa renda. Estudos Afro-Asiáticos, Rio de Janeiro, n. 14, p. 85-97, 1987.

PENTAGNA, Romanda Gonçalves. Didática geral. De acordo com os programas oficiais do Curso Normal das Escolas do Estado do Rio de Janeiro. 4. ed. Rio de Janeiro: Freitas Bastos, 1964.

PERCHERON, Annick. Stratégies éducatives, normes éducatives et classes sociales. In: MARIET, F. (Org). L'enfant, la famille et l'école. Paris: ESF, 1981.

PEREIRA, Francisco José. *Apartheid*: o horror branco na áfrica do Sul. São Paulo: [S.n.], 1985.

PEREIRA, Luiz. O Magistério primário numa sociedade de classes: um estudo de uma ocupação em São Paulo. São Paulo: Pioneira, 1969.

PIERSON, Donald. Brancos e pretos na Bahia. São Paulo: Editora Nacional, 1971.

PILETTI, Claudino. Didática especial: língua portuguesa, matemática, estudos sociais, ciências. São Paulo: Ática, 1986.

______. Didática Geral. 18. ed. São Paulo: Ática, 1995.

______. OSPB, organização social e política brasileira, primeiro grau. 6. ed. São Paulo: Ática, [1983].

PILETTI, Nelson. Ensino de 2º grau: educação geral ou profissionalização. São Paulo: EPU, Edusp, 1988.

______. Estrutura e Funcionamento do Ensino de 1ºgrau. 11. ed. São Paulo: Ática, 1990.

PIMENTA, Selma Garrido. O estágio na formação de professores: unidade teoria e prática?. São Paulo: Cortez, 1995.

______. O pedagogo na Escola Pública - uma proposta de atuação a partir da análise crítica da orientação educacional. São Paulo: Loyola, 1991.

PIMENTA, Selma Garrido, CAMARGOS, Lea das Graças. Docência no Ensino Superior. São Paulo: Cortez, 2002. v. 1.

PIMENTA, Selma Garrido, LIMA, Maria Socorro Lucena. Estágio e docência . São Paulo: Cortez, 2004.

PIMENTEL, Maria da Glória. O professor em construção. Campinas: Papirus, 1993.

PINHEIRO, Rossana Kess Brito de Souza. História da educação das mulheres em Natal (1889-1899). 2003. Dissertação (Mestrado em Educação) – Universidade Federal do Rio Grande do Norte, Natal, 2003.

PINSKY, Jaime, PINSKY, Carla Bassanezi (Org.). História de cidadania. São Paulo: Contexto, 2003.

PINTO, Regina Pahim. A representação do negro em livros didáticos de leitura. Raça negra e educação. Cadernos de Pesquisa, São Paulo, p. 88-89. 1987.

______. Diferenças étnico-raciais e formação do professor. Cadernos de Pesquisa, São Paulo, n. 108, p. 199-229, nov. 1999.

PIZA, Edith. Branco no Brasil? Ninguém sabe, ninguém viu... In: HUNTLEY, Lynn Walker, GUIMARÃES, Antonio Sérgio Alfredo. Tirando a máscara: ensaios sobre o racismo no Brasil. São Paulo: Paz e Terra, 2000. p. 97-125.

______. Cor nos censos brasileiros. In: CARONE, Iray, BENTO, Maria Aparecida Silva (Org.). Psicologia social do racismo: estudos sobre branquitude e branqueamento no Brasil. Petrópolis: Vozes, 2002. p. 91-120.

PRADO JÚNIOR, Caio. Formação do Brasil contemporâneo - colônia. São Paulo: Brasiliense, 1977.

QUEIROZ JÚNIOR, Teófilo de. Preconceito de Cor e a Mulata na Literatura Brasileira. São Paulo: Atlas, 1982.

QUEIROZ, Delcele Mascarenhas. Universidade e desigualdade: brancos e negros no ensino superior. Brasília: Líber Livro Ed., 2004.

QUEIROZ, Jonas Marçal, COELHO, Mauro Cezar. Amazônia, modernização e conflito (séculos XVIII e XIX). Belém: UFPA; Macapá: UNIFAP, 2001.

RAGO, Luzia Margareth. Do cabaré ao lar: a utopia da cidade disciplinar. Rio de Janeiro: Paz e Terra, 1985.

RAMA, Gérman W. Estrutura social e educação: presença de raças e grupos sociais na escola. Cadernos de Pesquisa, São Paulo, n. 69, p. 3-96, 1989.

RAMOS, Marise Nogueira. A educação Profissional pela Pedagogia das competências e a superfície dos documentos oficiais. Educação & Sociedade, Campinas, SP, v. 23. n. 80, p. 405-427, set. 2002.

RAMALHO, Betânia Leite. "Questão da desprofissionalização do magistério primário rural do Estado da Paraíba : a visão das professoras e dos Centros Formadores. Barcelona. Tese de Doutorado, 1993.

REGO, Orlando L.M. de Moraes. Síntese histórica do Instituto de Educação Estadual do Pará. Belém: [S.n], 1972.

REX, John. Race and ethnicity. London: Milton Keyes Open University Press, 1986.

______. Race relations in sociological theories. London: Routhedge & Kega, 1983.

REZENDE, Antonio Muniz de. Educação e ser no mundo: projeto de uma fenomenologia de educação. 1978. Tese (Livre Docência) – Universidade de Campinas, Campinas.

RIBEIRO. Maria Luisa. História da Educação Brasileira: a organização escolar. Campinas: Autores Associados, 1995.

RIOS, Terezinha Azerêdo. Ética e competência. São Paulo: Cortez, 1999.

______. *Por uma docência de melhor qualidade. São Paulo: Cortez, 2001.*

RODRIGUES, Raimundo Nina. As raças humanas. Salvador: Progresso, 1957.

ROMANELLI, Otaíza de Oliveira. História da Educação no Brasil (1930/1973). 25. ed. Petrópolis: Vozes, 2001.

ROSEMBERG, Fúlvia. "Relações Raciais e Rendimento Escolar". Cadernos de Pesquisa, São Paulo, n. 63, p. 19-23, 1987.

______. et al. Racismo em livros didáticos brasileiros e seu combate: uma revisão da literatura. Educação e Pesquisa, São Paulo, v 29, n.1, p. 125-146, jan./jun. 2003.

______. Literatura infantil e ideologia. São Paulo. Global, 1985.

______. Segregação espacial na escola paulista. Estudos Afro-Asiáticos, Rio de Janeiro, n. 19, p. 97-107. dez. 1990.

ROSENBERG, Lia. Educação e desigualdade social: rendimento escolar de alunos de diferentes origens sociais. São Paulo: PUC/SP, 1989.

ROSSATO, César, GESSER, Verônica. A experiência da branquitude diante de conflitos raciais: estudos de realidades brasileiras e estadunidenses. In: CAVALLEIRO, Eliane (Org.). Racismo e anti-racismo na educação: repensando nossa escola. São Paulo: Summus, 2001. p. 11-37.

SAFFIOTI, Heleieth Iara Bongiovani (Org.). Mulher brasileira é assim. Rio de Janeiro: Rosa dos Tempos, 1994.

SALLES, Vicente. O negro no Pará sob o regime da escravidão. Rio de Janeiro: Fundação Getúlio Vargas; Belém: UFPA, 1971.

SANTANA, Patrícia. Professor @s Negr@s: trajetórias e travessias. Belo Horizonte: Mazza Edições, 2004.

SANTIAGO, Maria Eliete. Escola Pública de primeiro Grau: da compreensão à intervenção. Rio de Janeiro: Paz e Terra, 1990.

SANTILLI, M. Aparecida. Africanidade. Contornos literários. São Paulo: Ática, 1987.

SANTOS, Boaventura de Souza. Pela mão de Alice: o social e o político na pós-modernidade. São Paulo: Cortez, 1996.

______ (Org.). Reconhecer para libertar: os caminhos do cosmopolitismo multicultural. Rio de Janeiro: Civilização Brasileira, 2003. p. 25-68.

SANTOS, Gislene Aparecida dos. A invenção do "ser negro": um percurso das idéias que naturalizaram a inferioridade dos negros. São Paulo: Educ/Fapesp; Rio de Janeiro: Pallas, 2002.

SANTOS, Hélio. Uma avaliação do combate às desigualdades raciais no Brasil. In: GUIMARÃES, Antonio Sérgio Alfredo, HUNTLEY, Linn Walker (Org.). Tirando a máscara: ensaios sobre o racismo no Brasil. São Paulo: Paz e Terra, 2000. p. 53-74.

SANTOS, Roberto. História econômica da Amazônia (1800-1920). São Paulo: T. A. Queiroz, 1980.

SANTOS, Wanderley Guilherme. Cidadania e Justiça: a política social na ordem brasileira. 2. ed. Rio de Janeiro: Campus, 1987.

SARAIVA, José F. Formação da áfrica contemporânea. São Paulo: Atual, 1987.

SARGES, Maria de Nazaré. Belém: riquezas produzindo a Belle-Époque (1870-1912). Belém: Paka-Tatu, 2000.

SAVIANI, Dermeval. Competência política e compromisso técnico ou (o pomo da discórdia e o fruto proibido). Educação & sociedade, Campinas, SP, n. 15, p. 111-143, 1983.

______. Escola e democracia. 11. ed. São Paulo: Cortez, 1986.

______. Política e educação no Brasil: o papel do Congresso Nacional na legislação do ensino. São Paulo: Cortez, 1987.

______. Tendências e correntes da educação brasileira. In: MENDES, Durmeval Trigueiro (Org.). Filosofia da educação brasileira. Rio de Janeiro: Civilização Brasileira, 1983.

______. Tendências e correntes da educação brasileira. 4. ed. Rio de Janeiro: Civilização Brasileira, 1991.

SCHON, Donald. The Reflective Practitioner. New York: Basic Books, 1983.

SCHWARCZ, Lilia K. Moritz. O espetáculo das raças: cientistas, instituições e questão racial no Brasil – 1870-1930. São Paulo: Companhia das Letras, 1993.

______. Raça como negociação: sobre teorias raciais em finais do século XIX no Brasil. In: FONSECA, Maria Nazareth Soares (Org.). Brasil afro-brasileiro. Belo Horizonte: Autêntica, 2000. p. 11-40.

______. Racismo no Brasil. São Paulo: Publifolha, 2001.

SCOTT, Joan Walach. A cidadã paradoxal: as femininas francesas e os direitos do homem. Trad. Elvio Antônio Funck. Florianópolis: Mulheres, 2002.

SEVERINO, Antônio Joaquim. Educação e despersonalização na realidade social brasileira. In: MORAIS, J. F. Reis de (Org.). Construção social da enfermidade. São Paulo, Cortez e Moraes, 1978.

______. Educação, ideologia e contra ideologia. São Paulo: EPU, 1986.

______. Preparação e formação ético-política dos professores. In: BARBOSA, Raquel Lazzari Leite (Org.). Formação de educadores: desafios e perspectivas. São Paulo: Editora da UNESP, 2003. p. 71-89.

SILVA, Ana Célia da. A discriminação do negro no livro didático. 2. ed. Salvador, BA: EDUFBA, 2004.

______. Desconstruindo a discriminação do negro no livro didático. Salvador, BA: EDUFBA, 2001.

SILVA, Carmem Silvia Bissolli da. Curso de Pedagogia no Brasil: história e identidade. Campinas: Autores Associados, 1999.

SILVA, Luiz Fernando Martins. Ação Afirmativa e cotas para afrodescendentes: algumas considerações sociojurídicas. In: SANTOS, Renato Emerson dos, LOBATO, Fátima (Org.). Ações Afirmativas: políticas contra as desigualdades raciais. Rio de Janeiro: DP&A, 2003. p. 59-73.

SILVA, Maria Aparecida (Cidinha) da. Formação de educadores/as para o combate ao racismo: mais uma tarefa essencial. In: CAVALLEIRO, Eliane. Racismo e anti-racismo na educação: repensando nossa escola. São Paulo: Summus, 2001. p. 64-82.

SILVA, Nelson do Valle. "Morenidade e Identidade: modo de usar". Estudos Afro-Asiáticos, Rio de Janeiro, n. 30, p. 79-96, 1996.

______. "Updating the cost of not being White in Brazil". In: FONTAINE. P. M. (Org.). Race, class and power in Brazil. Los Angeles: Univ. of California, Center for Afro-American Studies, 1985.

______. Extensão e natureza das desigualdades raciais no Brasil. In: GUIMARÃES, Antonio Sérgio Alfredo, HUNTLEY, Lynn Walker (Org.). Tirando a máscara: ensaio sobre o racismo no Brasil. São Paulo: Paz e Terra, 2000. p. 33-51.

SILVA, Percy da. Escola. Espaço de luta contra a discriminação. Salve 13 de Maio? Revista da Secretaria de Educação [S.l.], p. 26. 1988.

SILVA, Petronilha Beatriz Gonçalves. Espaço para a educação das relações interétnicas. In: SILVA, Luís (Org.). A escola cidadã no contexto da globalização. Petrópolis: Vozes, 1998. p. 381-396.

______. Prática do racismo e formação de professores. In: DAYRELL, Juarez (Org.). Múltiplos olhares sobre a educação e cultura. Belo Horizonte: Editora da UFMG, 1996. p. 168-178.

SILVA, Tomaz Tadeu da. As contribuições de Bourdieu para a análise do campo educacional. Veritas, Porto Alegre, v. 41, n. 162, p. 243-247, jun. 1996.

______. Identidade e diferença: impertinências. Currículo, diferença cultural e diálogo. Educação & Sociedade, Campinas, SP, ano 23, n. 79, p. 65-66, ago. 2002.

______. Teoria Cultural e educação: um vocabulário crítico. Belo Horizonte: Autêntica, 2000.

______. A produção social da identidade e da diferença. In: ______ (Org.). Identidade e Diferença: perspectiva dos estudos Culturais. Petrópolis: Vozes, 2000b. p. 73-133.

SILVEIRA, Cláudio de Carvalho. Cidadania: uma trajetória de longo curso. In: GONÇALVES, Maria Alice Rezende (Org.). Educação e Cultura: pensando em cidadania. Rio de Janeiro: Quartet, 1999. p. 44-59.

SISS, Ahyas. Afro-brasileiros, cotas e ação afirmativa: razões históricas. Rio de Janeiro: Quartet; Niterói: PENESB, 2003.

SKIDMORE, Thomas E. Fact and myth: Discovering a racial problem in Brazil. Instituto de Estudos Avançados. Série História das Ideologias e Mentalidades, n. 2, p. 1-36, USP, maio 1992.

______. Preto no branco: raça e nacionalidade no pensamento brasileiro. Trad. Raul de Sá Barbosa. Rio de Janeiro: Paz e Terra, 1974.

______. Taking Stock: Studying Brazilian Race Relations Today. Rio de Janeiro: [S.n.], 1999. Texto apresentado no Seminário Que país é este: imaginação social e interpretações do Brasil.

______. Uma história do Brasil. 2. ed. Trad. Raul Fiker. São Paulo: Paz e Terra. 1998.

SNYDERS, Georges. Escola, classe e luta de classes. Lisboa: Moraes, 1977.

______. Para onde vão as pedagogias não diretivas?. 3. ed. Trad. Vinicius Eduardo Alves. Lisboa: Moraes, 1974a.

______. Pedagogia Progressista. Trad. Manuel Pereira de Carvalho. Coimbra: Livraria Almedina, 1974b.

SODRÉ, Muniz. Claros e escuros: identidade, povo e mídia no Brasil. Petrópolis: Vozes, 1999.

SOUZA, Altamir Ferreira de. Apontamento para a história do Instituto de Educação do Pará. Belém: [S.n.], 1972.

SOUZA, Elisabeth Fernandes de. Repercussões do discurso pedagógico sobre relações raciais nos PCNs. In: CAVALLEIRO, Eliane dos Santos (Org.). Racismo e anti-racismo na educação: repensando nossa escola. São Paulo: Summus, 2001. p. 39-63.

SOUZA, Marcelo Gustavo Andrade de. Educar para a tolerância e o respeito à diferença: uma reflexão a partir da proposta Escola Plural. In: CANDAU, Vera Maria (Org.). Sociedade, Educação e Cultura(s): questões e propostas. Petrópolis: Vozes, 2002. p. 156-172.

SOUZA, Maria Inês Marcondes de. et al. Análise dos Programas de Didática do Estado do Rio de Janeiro. In: CANDAU, Vera Maria (Org.). Rumo a uma nova Didática. 3. ed. Petrópolis: Vozes, 1990. p. 19-25.

SOUZA, Paulo Nathanael Pereira de. ABC da Lei de Diretrizes e Bases da Educação. São Paulo: Unimarco, 1993.

SOUZA, Paulo Nathanael Pereira de; SILVA, Eurides Brito da. Como entender e aplicar a nova LDB: Lei nº 9.394/96. 6. ed. São Paulo: Pioneira, 2000.

STOLKE, Verena. Sexo está para gênero assim como raça para etnicidade? Estudos Afro-Asiáticos, Rio de Janeiro, n. 20, p. 101-119, jun. 1991.

STROZENBERG, Ilana. Aquarela do Brasil. 1997. Tese (Doutorado em Comunicação Social) - Escola de Comunicação da Universidade Federal do Rio de Janeiro, Rio de Janeiro, 1997.

TELLES, E., BAILEY, S. Políticas contra o racismo e opinião pública comparações entre Brasil e Estados Unidos. Opinião pública, Campinas, SP, v. 3, n. 1, p. 32, 2002.

TELLES, Edward. A fundações norte-americanas e o debate racial no Brasil. Tradução: Patrícia Farias. Estudos Afro-Asiáticos, Rio de Janeiro, ano 24, n. 1, p. 141-165, 2002.

TELLES, Edward; LIM, Nelson. Does it matters who ansers the race questions? Racial classification and icome inequality in Brazil. Demography, v. 35, n. 4, [S.l.] 1998.

TRAGTENBERG, Maurício. A delinqüência acadêmica. Educação & Sociedade. Campinas, SP, p. 76-82, maio 1979.

TYLER, Leone Elizabeth. Testes e medidas. Rio de Janeiro: Zahar, 1966.

VALÉRIO, Mairon Escorsi. Retratos. A imagem do negro nos livros didáticos da década de 1980. Cadernos de Graduação 2. O negro em folhas brancas. Campinas: Instituto de Filosofia e Ciências, 2002.

VEIGA, Ilma Passos Alencastro. A prática pedagógica do professor de Didática. São Paulo: Papirus, 1992.

VERGOLINO E SILVA, Anaíza. Alguns elementos novos para o estudo do Negro na Amazônia. Belém: Museu Paraense Emílio Goeldi, 1968.

VENTURA, Adão. Negro Forro. In: MARICONI, Ítalo. Os cem melhores poemas brasileiros do século. Rio de Janeiro: Objetiva, 2001. p. 275.

VIANNA, Oliveira. Evolução do povo brasileiro. São Paulo: Companhia Editora Nacional, 1933.

VORRABER, Marisa Costa. As complexas conexões entre gênero, profissionalismo e formação docente. Revista da Faculdade de Educação da Universidade Federal Fluminense, Niterói, n. 3, p. 11-28, maio 2001.

WEINSTEIN, Bárbara. A Borracha na Amazônia: expansão e decadência (1850-1920). São Paulo: HUCITEC/EDUSP, 1993.

WEREBE, Maria José Garcia. Grandezas e misérias do ensino brasileiro. São Paulo: Difusão Européia do Livro, 1963.

WERNECK, Hamilton. Se você finge que ensina, eu finjo que aprendo. 17. ed. Petrópolis: Vozes, 1999.

WOLF, M. Teorias da comunicação. 5. ed. Lisboa: Presença, 1995.

WOODWARD. Kathryn. Identidade e diferença: uma introdução teórica e conceitual. In: SILVA, Tomaz Tadeu da (Org.). Identidade e Diferença: a perspectiva dos estudos Culturais. Petrópolis:Vozes, 2000, p. 7-72.

ZEICHNER K. Conceptions of reflective pratice in teaching and teacher education. In: HARVARD, G.; HODKINSON, P. (Ed.). Action and Reflection in Teacher Education. Norwood: Ablex, 1994, p. 15-34.

ZEICHNER K; LISTON, D. Reflective Teaching. Mahwah, N. J: Erbaum, 1996.

Este livro foi composto em tipologia Goudy e impresso em papel Offset 75 g/m² (miolo) e Cartão 250 g/m² (capa), no verão de dois mil e nove.